职业教育汽车车身修复专业（方向）理实一体化教材

Qiche Weixiu Tuzhuang Jishu
汽车维修涂装技术

巴斯夫（中国）有限公司　组织编写
黄慧荣　吴复宇　冯玉来　主　编
　　　　刘　宁　车　磊　副主编
　　　　　　　朱欣鸣　主　审

人民交通出版社股份有限公司
北京

内 容 提 要

"能力本位""工作过程"为导向,以学习者习得岗位技能为抓手,有效融通世界标准、行业标准、企业标准、教学标准、职业技能等级标准等,瞄准行业前沿等相关内容的知识点和技能点进行组织编写。本教材根据汽车车身维修涂装工作的实际过程,总结选取了三种损伤类型和一个能力提升的常见实操内容,并拆分为8个具体的工作项目,每个项目包含若干学习任务,主要内容涉及汽车维修工作中的涂装关键知识和技能,并针对操作性强的技术点配套制作了教学短视频等数字教学资源。

本教材可作为高等职业教育汽车检测与维修技术专业的教材,也可作为汽车维修相关岗位的培训用书。

图书在版编目(CIP)数据

汽车维修涂装技术/黄慧荣,吴复宇,冯玉来主编
. —北京:人民交通出版社股份有限公司,2023.1(2025.1 重印)
ISBN 978-7-114-18331-7

Ⅰ.①汽… Ⅱ.①黄… ②吴… ③冯… Ⅲ.①汽车—车辆维修—喷涂—教材 Ⅳ.①U472.4

中国版本图书馆 CIP 数据核字(2022)第 211838 号

书　　名:	汽车维修涂装技术
著 作 者:	黄慧荣　吴复宇　冯玉来
责任编辑:	李　良
责任校对:	孙国靖　宋佳时
责任印制:	张　凯
出版发行:	人民交通出版社股份有限公司
地　　址:	(100011)北京市朝阳区安定门外外馆斜街 3 号
网　　址:	http://www.ccpcl.com.cn
销售电话:	(010)85285911
总 经 销:	人民交通出版社股份有限公司发行部
经　　销:	各地新华书店
印　　刷:	北京市密东印刷有限公司
开　　本:	787×1092　1/16
印　　张:	19.25
字　　数:	305 千
版　　次:	2023 年 1 月　第 1 版
印　　次:	2025 年 1 月　第 2 次印刷
书　　号:	ISBN 978-7-114-18331-7
定　　价:	90.00 元

(有印刷、装订质量问题的图书,由本公司负责调换)

序

经过多年的努力，我国职业教育已经从重视规模扩张，进入到提质增效的新的发展阶段。如何跳出传统普通教育模式，建立具有职业教育特色的教育制度体系，成为未来发展的重要工作任务。

目前，很多职业院校专业教学的重点还是培养学生的操作技能。对于技术技能人才来讲，学习具有确定性和重复性特征的岗位操作技能固然重要，但是面对未来先进技术和复杂工作世界的挑战，这显然是不够的。

技术的发展在很大程度上改变了我们的工作和生活，互联网和人工智能更是开启了"工业4.0"的新时代，这对技术技能人才的职业能力和综合素养提出了新的更高的要求。数字化工作和学习方式扩大了对"人-机协作"模式和生产组织的设计空间，技术技能人员要对"可能性世界"进行深入的理解和探索，这需要具备更强的制定计划、判断决策和分析复杂系统的能力。高质量的职业教育，需要用整体化的观念对待工作和技术的复杂关系，在关注操作技能的同时，加强对诸如技术敏感性和创新等高层次实践能力的培养，从而促进学习者的"价值理性"和"事实性评价能力"的发展，这对职业教育的课程和教材提出了新的要求。

通过编写高质量的教材提高职业教育人才培养质量，更好地满足学生高质量就业和可持续生涯发展的需要，是职业教育工作者的重要任务。有效的职业学习是以学生为中心的，教师通过创设有实际意义和教育价值的问题情境，让学生在有意识的行动过程中去自我建构知识。我们欣喜地看到，巴斯夫（中国）有限公司经过十多年的校企合作教学实践，在大量专业人才培养经验基础上，组织编写了这本《汽车维修涂装技术》教材，开展了卓有成效的工作。

本教材每个章节均以不同的维修案例情境引入，辅以标准作业视频和相关引导问题，帮助学生(尽量)在真实的工作过程中进行自主学习，由此建构自己可理解的标准作业模式。

新修订的《职业教育法》明确提出建立"符合技术技能人才成长规律的职业教育制度体系"。技术技能人才的成长遵循"新手—生手—熟手—能手—专家"的发展逻辑，本教材的维修涂装案例按照从简单到复杂的递进顺序排布，如抛光修复漆面→面漆整板喷涂修复→板块内过渡修补修复→点修补修复→湿碰湿高效率修复→整车喷涂修复，并采用活页式呈现方式。每个维修案例都按照先实践后理论的职业教育学习方式编排，学习者如果能顺序掌握这些能力，则可以达到能手级别的要求。

本教材把知识、技能与职业素养等内容综合在整个工作和学习过程中，将不同学习内容有机融合，以任务为中心实现综合化的学习，培养学生的综合职业能力；教材通过多种方式让学生理解和接受学习任务，指导和帮助学生独立或合作完成任务。通过完成实际任务的工作过程激发学生提高学习兴趣，并建立自信心，这颠倒了传统教育的学与做的关系，即"通过做来学"，而不是"运用学的知识去做"。特别值得一提的是，教材最后增加了"能力提升——数字化钣喷车间维修管理知识"部分，这拓宽了学习者职业晋升的通道，有助于稳固就业信心。

希望这本教材的出版，能够帮助职业院校更快、更好、更容易地培养出社会所需要的高素质人才。在对编写这本教材付出辛勤劳动的老师表示感谢的同时，也衷心希望通过他们的改革实践活动，帮助学生通过对汽车服务工作的任务、过程和环境所进行的整体化感悟和反思，实现知识与技能、过程与方法、情感态度与价值观学习的统一，并为建立适合中国国情的、符合技术技能人才成长规律的职业教育制度体系提供有价值的经验。

赵志群　北京师范大学职业与成人教育研究所

FOREWORD

前　言

党的二十大报告指出，教育、科技、人才是全面建设社会主义现代化国家的基础性、战略性支撑。深入实施科教兴国战略，强化现代化建设人才支撑。职业教育是国民教育体系和人力资源开发的重要组成部分，是培养多样化人才、传承技术技能、促进就业创业的重要途径。2019年初国务院发布了《国家职业教育改革实施方案》，2019年教育部等四部门印发《关于在院校实施"学历证书+若干职业技能等级证书"制度试点方案的通知》，2020年教育部等九部门《关于印发职业教育提质培优行动计划（2020—2023年）的通知》，2021年中共中央办公厅、国务院办公厅印发《关于推动现代职业教育高质量发展的意见》，这些文件的出台为新时代中国特色职业教育高质量发展注入强劲动力。

巴斯夫公司是全球500强，化工行业龙头企业。旗下品牌"鹦鹉"是汽车修补漆行业的知名品牌，"鹦鹉"汽车修补漆是世界技能大赛汽车喷漆赛项唯一指定用漆。巴斯夫公司多年来一直关注职业教育，早在2000年就与国内职业院校合作，开办汽车整形与涂装专业。

随着巴斯夫公司与职业院校校企合作深度和广度双向提升，全国汽车涂装职业教育"三教"改革不断深入，企业用人标准持续更新，开发一本具有示范性、科学性、创新性的汽车涂装技术教材迫在眉睫。本着具有良好的社会责任感的企业价值观，巴斯夫公司发起并组织了长期从事汽车车身维修教学和培训工作的校企专家团队合作编写了本教材。本教材将培养更多汽车涂装高素质技术技能型人才、大国工匠、能工巧匠为价值追求，以劳动精神、劳模精神、工匠精神为育人根本，以世界标准、行业标准、企业标准、教学标准、"1+X"证书标准融通引领，瞄准行业前沿和规范，以"能力本位""工作过程"为导向夯实学习者的岗位技能，以教材的活页化、信息化、立体化为创新驱动，丰富学习者的学习方式和方法，以"岗课赛证"融通为抓手增强教材的适应性和多样性。在传统体系上进行了解构和重构，在学习内容上进行了选择和优化，在学习资源上进行了归纳和梳理，在使用对象上关注了多元和互补，在学习方式上关注了自主和探究，在考核评价上关注了过程和多元，力争打造汽车涂装课程教学和培训的示范性教材。

本教材由武汉城市职业学院黄慧荣教授、北京交通运输职业学院吴复宇副教授、巴斯夫(中国)有限公司冯玉来高级技师担任主编，山东交通职业学院刘宁副教授、常州交通技师学院车磊高级技师担任副主编，成都工业职业技术学院夏志东、大连交通技师学院车成通、佛山华材职业技术学校陈鑫、长春汽车工业高等专科学校孟永帅、巴斯夫(中国)有限公司罗义东参与了本教材编写工作，巴斯夫(中国)有限公司朱欣鸣经理承担本教材主审工作。

在本教材的编写过程中，院校与企业通力合作，为本教材编写工作的完成提供了有力保障。

本教材编写过程中参阅了大量技术资料和相关教材，也得到了众多的企业专家、职教专家和出版社编辑老师的大力支持和帮助，在此一并表示感谢！由于作者水平有限，书中难免存在疏漏和不妥之处，敬请广大读者批评指正，提出修改意见和建议，以便再版修订时改正。

编　者
2022 年 11 月

CONTENTS

目 录

损伤类型一 剐蹭类损伤

项目一 抛光修复划痕损伤 ·········· 2
   任务一 研磨清漆划痕 ·········· 2
   任务二 抛光恢复光泽 ·········· 18

项目二 喷漆修复划痕损伤 ·········· 31
   任务一 打磨清除损伤划痕 ·········· 31
   任务二 局部喷涂底漆和中涂漆 ·········· 45
   任务三 整板喷涂色漆和水性清漆 ·········· 62

损伤类型二 擦碰类损伤

项目一 单板件损伤修补 ·········· 78
   任务一 清除旧漆膜与打磨羽状边 ·········· 78
   任务二 刮涂原子灰与整平原子灰 ·········· 90
   任务三 局部喷涂底漆与可调灰度中涂漆 ·········· 103
   任务四 色漆过渡与清漆整喷 ·········· 119

项目二 保险杠损伤修补 ·········· 134
   任务一 打磨处理塑料件损伤 ·········· 134
   任务二 刮涂与整平塑料原子灰 ·········· 147

任务三　局部喷涂塑料底漆与中涂漆 ··· 161

　　任务四　局部修补色漆、清漆及抛光 ··· 175

损伤类型三　碰撞类损伤

项目一　新板件的喷涂 ·· 191

　　任务一　新板件喷涂免磨中涂漆 ··· 191

　　任务二　色漆颜色的调配 ··· 204

　　任务三　喷涂三工序底色漆及清漆 ·· 225

项目二　全车维修涂装 ·· 238

　　任务一　处理筋线损伤与整平原子灰 ·· 238

　　任务二　局部喷涂底漆、中涂漆 ··· 254

　　任务三　遮蔽 ··· 260

　　任务四　整车喷涂 ·· 272

能力提升　数字化钣喷维修管理

项目一　数字化钣喷维修软件操作 ·· 287

　　任务　数字化钣喷维修软件操作 ··· 287

项目二　数字化钣喷软件管理 ·· 292

　　任务一　报表管理 ·· 292

　　任务二　库存管理 ·· 295

损伤类型一
剐蹭类损伤

损伤类型描述

剐蹭类损伤一般为车辆表面发生的剐蹭造成的轻微损伤,未造成车身板件的塑性变形,此类损伤无须钣金整形,只需进行饰件拆装和漆面修复。剐蹭类损伤的常见类型为划伤、擦伤、石击伤等,如图1-0-1所示。该类损伤的维修板件一般在3件以下,多数可做快速修复。

图1-0-1　剐蹭损伤

项目一　抛光修复划痕损伤

图 1-1-1　轻微损伤的右前门

项目描述

一辆轿车在停车时与树枝发生剐蹭,造成右前门轻微损伤,只伤及清漆表层,未伤及色漆层,如图 1-1-1 所示,只需要将清漆表面的划痕研磨清除,然后进行抛光恢复表面光泽,即可完成修复作业。

任务一　研磨清漆划痕

任务描述

本任务将完成车门损伤区域和损伤程度的判定,如图 1-1-2 所示,并选用适合的研磨材料,研磨去除清漆层的划痕损伤,达到可以进行抛光处理的条件,然后对板件进行相应的清洁处理。

图 1-1-2　车门损伤区域

任务目标

【学习目标】

(1)能够判定损伤板件划痕损伤程度及区域。

(2)能够依据板件状况,使用适合的清洁产品,进行损伤板件的清洁除油。

(3)能够根据板件损伤的状况,按照板件抛光工艺的要求,选用合适的研磨材料。

(4)能够根据作业要求采用正确手法研磨清漆划痕区域、去除划痕,达到可抛光的技术要求。

【素质目标】

(1)通过判定划痕损伤的操作,培养学生细致观察的工作态度。

(2)通过操作中安全防护用品的穿戴,培养学生安全生产的意识。

损伤类型一　项目一　抛光修复划痕损伤

任务工作页

任务名称	研磨清漆划痕

车辆品牌：_____　　整车型号：_____　　车辆VIN码：_____

技师姓名：_____　　班组成员：_____　　维修日期：_____

一、知识链接

1. 观看视频,并完成以下内容

研磨清漆划痕的工艺流程是：

研磨清漆划痕

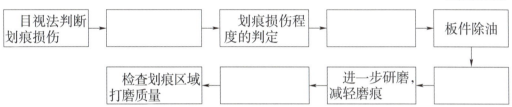

2. 填写防护用品需用情况表

请根据下表工艺内容选择正确防护用品。(需要用☺;不需要用☹)

工艺	防护用品									
	防溶剂手套	棉纱手套	防尘口罩	活性炭口罩	棉质工作服	喷漆工作服	护目镜	耳塞	安全鞋	防护围裙
判定划痕损伤										
研磨清漆划痕										

3. 思考讨论任务实施中的问题

(1) 什么程度的划痕损伤才能用研磨后抛光的方法进行处理？

(2) 如何操作才能保证既去除划痕损伤,又不会磨穿漆面？

二、工作计划

根据任务要求,确定所需要的设备、工具、材料和操作规范,并对班组成员进行合理分工,制订详细的工作计划。

1. 班组成员分工

2. 场地设备及材料准备
(1) 物料准备：□充足　　　　　□不足　　　　　处理意见：_____
(2) 安全防护：□符合要求　　　□不符合要求　　处理意见：_____
(3) 工具设备：□符合要求　　　□不符合要求　　处理意见：_____
(4) 场地安全：□符合要求　　　□不符合要求　　处理意见：_____
3. 工作方案制订

三、实施过程记录

1. 判定划痕损伤程度及范围的工作步骤与技能要点
步骤1：_____
步骤2：_____
步骤3：_____
步骤4：_____
步骤5：_____
步骤6：_____
技能要点：_____

2. 板件漆面清洁的工作步骤与技能要点
步骤1：_____
步骤2：_____
步骤3：_____
步骤4：_____
步骤5：_____
步骤6：_____
技能要点：_____

3. 研磨处理清漆划痕的工作步骤与技能要点
步骤1：_____
步骤2：_____
步骤3：_____

损伤类型一　项目一　抛光修复划痕损伤

步骤4：＿＿＿＿＿＿＿＿＿＿＿＿＿＿＿＿＿＿＿＿＿＿＿＿＿＿＿＿＿＿＿＿
步骤5：＿＿＿＿＿＿＿＿＿＿＿＿＿＿＿＿＿＿＿＿＿＿＿＿＿＿＿＿＿＿＿＿
步骤6：＿＿＿＿＿＿＿＿＿＿＿＿＿＿＿＿＿＿＿＿＿＿＿＿＿＿＿＿＿＿＿＿
技能要点：＿＿＿＿＿＿＿＿＿＿＿＿＿＿＿＿＿＿＿＿＿＿＿＿＿＿＿＿＿＿

四、检查与评估

请对自己和小组的工作任务完成情况进行评价，并提出意见和建议。

评估项目	评估内容	评分（分）		备注
		分值	得分	
知识学习	认真学习实训指导书、预习相关知识	20		
实训过程	积极参与实训并按实训步骤规范操作	20		
工作页	独立自主完成工作页填写，结果正确	20		
学习态度	实训过程和知识学习积极主动	20		
纪律性	遵守操作规范，不迟到不早退，不做与实训无关的事情	20		
合计		100		

教师签名：＿＿＿＿＿＿

我的建议和意见：＿＿＿＿＿＿＿＿＿＿＿＿＿＿＿＿＿＿＿＿＿＿＿＿＿＿＿。
我的收获与改进方向：＿＿＿＿＿＿＿＿＿＿＿＿＿＿＿＿＿＿＿＿＿＿＿＿。

任务实施

一、施工准备

安全防护：
防尘口罩、棉纱手套、活性炭口罩、耐溶剂手套、耳塞、护目镜、安全鞋、工作服、施工围裙、工作鞋、耐溶剂工作服

辅料耗材：
清洁剂、擦拭布、P1500美容砂纸、P2000美容砂纸、P3000美容砂纸、超细纤维擦拭布

设备工具：
清洁剂喷壶、打磨垫、橡胶刮板、空气吹尘枪、喷水壶、水桶

场地设施：
施工场地环境、通风、换气设施、电源、气源、紧急处理设施、安全出入口等；足够亮度的照明或头箍式照明灯

施工准备

二、施工过程

(一) 施工前安全防护

施工步骤	施工图示
规范穿戴以下防护用品： (1) 棉质工作服。 (2) 安全鞋。 (3) 棉纱手套。 (4) 工作帽。 (5) 防尘口罩。 *我穿戴了哪些防护用品？*	 损伤评估安全防护

(二) 判定划痕损伤程度及范围

施工步骤	施工图示
1. 目视法判断划痕损伤 (1) 如右图所示，用擦拭布清洁板件表面，然后用空气枪吹尘。 **防护要求** 此时需穿戴防尘口罩和棉纱手套	擦拭布清洁板件表面
(2) 如右图所示，借助光线，用肉眼观看漆面及划痕处显现的颜色，评估划痕损伤的程度、范围。 **技能要点** ①划痕附近光线反射未发生扭曲变形，板件未发生变形，损伤主要发生在漆层； ②划痕处显现的颜色是与面漆不同的灰、黑、白等中涂漆颜色，或明显金属反光，则说明划痕已至底涂层，不能抛光修复，需补漆操作；	 评估划痕损伤的程度和范围

损伤类型一　项目一　抛光修复划痕损伤

续上表

施工步骤	施工图示
③多角度、多方向观察漆面，确定上、下、左、右四个临界点，评估划伤范围。 **体验与感悟** 请在校内实训用车中分别找出轻度划痕、中度划痕和深度划痕的损伤，并说出你的判断依据。	 多角度观察划痕损伤
2.触摸法判断划痕损伤 如右图所示，用手触摸漆面划痕损伤部位，进一步评估划痕损伤的程度。 🔧 **技能要点** 直接用手指触摸车漆表面，也可以在手指上套上光滑的玻璃纸（如烟盒的玻璃膜），不能施加压力，从漆面上轻轻滑过，轻微划痕损伤位置会有手感变化，若划痕非常浅，可以确定只是车漆表面的清漆层受损。	 触摸漆面表面
3.划痕损伤程度的判定 经过采用目视法和触摸法对划痕的判断，漆面被轻微划伤，划痕在清漆层，未伤及色漆层，属于轻微划伤，不需补漆操作	 漆面轻微划伤未伤及色漆层

（三）损伤板件漆面清洁

施工步骤	施工图示
1.清洁板件 如右图所示，用擦拭布清洁板件表面，然后用空气枪吹尘，清除板件表面的灰尘颗粒	 用擦拭布清洁板件

7

续上表

施工步骤	施工图示
2. 板件除油 　　使用清洁剂喷壶将清洁剂均匀喷洒在板件表面,然后用干净的擦拭布清洁板件表面,如右图所示,将板件表面的油脂清除干净。 技能要点 　　板件表面的清洁剂一定是用擦拭布擦干,而不能任由自然挥发。 防护要求 　　此时需穿戴活性炭口罩和耐溶剂手套	 清洁剂擦拭除油

(四) 研磨处理清漆划痕

施工步骤	施工图示或视频展示
1. 打磨划痕 　　如右图所示,用 P1500 砂纸或 P2000 砂纸配合打磨垫手工打磨漆面划痕部位,为避免砂纸堵塞,可喷洒适量的清水。 技能要点 　　(1)根据划痕的损伤程度,选用 P1500 砂纸或 P2000 砂纸型号进行研磨。 　　(2)控制好打磨力度,增加间隔检查频率,不能磨穿清漆层。 防护要求 　　此时需穿戴防尘口罩和耐溶剂手套	 P2000 砂纸手工打磨划痕部位 研磨清漆划痕
2. 精细研磨,减轻砂纸痕 　　如右图所示,使用 P3000 砂纸配合偏心距 3mm 的打磨机研磨 P1500 砂纸或 P2000 砂纸打磨区域,减轻 P1500 砂纸或 P2000 砂纸打磨痕迹,便于抛光恢复光泽。 3. 清洁打磨部位 　　使用超细纤维擦拭布清洁打磨区域,将打磨后的残留物清除干净	 用擦拭布清洁打磨区域

(五)划痕区域打磨质量检查

施 工 步 骤	施 工 图 示
如右图所示,在划痕区域喷洒适量清水,用橡胶刮板刮除水渍,目视检查漆面的划痕是否已经清除。 **技能要点** (1)打磨区域呈亚光状态,去除划痕。 (2)打磨区域清漆层未被磨穿	 检查划痕区域打磨质量

(六)划痕打磨施工现场整理

施 工 步 骤	施 工 图 示
工位、工具清洁整理,如右图所示	 工位、工具清洁整理

(七)废弃物分类处理

施 工 步 骤	施 工 图 示
(1)将使用过的砂纸按照要求放到指定的回收容器内,如右图所示。 (2)将使用后的清洁布放到指定的回收容器内,待专业回收公司回收,进行无害化处理,如右图所示	 砂纸回收桶 　　指定的回收桶

三、施工考核标准与学习评价

序号	施工项目	施 工 标 准	评 分 标 准	评价方式	
				小组评价	教师评价
1	安全与健康（15分）	工作中正确使用安全防护用品(防尘口罩/活性炭口罩/棉纱手套/耐溶剂手套/工作鞋/工作服/护目镜/防护围裙)	1项不规范扣3分，扣分上限15分	□规范 □不规范	□规范 □不规范
2	检查漆面缺陷（10分）	在指定区域找出漆面缺陷部位	未正确找出表面划痕缺陷扣10分，范围不正确扣5分	□正确 □不正确	□正确 □不正确
3	清洁除油（20分）	用擦拭布除尘或吹尘	未除尘扣10分，除尘方法不正确扣5分	□正确 □不正确	□正确 □不正确
		喷脱脂清洁剂或者湿布擦湿工件，然后用干布擦干	未除油扣10分，除油方法不正确扣5分	□正确 □不正确	□正确 □不正确
4	打磨缺陷部位（20分）	正确粗研磨(使用P1000~P2000砂纸配合打磨机或手托衬垫均匀打磨，去除缺陷)	未使用打磨垫块扣4分，砂纸选用错误扣4分	□正确 □不正确	□正确 □不正确
		正确细研磨(使用P3000砂纸配合打磨机或手托衬垫均匀打磨，过细砂痕)	未使用打磨垫块扣4分，砂纸选用错误扣4分	□正确 □不正确	□正确 □不正确
		使用干净擦拭布清洁打磨区域	未做清洁扣4分，清洁不彻底扣2分	□正确 □不正确	□正确 □不正确

损伤类型一　项目一　抛光修复划痕损伤

续上表

序号	施工项目	施工标准	评分标准	评价方式	
				小组评价	教师评价
5	效果评价（20分）	去除表面划痕损伤	未完全去除表面划痕缺陷扣10分（每2cm扣1分，扣分上限10分）	☐有残留 ☐无残留	☐有残留 ☐无残留
		去除前道砂纸打磨痕迹	未完全去除前道打磨痕迹扣10分（每2cm²扣2分，扣分上限10分）	☐有痕迹 ☐无痕迹	☐有痕迹 ☐无痕迹
6	现场整理（15分）	设备、工具、材料使用后清洁、归位，摆放整齐，废弃物放进指定垃圾桶	1项不规范扣3分，扣分上限15分	☐规范 ☐不规范	☐规范 ☐不规范
	合计	100分	得分		

注：本考核评价表参考了某评价组织1+X项目的考核标准。

任务知识

一、涂装的定义

涂装指将涂料以不同的方式涂覆于经过处理的基底表面上，干燥固化后形成一层牢固附着的连续涂膜的工艺。汽车涂装是指对轿车、大型客车、载货汽车等各类车辆的车身及零部件的涂漆装饰。汽车涂装不仅可以提高人们对汽车质量的直观评价，也可以提高汽车产品的耐腐蚀性和延长汽车使用寿命。

二、原厂车身涂层结构与作用

汽车涂装工艺经历了100多年的发展历程，其作业方式由最初作坊式的简单刷涂发展到适应于流水线生产的现代化工业涂装，其作业内容也由最初的表面单一保护涂层发展到现在的"漆前处理→电泳→中涂→面漆"的多涂层工艺。原厂车身涂层一般包括电泳层、中涂层、色漆层、清漆层，如图1-1-3所示。

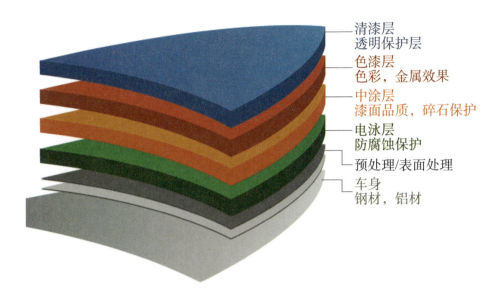

图 1-1-3　原厂车身涂层结构

(1)电泳层:使汽车涂层获得耐久性和耐腐蚀性。

(2)中涂层:具有与电泳底漆和面漆涂膜的良好附着结合力、耐崩裂性、耐气候性,可提高面漆遮盖性和高级外观功能性。

(3)色漆层:具有色彩、金属效果装饰性,且与中涂和清漆两者具有良好的附着力,具有一定的自身保护性。

(4)清漆层:是一层透明保护层。处于最外层,和色漆层结合具有防紫外线、防透水、耐气候性、保色性、耐酸雨性、抗划伤性能等功能。

三、车身划痕的类型及特点

汽车漆面结构从外到里一般为清漆层、色漆层、中涂层和底漆层。汽车表面的深的或浅的划痕总是相伴产生的。划痕深浅是由划伤部位是否露出底漆来区分的,可以分为以下三种:

(1)轻度划痕:未划破清漆,可用抛光去除。

(2)中度划痕:已经划破清漆,可见底色漆、中涂漆或者底漆,但未见金属底材,需要采用重新喷漆的方法处理。

(3)深度划痕:划痕可见金属底材,需要立即进行防腐及面漆修补处理。

四、汽车涂装作业中的安全防护用品及使用要求

在进行汽车涂装施工操作时,必须根据施工内容和场地要求穿戴合适的劳动防护用品。

个人安全防护知识与措施

1. 护目镜

如图1-1-4所示,护目镜可以防止稀释剂、固化剂或油漆飞溅,以及打磨粉尘等对眼睛造成的伤害。

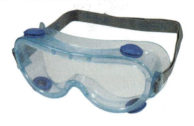 

图1-1-4 护目镜

2. 防尘口罩

如图1-1-5所示,防尘口罩可以保护肺部免受打磨时产生的固体粉尘微粒的危害。根据不同防护要求使用KN90、KN95或KN100颗粒物防尘口罩。

图1-1-5 防尘口罩

3. 呼吸防护装置

即使是短时间在装备精良的喷漆室内工作,也必须佩戴呼吸防护装置。以水为稀释剂的油漆材料也同样不可轻视。即使使用HVLP或低压喷枪产生较少的喷漆微粒,也可能会危害健康。呼吸防护装置如图1-1-6、图1-1-7所示。

图1-1-6 活性炭口罩　　　图1-1-7 全面供气式面罩

4. 防护手套

在涂装作业中常用的防护手套有棉纱手套、耐溶剂手套等,各种防护手套如图1-1-8、图1-1-9所示。

图 1-1-8　棉纱手套　　　　　　　图 1-1-9　耐溶剂手套

（1）机械操作过程中一般使用棉质手套进行防护，可以避免在打磨或修理汽车零件时手部受到伤害。

（2）油漆调配及喷漆过程中需使用耐溶剂手套进行防护：异氰酸酯和溶剂会通过呼吸器官即嘴和鼻吸入。溶剂也会通过皮肤、眼睛和头发吸收，然后通过血液的流动传送，从而损坏人体器官。因此，建议与溶剂接触时，佩戴耐溶剂防护手套。

（3）清洗喷枪时，需佩戴专门的耐溶剂手套。

5. 耳塞

如图 1-1-10 所示，耳塞能遮住耳道，即使遇到破坏性的巨大声响也不至于损伤听力，是常用的个人耳朵保护用品。长时间处于噪声环境中应该佩戴耳塞。

6. 安全鞋

如图 1-1-11 所示，安全鞋（也被称为钢包头鞋）具有耐久性，鞋头部分采用防护性加固工艺，由钢、铝、钛或塑料制成，通常与鞋底板搭配，保护脚不受坠落物体伤害，或被脚下尖锐物体刺穿。在涂装车间穿着安全鞋时，必须确保鞋跟材料及鞋底防滑、防静电。

图 1-1-10　耳塞　　　　　　　图 1-1-11　安全鞋

7. 喷漆服

如图 1-1-12、图 1-1-13 所示，喷漆服在保护操作者的同时，还可以防止污染物，例如粉尘、头发或布料纤维的进入，以保证喷涂质量。喷漆服应避免接触到任何液体，否则容易接触并伤害到皮肤。

图 1-1-12　喷漆服　　　　图 1-1-13　连体工作服

在喷漆作业时,为抵御产生的溶剂蒸气和漆雾,须配备连体喷漆服、手套、护目镜和呼吸面罩,以保证喷漆人员的健康。

五、清洁剂的分类及特点

进行汽车车身涂装工作前,先进行底材的清洁工作,便于车身损伤评估及颜色比对,同时减少灰尘颗粒,保证施工品质,避免返工。通常采用清水清洗和清洁剂清洁。清水清洗,通常先使用清水冲淋,再用洗车液清洗,最后用水彻底冲净。清洗汽车时,车身表面上一些顽固的油脂、污垢、石蜡、硅酮抛光剂以及手印等,用水难以彻底清洗干净,如果直接进行涂装施工,必然会影响涂膜的附着力以及漆膜质量。所以,在清洗之后,还需要使用清洁剂产品对要修补的部位进行清洁作业。

常用清洁剂的分类及特点如下。

1. 除硅清洁剂

如图 1-1-14 所示,除硅清洁剂主要用于去除硅油、沥青、蜡、油脂和环境的污染物。其适用范围包括旧漆膜、干燥且已完成打磨的中涂漆漆面以及新板件的清洁。

2. 塑料通用清洁剂

如图 1-1-15 所示,塑料通用清洁剂专门用作去除制造塑料零件的脱模剂。在操作中,必须用热量将该清洁剂移出板件,例如烘烤、加热。如清洁不彻底,塑料件上的清洁剂残留物会降低后续涂层的附着力或造成起泡。

3. 水性脱脂清洁剂

如图 1-1-16 所示,水性脱脂清洁剂只用于喷涂水性产品前的清洁。水性脱脂清洁剂可去除漆面表面盐分,同时还具有抗静电作用,可用于去除树木的树脂、树液。其适用范围包括旧漆膜、干燥且已完成打磨的中涂漆漆面以及新板件的清洁。

图 1-1-14　除硅清洁剂　　图 1-1-15　塑料通用清洁剂　　图 1-1-16　水性脱脂清洁剂

4. 脱脂清洁剂

如图 1-1-17 所示,脱脂清洁剂用于去除待修补板件表面的硅油、油脂和油类残留物,也可用于清洁塑料件表面残留的脱模剂。其适用范围包括旧漆膜、干燥且已完成打磨的中涂漆漆面以及新板件的清洁。喷涂水性产品前必须再次用水性清洁剂清洁。

5. 金属清洁剂

如图 1-1-18 所示,金属清洁剂属于清洁性能最强的清洁剂,适用于铝、镀锌件和工业用钢材表面的清洁。它可将金属表面腐蚀性盐物质去除,并能够去除金属表面所有污染物。其适用范围包括钢板、铝材和镀锌钢板。使用时要注意,禁止在漆面上使用金属清洁剂。

图 1-1-17　脱脂清洁剂　　　　图 1-1-18　金属清洁剂

课后作业与讨论

一、课后作业

(一) 判断题

1. 目视法判断划痕损伤的方法是:若划痕附近光线反射发生扭曲变形,说明

损伤类型一　项目一　抛光修复划痕损伤

板件未发生变形。　　　　　　　　　　　　　　　　　　(　　)

2. 轻度划痕一般用手摸不到。　　　　　　　　　　　　　(　　)

3. 板件表面的清洁剂一定要用擦拭布擦干,而不能自然挥发干。(　　)

4. 抛光也是进行研磨的过程。　　　　　　　　　　　　　(　　)

(二) 选择题

1. 以下不属于抛光研磨砂纸的是(　　)。
　A. P500　　　　　B. P1500　　　　　C. P2000　　　　　D. P3000

2. 汽车板件表面涂层从里到外分别是(　　)。
　A. 底漆层、中涂漆层和面漆层　　　B. 中涂漆层、底漆层和面漆层
　C. 面漆层、中涂漆层和底漆层　　　D. 中涂漆层、面漆层和底漆层

3. 安全鞋的作用是(　　)。
　A. 防静电　　　B. 防刺穿　　　C. 防坠落物　　　D. 耐溶剂

4. 用于喷涂水性产品前的清洁,可将漆面表面盐分去除,同时还具有抗静电作用的清洁剂是(　　)。
　A. 除硅清洁剂　　　　　　　B. 塑料通用清洁剂
　C. 水性脱脂清洁剂　　　　　D. 脱脂清洁剂

二、课后讨论

1. 少数维修企业在对车辆漆面划痕进行研磨时只使用P1500砂纸,你如何看待这种现象？请根据你的理解简要阐述。

2. 你在研磨清漆划痕的实际作业中遇到了哪些问题？你是如何解决的？请和大家分享你的实践体会。

拓展学习

了解你所在地域维修站中,剐蹭类损伤处理是否多见。

任务二　抛光恢复光泽

任务描述

本任务将针对已去除划痕的打磨区域及周边区域（图 1-1-19），按照板件抛光的工艺要求使用抛光机及配套材料进行抛光作业,达到去除打磨痕迹、恢复板件光泽,与周围未修复区域光泽一致的效果。

图 1-1-19　已完成车门划痕研磨处理

任务目标

【学习目标】

(1)能够根据作业要求,选用合适的抛光工具及材料。

(2)能够正确地调整、启动抛光机。

(3)能够正确操作抛光机对漆面进行抛光处理。

(4)能够根据交车标准检查板件抛光质量。

【素质目标】

(1)通过抛光操作中正确使用抛光设备,培养学生安全生产的意识。

(2)通过清洁工具,整理工位与材料,培养学生 5S 职业规范和素养。

损伤类型一　项目一　抛光修复划痕损伤

任务工作页

任务名称	抛光恢复光泽

车辆品牌：_____　整车型号：_____　车辆 VIN 码：_____

技师姓名：_____　班组成员：_____　维修日期：_____

一、知识链接

1. 观看视频,并完成以下内容

漆面抛光的工艺流程是：

抛光恢复光泽

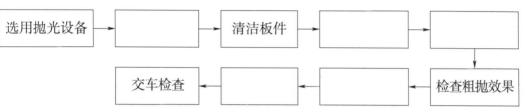

2. 填写工具和材料使用情况表

以下哪些是抛光过程中必要的工具和材料？（需要用😊；不需要用😞）

工　艺	工具材料									
	单作用打磨机	抛光机	3号打磨机	羊毛盘	粗海绵盘	细海绵盘	粗抛光剂	细抛光剂	P1000砂纸	P1500~P3000砂纸
漆面抛光										

3. 思考讨论任务实施中的问题

(1) 抛光操作时如何选择抛光盘？

(2) 抛光操作时为什么要向漆面上喷洒清水？

二、工作计划

根据任务要求,确定所需要的设备、工具、材料和操作规范,并对班组成员进行合理分工,制订详细的工作计划。

1. 班组成员分工

2. 场地设备及材料准备
(1) 物料准备：□充足　　　　　□不足　　　　　处理意见：_____
(2) 安全防护：□符合要求　　　□不符合要求　　处理意见：_____
(3) 工具设备：□符合要求　　　□不符合要求　　处理意见：_____
(4) 场地安全：□符合要求　　　□不符合要求　　处理意见：_____
3. 工作方案制订

三、实施过程记录

1. 记录选择抛光设备和抛光材料的结果和原因
选择抛光设备：_____
选择原因：_____
选择抛光材料：_____
选择原因：_____
2. 对漆面进行抛光的工作步骤与技能要点
步骤1：_____
步骤2：_____
步骤3：_____
步骤4：_____
步骤5：_____
步骤6：_____
技能要点：_____
3. 清洗抛光盘的工作步骤与要求
步骤1：_____
步骤2：_____
步骤3：_____
步骤4：_____

步骤5：_____
步骤6：_____
要求：_____

四、检查与评估

请对自己和小组的工作任务完成情况进行评价，并提出意见和建议。

评估项目	评 估 内 容	评分(分)		备注
		分值	得分	
知识学习	认真学习实训指导书、预习相关知识	20		
实训过程	积极参与并按实训步骤规范操作	20		
工作页	独立自主完成工作页填写，结果正确	20		
学习态度	实训过程和知识学习积极主动	20		
纪律性	遵守操作规范，不迟到不早退，不做与实训无关的事情	20		
	合计	100		

教师签名：_____

我的建议和意见：_____。
我的收获与改进方向：_____。

一、施工准备

安全防护：
防尘口罩、棉纱手套、活性炭口罩、耐溶剂手套、耳塞、护目镜、安全鞋、工作服、防护围裙

辅料耗材：
清洁剂、擦拭布、粗抛光剂、细抛光剂、超细纤维擦拭布

施工准备

设备工具：
抛光机、清洁剂喷壶、打磨垫、刮板、空气吹尘枪、粗抛光盘、细抛光盘、抛光盘清洗桶、喷水壶

场地设施：
施工场地环境、通风、换气设施、电源、气源、紧急处理设施、安全出入口等；足够亮度的照明或头箍式照明灯

二、施工过程

(一) 施工前安全防护

施工步骤	施工图示
规范穿戴防护用品,如右图所示: (1) 棉质工作服。 (2) 安全鞋。 (3) 护目镜。 (4) 防护围裙。 (5) 耳塞。 (6) 工作帽。 (7) 耐溶剂手套	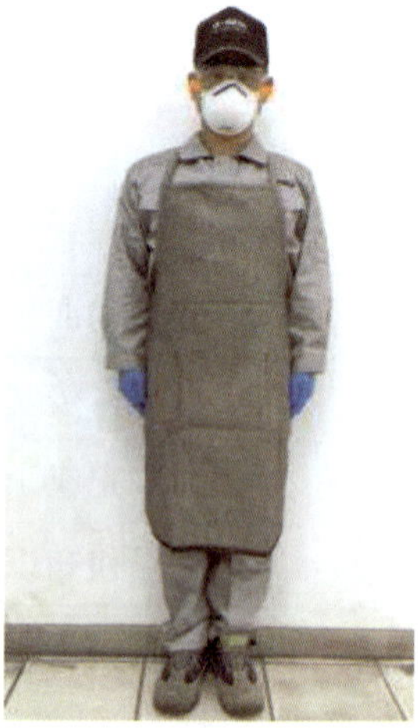 抛光安全防护

(二) 选用抛光设备和抛光材料

施工步骤	施工图示
1. 选用抛光设备 　要对打磨处理过的划痕区域进行抛光,需使用切削力大的单动作抛光机,再根据现场操作条件选用电动式或气动式。本操作任务选用了电动式抛光机,如右图所示	 电动式抛光机
2. 选择抛光材料 　要对打磨处理过的划痕区域进行抛光,需首先使用切削力大的粗抛光盘,然后再使用细抛光盘。本操作任务粗抛选用了白色或黄色海绵盘和粗抛光剂,细抛选用黑色海绵盘和细抛光剂	 黄色海绵盘 黑色海绵盘

（三）对漆面进行抛光

施工步骤	施工图示
1. 清洁板件 如右图所示，用超细纤维擦拭布将板件表面擦拭干净，防止灰尘颗粒划伤漆面。 **防护要求** 本步骤以后操作需佩戴防尘口罩和耐溶剂手套	 用擦拭布清洁板件
2. 调整抛光机转速 将白色或黄色海绵盘安装到抛光机上，双手握住抛光机，调整转速至 1000~2000r/min。 安全要求： 为保证安全，建议操作抛光机时将电源线背在肩上，以防抛光盘卷到电源线。 **体验与感悟** 你还能想到哪些使用电动工具的安全注意事项？	 调整抛光机转速
3. 粗抛研磨区域 摇匀粗抛光剂，将其均匀地涂于白色或黄色海绵盘或者待抛光区域，然后将海绵盘平放于漆面再启动抛光机，抛光机在漆面上有规律地来回平行移动抛光，转速由低到高逐渐调整，如右图所示，一次抛光面积约为 $50cm^2$，可在漆面上喷洒少量清水降低抛光产生的热量。本步骤主要为去除之前的研磨痕迹，注意不要抛穿清漆涂层。 **技能要点** （1）移动速度要均匀。 （2）建议抛光轨迹重叠 1/4~1/2。 （3）可采用井字形操作方式。 （4）根据板件情况抛光角度可略微倾斜	 粗抛研磨区域

续上表

施工步骤	施工图示
4.观察研磨痕迹,检查粗抛效果 在粗抛操作的同时,借助照明光源观察研磨痕迹是否去除。当漆面呈现部分光泽时,用干净的超细纤维擦拭布擦净抛光残留物(如右图所示),观察确定打磨砂纸痕已经去除	 用超细纤维擦拭布擦净抛光残留物
5.镜面抛光 将抛光机转速调整到 1200～2000r/min。然后摇匀细抛光剂,将其均匀地涂于黑色海绵盘上或者待抛光区域,将海绵盘平放于漆面再启动抛光机,按照粗抛光同样的方法均匀移动,转速由低到高逐渐调整,直至漆面达到镜面效果。 **技能要点** 对于深色漆面,如还能看到细抛光剂抛光后的轻微痕迹,可以继续使用更细的抛光剂和蓝色抛光盘进行精细抛光。 6.抛光后清洁 使用干净的超细纤维擦拭布擦净漆面,确定漆面外观亮度及丰满度达到交车标准	 镜面抛光

(四)检查板件抛光质量

施工步骤	施工图示
1.检查抛光质量 如右图所示,用目视的方法检查漆面的抛光质量。 (1)板件表面及边缘擦拭清洁彻底,没有未除去的抛光残留物。 (2)原表面划痕已完全去除,无遗留痕迹。 (3)从多个角度观察判定,没有抛光螺旋纹遗留。 (4)没有抛穿清漆涂层。 (5)整个板件光泽度与原车一致,达到交车标准	 用太阳灯检查划痕区域抛光质量

（五）抛光施工现场整理

施工步骤	施工图示
1. 清洗抛光盘 如右图所示，将使用过的抛光盘放到清洗桶的清洗区，双手握住抛光机，将抛光机调整到低速，启动抛光机，将抛光盘清洁并甩干。 取下抛光盘，将工作面向上摆放，荫干保存，方便下次使用	 清洗抛光盘
2. 工位、工具、设备清洁整理，如右图所示	 工位、工具、设备清洁整理

（六）废弃物分类处理

施工步骤	施工图示
将使用后的清洁布放到指定的回收容器内，待专业回收公司回收，进行无害化处理，如右图所示	 指定的回收桶

三、施工考核标准与学习评价

序号	施工项目	施工标准	评分标准	评价方式	
				小组评价	教师评价
1	安全与健康（15分）	工作中正确使用安全防护用品（防尘口罩/活性炭面具/棉纱手套/耐溶剂手套/工作鞋/工作服/护目镜/防护围裙）	1项不规范扣3分，扣分上限15分	□规范 □不规范	□规范 □不规范

续上表

序号	施工项目	施 工 标 准	评分标准	评价方式	
				小组评价	教师评价
2	选用抛光设备和抛光材料（10分）	正确选用抛光盘	选用不正确扣5分	☐正确 ☐不正确	☐正确 ☐不正确
		正确安装抛光盘	安装不正确扣5分	☐正确 ☐不正确	☐正确 ☐不正确
3	抛光 （30分）	抛光前调节抛光机转速	未调节转速扣5分	☐正确 ☐不正确	☐正确 ☐不正确
		正确选用抛光剂进行抛光	选用不正确扣5分	☐正确 ☐不正确	☐正确 ☐不正确
		正确使用抛光机进行抛光	抛光剂未均匀涂布扣5分，抛光机未放平扣5分，先开动抛光机扣5分	☐正确 ☐不正确	☐正确 ☐不正确
		清洁抛光区域	未清洁扣5分，清洁不彻底扣3分，未使用超细纤维布擦拭扣2分	☐正确 ☐不正确	☐正确 ☐不正确
4	清洗抛光盘 （10分）	清洗抛光盘	未清洗扣5分，清洗方法不正确扣2分	☐正确 ☐不正确	☐正确 ☐不正确
		清洗效果	抛光盘上有残留抛光剂扣3分，未甩干扣2分	☐正确 ☐不正确	☐正确 ☐不正确
5	效果评价 （20分）	无明显砂纸打磨痕迹	未完全去除砂纸打磨痕迹扣5分（每2cm²扣1分，上限扣5分）	☐有残留 ☐无残留	☐有残留 ☐无残留

续上表

序号	施工项目	施工标准	评分标准	评价方式	
				小组评价	教师评价
5	效果评价（20分）	无明显螺旋纹	未完全去除螺旋纹扣5分（目测，依据面积和多角度判定，每2cm²扣1分，上限扣5分）	□有残留 □无残留	□有残留 □无残留
		无抛穿清漆涂层	抛漏清漆涂层扣5分	□有抛漏 □无抛漏	□有抛漏 □无抛漏
		板件表面无抛光剂	未完全去除抛光剂扣5分（每2cm²扣1分，上限扣5分）	□有残留 □无残留	□有残留 □无残留
6	现场整理（15分）	设备、工具、材料使用后清洁、归位，摆放整齐，废弃物放进指定垃圾桶	1项不规范扣3分，上限15分	□规范 □不规范	□规范 □不规范
合计		100分	得分		

注：本考核评价表参考了某评价组织1+X项目的考核标准。

任务知识

一、抛光的作用

漆面抛光是使用超细研磨材料对汽车漆面瑕疵进行研磨处理，使漆膜表面显露光泽的工艺。抛光用来除去受氧化的漆面和车身上的各种异物，消除漆面细微划痕，处理汽车漆面轻微损伤及各种斑迹。抛光也是进行研磨的过程。漆面抛光分为旧漆膜抛光和新漆膜抛光。旧漆膜抛光主要指划痕处理和光泽恢复性抛光；新漆膜抛光主要指对涂装缺陷区域的表面处理，目的是修整喷涂缺陷、提高光泽。

二、抛光打磨材料的类型及特点

漆面抛光之前要对涂装缺陷区域使用打磨材料进行研磨消除，常用的打磨材料有水砂纸P1500、P2000、P3000及精磨砂棉等。

砂纸是用各种不同细度的磨料黏结于纸上，制成各种细度的砂纸。磨料黏结牢固程度是砂纸质量的一个体现,而磨料类型也会影响砂纸的打磨效果。制造砂纸的磨料根据原料可分为氧化铝磨料、金刚砂(碳化硅)和锆铝磨料三种。

1. 氧化铝磨料

氧化铝磨料是一种非常坚韧的磨料,能很好地防止破裂和钝化。根据粗细不同的可制成用于除锈、清除旧涂膜、打磨原子灰层、打磨新旧涂层的砂纸。氧化铝磨料硬度高、耐久性好、使用寿命长且不易在底层材料上产生较深的划痕,目前使用较广泛。

2. 金刚砂(碳化硅)

金刚砂(碳化硅)是一种非常锐利、穿透力极高的磨料,呈黑色,通常用于汽车旧漆面的砂磨以及抛光前对漆面的砂磨。

3. 锆铝磨料

锆铝具有独特的自磨刃性,在打磨操作过程中其自身不断地提供新的刀刃,以提高工作效率。

三、抛光设备的类型及特点

抛光机是利用抛光盘对车身漆面的外涂层进行瑕疵处理的设备,分为电动式抛光机和气动式抛光机两种。电动式抛光机的优点是不会受到压缩空气不足或者没有气源的影响。气动式抛光机则相对较轻且使用寿命更长,使用压缩空气作为动力,比使用电源作为动力更为安全。

抛光机根据旋转方式可分为单动作抛光机和双动作抛光机,如图1-1-20、图1-1-21所示。双动作抛光机的切削力较小,研磨力度小,切削、抛光效率比单动作抛光机低,但抛光效果更为平滑。

图1-1-20　单动作抛光机　　　　图1-1-21　双动作抛光机

四、抛光材料的类型及特点

抛光材料主要指抛光剂和抛光盘。抛光剂是一种包含有磨料微粒的乳液或者膏状物,由油性物质、水、表面活性剂和增稠剂组成,磨料微粒一般为二氧化硅或氧化铝。抛光剂中的磨料微粒越大,其抛光的切削力越大,但抛光的圈痕也越重。常用抛光剂分为粗蜡、镜面处理剂等,如图1-1-22所示。

损伤类型一　项目一　抛光修复划痕损伤

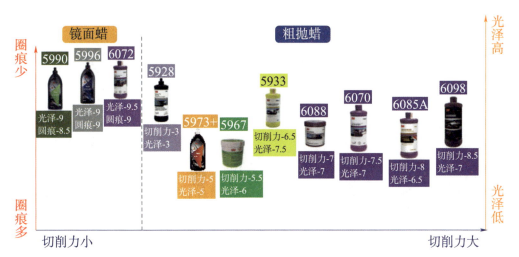

图 1-1-22　各种用途的抛光剂

抛光盘专门用在抛光机上,并与相应的抛光剂结合使用处理涂膜的表面。常用的抛光盘按作用分为粗抛光盘和细抛光盘两种。粗抛光盘用于清除打磨划痕和调整纹理,摩擦效果较大,抛光痕迹明显,粗抛光盘与粗抛光剂配合使用。相反,细抛光盘与细抛光剂配合使用,摩擦效果较小,抛光痕迹不明显,以便产生光泽和清除旋涡痕迹,如图 1-1-23 所示。

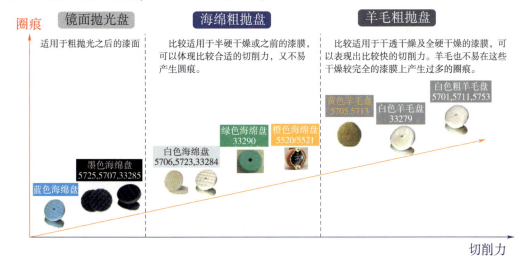

图 1-1-23　抛光盘的类型与特点

课后作业与讨论

一、课后作业

(一) 判断题

1. 黄色海绵盘的切削力小于黑色海绵盘的切削力。　　　　　　(　　)

2.抛光之前用超细纤维擦拭布将板件表面擦拭干净,是为了防止有灰尘颗粒划伤漆面。( )

3.抛光时要先将抛光机启动,然后再将抛光机的抛光盘平放在漆面上。( )

4.抛光完成后,划痕损伤区域光泽度可以略低于板件其他区域光泽度。( )

(二)选择题

1.各类抛光盘的研磨切削力性能均有不同程度的差异,抛光盘软硬程度和表面形状也有区别,以下切削研磨能力最强的是( )。

  A.白色海绵盘 B.白色羊毛盘 C.黑色海绵盘 D.黄色海绵盘

2.粗抛光时,一般将转速调整到( )。

  A.100~200r/min   B.1000~2000r/min

  C.2000~3000r/min   D.4000~6000r/min

3.抛光最后步骤一般使用的抛光盘是( )。

  A.白色羊毛盘 B.黄色羊毛盘 C.黄色海绵盘 D.黑色海绵盘

4.检查板件抛光质量时,通常采用的方法是( )。

  A.目视法   B.触摸法   C.按压法   D.直尺比对法

二、课后讨论

1.少数维修企业在对车辆进行漆面抛光时只使用一种抛光盘,你如何看待这种现象?请根据你的理解简要阐述。

2.你在漆面抛光的实际作业中遇到了哪些问题?你是如何解决的?请和大家分享你的实践体会。

拓展学习

了解你所在地域维修站快修常用的漆面抛光的工艺方法和工具材料。

损伤类型一　项目二　喷漆修复划痕损伤

项目二　喷漆修复划痕损伤

📖 项目描述

一辆黑色轿车在地下车库倒车时与旁边的立柱发生剐蹭,如图 1-2-1 所示。剐蹭造成车辆右前车门轻微损伤,板件未变形,但漆层已被划伤,清漆、色漆被破坏,需要打磨去除损伤划痕、局部喷涂底漆中涂漆、整板喷涂色漆和水性清漆,完成修补工作。

图 1-2-1　剐蹭的右前车门

任务一　打磨清除损伤划痕

📖 任务描述

本任务将首先进行板件划痕损伤程度及范围的判定,然后进行板件的清洁除油工作,选用合适的打磨工具和材料,针对划痕区域进行打磨,清除划痕,将该区域打磨平整,达到可以施涂底漆和中涂漆的要求。

📖 任务目标

【学习目标】
(1)能够判定划痕损伤程度及范围。
(2)能按照正确工艺进行板件的清洁除油作业。

31

(3)能按照作业标准选用适合的打磨材料。

(4)能按作业标准打磨清除划痕。

【素质目标】

(1)通过操作中安全防护用品的穿戴,培养学生安全生产的意识。

(2)通过判定划痕损伤的操作,培养学生精益求精的工作态度。

损伤类型一　　项目二　喷漆修复划痕损伤

任务名称	打磨清除损伤划痕

车辆品牌：_____　　整车型号：_____　　车辆VIN码：_____
技师姓名：_____　　班组成员：_____　　维修日期：_____

一、知识链接

1. 观看视频,并完成以下内容

打磨清除损伤划痕的工艺流程是：

打磨清除损伤划痕

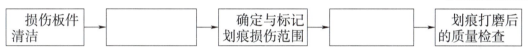

损伤板件清洁 → □ → 确定与标记划痕损伤范围 → □ → 划痕打磨后的质量检查

2. 填写工具和材料需用情况表

以下哪些是清除车身划痕所需要的工具和材料？（需要用😊;不需要用☹）

工艺	工具材料							
	5号打磨机	3号打磨机	手刨	P80～P120砂纸	P150～P240砂纸	P320砂纸	红色莱瓜布	灰色莱瓜布
机械清除								
手工清除								

3. 思考讨论任务实施中的问题

(1) 板件清洁除油的方法有几种？请分别描述。

(2) 针对不同的打磨作业,如何选择不同偏心距的打磨机和砂纸？

二、工作计划

根据任务要求,确定所需要的设备、工具、材料和操作规范,并对班组成员进行合理分工,制订详细的工作计划。

1. 班组成员分工

33

2. 场地设备及材料准备

(1) 物料准备：□充足　　　□不足　　　处理意见：_____

(2) 安全防护：□符合要求　□不符合要求　处理意见：_____

(3) 工具设备：□符合要求　□不符合要求　处理意见：_____

(4) 场地安全：□符合要求　□不符合要求　处理意见：_____

3. 工作方案制订

三、实施过程记录

1. 划痕部位损伤评估的工作步骤与技能要点

步骤1：_____

步骤2：_____

步骤3：_____

步骤4：_____

步骤5：_____

步骤6：_____

技能要点：_____

2. 划痕部位清洁的工作步骤与技能要点

步骤1：_____

步骤2：_____

步骤3：_____

步骤4：_____

步骤5：_____

步骤6：_____

技能要点：_____

3. 打磨清除损伤划痕的工作步骤与技能要点

步骤1：_____

步骤2：_____

步骤3：_____

步骤4：_____

步骤5：_____

步骤6：_____

技能要点：_____

四、检查与评估

请对自己和小组的工作完成情况进行评价，并提出意见和建议。

评估项目	评 估 内 容	评分(分)		备注
		分值	得分	
知识学习	认真学习实训指导书、预习相关知识	20		
实训过程	积极参与并按实训步骤规范操作	20		
工作页	独立自主完成工作页填写，结果正确	20		
学习态度	实训过程和知识学习积极主动	20		
纪律性	遵守操作规范，不迟到不早退，不做与实训无关的事情	20		
	合计	100		

教师签名：_____

我的建议和意见：_____。
我的收获与改进方向：_____。

任务实施

一、施工准备

安全防护：
防尘口罩、活性炭口罩、棉纱手套、耐溶剂手套、耳塞、护目镜、工作服与安全鞋

辅料耗材：
清洁剂、擦拭布、打磨砂纸、打磨指示剂

设备工具：
打磨房、干磨设备、手刨、清洁剂喷壶

场地设施：
施工场地环境、通风及换气实施、电源、气源、紧急处理设施、安全出入口等

（施工准备）

二、施工过程

(一)施工前安全防护

施 工 步 骤	施 工 图 示
规范穿戴防护用品,如右图所示: (1)工作服。 (2)安全鞋。 (3)护目镜。 (4)棉纱手套。 (5)防尘口罩。 (6)耳塞。 (7)工作帽	 损伤评估安全防护

(二)评估划痕损伤的程度与范围

施 工 步 骤	施 工 图 示
1.评估划痕损伤程度 　先目测评估划痕损伤程度,然后戴上棉纱手套,从不同角度触摸损伤部位,经过对划痕的判断,已经划破清漆,可见底色漆、中涂漆,板件未变形。 技能要点 　根据损伤情况,对划痕受损部位可以采用目测、触摸等方法来检查并确认损伤程度	 触摸评估损伤程度
2.确定划痕损伤范围 　用记号笔将损伤范围标记出来,避免过度修复,如右图所示。 技能要点 　为了能直观地检查受损范围,可以在受损区域上、下、左、右的临界点用弧线连接起来,清晰地标记出未受损区域和受损区域之间的界限,为后续过渡打磨奠定基础	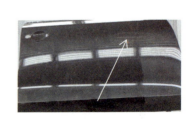 标记损伤范围

(三) 损伤板件清洁除油

施 工 步 骤	施工图示或视频展示
1. 清洁板件 如右图所示,用擦拭布清洁板件表面,然后用空气枪吹尘,清除板件表面的灰尘颗粒	 用擦拭布擦除灰尘
2. 选择清洁剂 选用脱脂清洁剂对划痕损伤板件进行清洁。 **技能要点** 根据施工要求和底材选择合适的清洁剂。 **体验与感悟** 请记录你选择的清洁剂和依据: _____	 选用脱脂清洁剂
3. 板件除油 如右图所示,按照规范要求选择正确的清洁剂对板件进行清洁。 **防护要求** 此时需更换活性炭口罩和耐溶剂手套	 板件除油 损伤表面的清洁方法

(四)划痕损伤部位打磨

施工步骤	施工图示或视频展示
首先用5mm打磨机配合P150砂纸打磨划痕损伤的区域(打磨时打磨机平放在划痕损伤处,轻按打磨机打磨去除划痕),然后换P240砂纸去除P150砂痕,最后使用P320砂纸,将需要喷涂中涂的部位研磨至亚光。 **技能要点** (1)打磨尽量控制在损伤评估的范围内,避免面积扩大增加维修成本。 (2)打磨机平放在工件上,打磨时轻按打磨机随板件弧度进行损伤部位打磨去除划痕。 (3)砂纸跳号不要超过100号。 (4)如果损伤区域靠近边角,边角区域可以使用P400海绵砂纸或红色菜瓜布进行手工研磨。 (5)打磨期间要经常用手掌从不同角度触摸表面,确认划痕是否已去除、表面是否已打磨平整。 **防护要求** 此时需更换防尘口罩和棉纱手套	 去除划痕  损伤划痕区域打磨完成 打磨清除损伤划痕

(五)划痕损伤区域打磨后的质量检查

施工步骤	施工图示
检查划痕损伤表面打磨后有无缺陷,如右图所示。 (1)打磨表面平整。 (2)打磨出的羽状边过渡平滑无台阶。 (3)打磨表面有无磨穿露金属的现象。 **体验与感悟** 请问你处理后的划痕损伤区域还存在哪些问题?	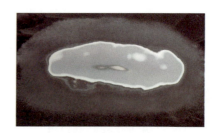 检查打磨表面质量

(六)板件清洁

板件清洁参考"(三)损伤板件清洁除油"进行,此处不再赘述。

(七)划痕打磨施工现场整理

施工步骤	施工图示
(1)工位整理清洁。 (2)工位、工具、设备清洁整理,如右图所示	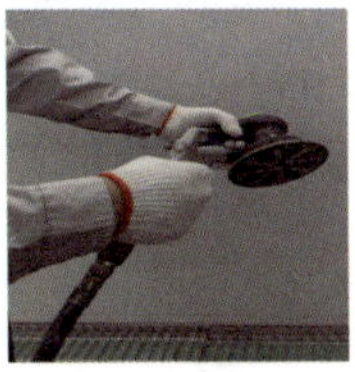 清洁打磨机 　　工位、工具、设备清洁整理

(八)废弃物分类处理

施工步骤	施工图示
(1)将使用过的砂纸按照要求放到指定的回收容器内,如右图所示。 (2)将使用后的清洁布放到指定的回收容器内,待专业回收公司回收,进行无害化处理	 砂纸回收桶 　　指定的回收桶

三、施工考核标准与学习评价

序号	施工项目	施工标准	评分标准	评价方式	
				小组评价	教师评价
1	安全与健康 (15分)	工作中正确使用安全防护用品(防尘口罩/活性炭口罩/棉纱手套/耐溶剂手套/工作鞋/工作服/护目镜)	1项不规范扣3分,扣分上限15分	□规范 □不规范	□规范 □不规范
2	清洁 (15分)	正确选择清洁剂	1项不正确扣2分,扣分上限5分	□正确 □不正确	□正确 □不正确
		采用正确的方法进行清洁	1项不正确扣2分,扣分上限5分	□正确 □不正确	□正确 □不正确
		先用擦拭布进行吸尘,再吹尘,最后用清洁剂进行清洁	1项不正确扣2分,扣分上限5分	□正确 □不正确	□正确 □不正确

续上表

序号	施工项目	施工标准	评分标准	评价方式	
				小组评价	教师评价
3	损伤评估（15分）	在光线充足的环境中，从不同角度目测划痕损伤程度	1项不正确扣2分，扣分上限5分	□正确 □不正确	□正确 □不正确
		用手掌从不同角度呈"米"字形触摸损伤部位确定损伤程度	1项不正确扣2分，扣分上限5分	□正确 □不正确	□正确 □不正确
		用记号笔合理标记损伤范围	基本合理扣2分，范围不合理扣5分	□合理 □不合理	□合理 □不合理
4	打磨划痕（20分）	正确使用打磨指示层（在打磨前及不同型号砂纸替换时均匀涂抹，无明显浪费）	1次不正确扣2分，扣分上限4分	□正确 □不正确	□正确 □不正确
		选用偏心距为5mm的打磨机	不正确扣2分	□正确 □不正确	□正确 □不正确
		正确使用打磨机（吸尘孔对准、打磨机放上再启动、尽可能平放、吸尘挡位正确）	不正确扣4分	□正确 □不正确	□正确 □不正确
		选择正确的P150~P320砂纸用于划痕研磨	1次不正确扣2分，扣分上限4分	□正确 □不正确	□正确 □不正确
		使用红色菜瓜布打磨边角位置	不正确扣4分	□正确 □不正确	□正确 □不正确
		工件表面正确清洁（吹尘枪吹尘、除油剂除油）	不正确扣2分	□正确 □不正确	□正确 □不正确

损伤类型一 项目二 喷漆修复划痕损伤

续上表

序号	施工项目	施 工 标 准	评 分 标 准	评价方式 小组评价	评价方式 教师评价
5	效果评价 （20分）	没有残留指示层	有1处残留扣2分,扣分上限5分	□有残留 □无残留	□有残留 □无残留
		无明显漏磨现象（划痕残留）	有漏磨1处扣2分,扣分上限5分	□有漏磨 □无漏磨	□有漏磨 □无漏磨
		损伤部位与完好漆面平滑过渡,无台阶	台阶每厘米扣2分,扣分上限10分	□有台阶 □无台阶	□有台阶 □无台阶
6	5S整理 （15分）	设备、工具、材料使用后清洁、归位,摆放整齐,废弃物放进指定垃圾桶	1项不规范扣3分,扣分上限15分	□规范 □不规范	□规范 □不规范
	合计	100分		得分	

注：本考核评价表参考了国内某大型汽车主机厂施工标准。

任务知识

一、无尘干磨设备的组成

高质量的干磨系统配合正确的砂纸及施工工艺,可以将90%以上的打磨灰尘吸入吸尘袋中。干磨设备主要由干磨机、吸尘软管和集成装置三部分组成,结合未来的发展趋势,我们重点了解中央集尘系统的组成结构。

无尘干磨系统

中央集尘系统由集尘主机、悬挂功能单元、集尘管路系统、控制线路与控制系统、打磨工具系统等组成。

1. 集尘主机

如图1-2-2所示,集尘主机采用动态控制技术,确保每个吸尘接口负压恒定,根据在用的吸尘接口数量实时调整主机功率,吸尘效果恒定,显著降低能耗。

2. 悬挂功能单元

如图1-2-3所示,悬挂功能单元提供整套压缩空气伺服系统,可实现过滤、调压和自动润滑功能;带有2个带油压缩空气接头和1个无油压缩空气接头、3个220V电源接头;2个磨机挂钩、2个砂纸挂钩及自动滑阀操控。

3. 集尘管路系统

如图1-2-4所示,集尘管路系统由吸尘主管、支管、各种专用的弯管接头以及配套的卡箍和紧固件系统构成。

图1-2-2 集尘主机　　　图1-2-3 悬挂单元　　　图1-2-4 集尘管路系统

4. 控制线路与控制系统

如图1-2-5所示,控制线路与控制系统包括系统内部线控部分,以及从打磨工位主气源硬管接口到集尘主机和打磨机的压缩空气供气管路,管路的末端设置有清洁阀。

图1-2-5 控制线路与控制系统

5. 打磨工具系统

打磨工具系统是机械清除设备当中很重要的一个部分,可以配备不同运动方式、不同形状及不同大小的打磨机,以适应不同的打磨部位及工序,也可以配备吸尘手刨进行手工打磨。

打磨工具系统包括不同大小和类型的打磨机,如图1-2-6所示。其他的打磨工具,如供气、回气与吸尘三合一套管,如

图1-2-6 不同类型的打磨机

图1-2-7所示;吸尘式手工模板(也称为手刨),如图1-2-8所示;配合手刨使用的吸尘软管等,如图1-2-9所示。

图1-2-7 吸尘套管　　　图1-2-8 手刨　　　图1-2-9 手刨软管

二、打磨材料的类型及特点

打磨机配套的材料主要是各种打磨垫和打磨砂纸。

1. 打磨垫

如图1-2-10所示,随着技术的不断发展,干磨机的打磨垫采用5孔、6孔、9孔,如图1-2-11所示,以致发展到现在的多孔设计,如图1-2-12所示,其吸尘效果更佳,砂纸的使用寿命更长。在进行不同的作业时,应选择不同的打磨垫安装在打磨机上,连接砂纸的打磨垫,通常都为尼龙搭扣式,能方便、快速地牢固粘贴干磨砂纸。

图1-2-10 磨垫

图1-2-11 九孔磨垫

图1-2-12 多孔磨垫

2. 打磨砂纸

打磨砂纸的种类很多:

(1)按使用类型可分为干磨砂纸和水磨砂纸。

(2)按砂纸磨料的成分可分为氧化铝磨料、金刚砂(碳化硅)、锆铝磨料。

(3)按干磨砂纸的使用特点可分为搭扣式干磨砂纸、干磨网砂和海绵砂纸。

(4)按干磨砂纸磨料颗粒大小(也指砂纸的规格)可分为P80砂纸、P150砂纸、P1000砂纸等。

在汽车涂装修补领域使用的砂纸磨料粒度的标准一般采用欧洲的分级系统,即在标准的数字前标以字母P,数码越大,磨料的粒度越小。粗细不同的磨粒黏结在特制的纸板上,构成适应各种施工需要的粗细不同的砂纸。

课后作业与讨论

一、课后作业

(一)判断题

1. 目测评估是指利用光线从正面观察,判断板件损伤的范围。　　　(　　)

2. 打磨时,干磨砂纸和水磨砂纸可以代替使用。　　　(　　)

3. 砂纸的粗细以数字表示,磨料的颗粒越大,号数越大,砂纸越粗;磨料的颗粒越小,号数越小,砂纸越细。　　　(　　)

4.打磨处理划痕时必须使用打磨指示层,但每次更换不同型号砂纸之前无须先施涂打磨指示层。（   ）

(二)选择题

1.一辆待局部维修涂装的车需要进行全车清洁的目的是(   )。
 A.保持涂装车间的清洁
 B.便于准确鉴定损伤程度
 C.防止产生涂装缺陷
 D.提高涂装表面的质量

2.按照砂纸的形状分类,砂纸可分为(   )。
 A.海绵砂纸　　B.圆形砂纸　　C.搭扣式砂纸　　D.异形砂纸

3.划痕处理后应从哪几个方面检查打磨效果？(   )
 A.有无漏磨现象　　　　　　B.板件表面洁净无残留
 C.边缘过渡是否平顺无明显台阶

4.去除划痕损伤的作业选用偏心距为(   )的打磨机
 A.2.5mm　　　B.3mm　　　C.5mm　　　D.7mm

二、课后讨论

1.一辆漆面受损的汽车准备进行维修涂装时,如果只清洁受损部位是否合理？为什么？请简要阐述你的观点。

2.你在打磨的实际作业中遇到了哪些问题？是如何解决的？请和大家分享你的实践体会。

拓展学习

了解你所在地域维修涂装车间铝车身专用干磨房的占比,并谈谈你的看法。

任务二　局部喷涂底漆和中涂漆

📖 任务描述

本任务主要完成对板件露金属部位喷涂底漆和局部喷涂中涂漆并完成打磨作业(图 1-2-13)。要进行板件清洁、底漆、中涂漆调配与喷涂作业,应使用红外线烤灯烘烤,打磨中涂漆区域以及整个板件,达到整板施涂色漆和水性清漆的技术要求。

图 1-2-13　已打磨完成的板件

📖 任务目标

【学习目标】

(1)能按照正确的工艺对板件进行清洁除油。

(2)能根据作业标准正确选用底漆、中涂漆并进行调配作业。

(3)能根据作业标准选择正确的喷枪进行调整、喷涂施工。

(4)能对喷涂后的底漆和中涂漆进行干燥、质量检验与处理。

(5)能选择正确的打磨设备和工具进行中涂漆的打磨。

(6)能根据中涂打磨后的效果进行质量检验与处理。

【素质目标】

(1)通过操作中安全防护用品的穿戴,培养学生安全生产的意识。

(2)通过任务中各环节操作,培养学生劳动意识,进行劳动教育。

 任务工作页

任务名称	局部喷涂底漆和中涂漆

车辆品牌：_____ 整车型号：_____ 车辆 VIN 码：_____

技师姓名：_____ 班组成员：_____ 维修日期：_____

一、知识链接

1. 观看视频，并完成以下内容

(1) 底漆局部喷涂的工艺流程是：

局部喷涂底漆　局部喷涂中涂漆

表面前处理 → 遮蔽与清洁 → □ → 调整喷枪 → □

(2) 中涂漆局部喷涂的工艺流程是：

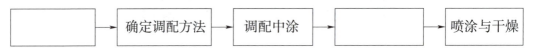

□ → 确定调配方法 → 调配中涂 → □ → 喷涂与干燥

2. 填写防护用品需用情况表

以下哪些是底漆和中涂漆施工过程中必要的防护？（需要用 ☺；不需要用 ☹）

工艺	防护用品								
	防溶剂手套	棉纱手套	防尘口罩	活性炭口罩	棉质工作服	喷漆工作服	护目镜	耳塞	安全鞋
底漆和中涂漆喷涂									
中涂漆打磨									

3. 思考讨论任务实施中的问题

(1) 红外线烤灯定期日常维护项目有哪些？

(2)干燥后的中涂漆应达到哪些条件才能进行下一步工序的作业?

二、工作计划

根据任务要求,确定所需要的设备、工具、材料和操作规范,并对班组成员进行合理分工,制订详细的工作计划。

1. 班组成员分工

2. 场地设备及材料准备
(1)物料准备:□充足　　　　□不足　　　　处理意见:＿＿＿＿＿＿
(2)安全防护:□符合要求　　□不符合要求　处理意见:＿＿＿＿＿＿
(3)工具设备:□符合要求　　□不符合要求　处理意见:＿＿＿＿＿＿
(4)场地安全:□符合要求　　□不符合要求　处理意见:＿＿＿＿＿＿
3. 工作方案制订

三、实施过程记录

1. 底漆与中涂漆调配的工作步骤与技能要点
步骤1:＿＿＿＿＿＿＿＿＿＿＿＿＿＿＿＿＿＿＿＿＿＿＿＿＿＿＿＿＿＿＿
步骤2:＿＿＿＿＿＿＿＿＿＿＿＿＿＿＿＿＿＿＿＿＿＿＿＿＿＿＿＿＿＿＿
步骤3:＿＿＿＿＿＿＿＿＿＿＿＿＿＿＿＿＿＿＿＿＿＿＿＿＿＿＿＿＿＿＿
步骤4:＿＿＿＿＿＿＿＿＿＿＿＿＿＿＿＿＿＿＿＿＿＿＿＿＿＿＿＿＿＿＿
步骤5:＿＿＿＿＿＿＿＿＿＿＿＿＿＿＿＿＿＿＿＿＿＿＿＿＿＿＿＿＿＿＿
步骤6:＿＿＿＿＿＿＿＿＿＿＿＿＿＿＿＿＿＿＿＿＿＿＿＿＿＿＿＿＿＿＿
技能要点:＿＿＿＿＿＿＿＿＿＿＿＿＿＿＿＿＿＿＿＿＿＿＿＿＿＿＿＿＿
2. 局部喷涂底漆和中涂漆的工作步骤与技能要点
步骤1:＿＿＿＿＿＿＿＿＿＿＿＿＿＿＿＿＿＿＿＿＿＿＿＿＿＿＿＿＿＿＿
步骤2:＿＿＿＿＿＿＿＿＿＿＿＿＿＿＿＿＿＿＿＿＿＿＿＿＿＿＿＿＿＿＿

步骤3：_____
步骤4：_____
步骤5：_____
步骤6：_____
技能要点：_____

3. 中涂漆干燥与打磨的工作步骤与技能要点

步骤1：_____
步骤2：_____
步骤3：_____
步骤4：_____
步骤5：_____
步骤6：_____
技能要点：_____

四、检查与评估

请对自己和小组的工作完成情况进行评价，并提出意见和建议。

评估项目	评估内容	评分(分)		备注
		分值	得分	
知识学习	认真学习实训指导书、预习相关知识	20		
实训过程	积极参与并按实训步骤规范操作	20		
工作页	独立自主完成工作页填写，结果正确	20		
学习态度	实训过程和知识学习积极主动	20		
纪律性	遵守操作规范不迟到不早退，不做与实训无关的事情	20		
合计		100		

教师签名：_____

我的建议和意见：_____。

我的收获与改进方向：_____。

损伤类型一　项目二　喷漆修复划痕损伤

一、施工准备

```
安全防护：
防尘口罩、棉纱手套、活性炭口罩、耐溶剂手套、耳塞、护目镜、安全鞋、工作服与喷漆服
```

```
辅料耗材：
底漆和中涂漆以及配套的固化剂和稀释剂、清洁剂、擦拭布、粘尘布、过滤网、调漆罐、打磨砂纸、打磨指示剂
```

施工准备

```
设备工具：
喷枪清洗机、干磨设备、喷烤漆房、红外线烤灯、底漆和中涂漆喷枪、喷枪清洗套装、电子秤、比例尺、清洁剂喷壶
```

```
场地设施：
施工场地环境、通风及换气设施、电源、气源、紧急处理设施、安全出入口等
```

二、施工过程

(一)施工前安全防护

施工步骤	施工图示
规范穿戴防护用品,如右图所示： (1)喷漆工作服。 (2)安全鞋。 (3)护目镜。 (4)耐溶剂手套。 (5)活性炭口罩。 (6)耳塞 我穿戴了哪些防护用品？	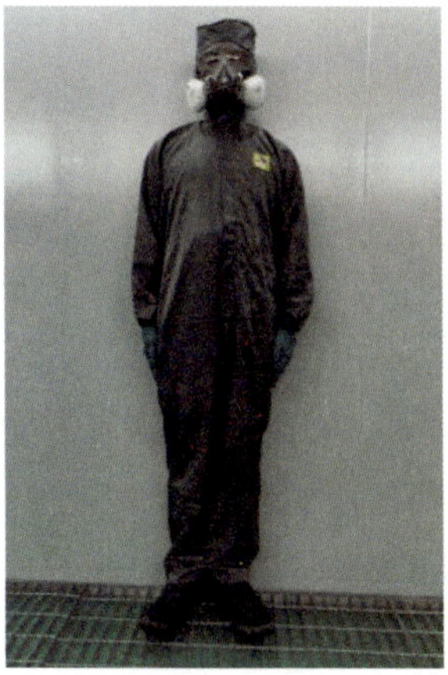 调漆安全防护

49

(二) 遮蔽

施工步骤	施工图示或视频展示
(1) 遮蔽无须喷涂的部位,如右图所示。 (2) 在羽状边外 10～15cm,不超过打磨过渡区域采用反向遮蔽方法进行遮蔽。 技能要点 (1) 为了防止喷涂后产生台阶,需要采用反向遮蔽的方法进行遮蔽。 (2) 反向遮蔽时遮蔽纸不能压实,需留出一手指的空间	 中涂漆喷涂前遮蔽 遮蔽的一般方法

(三) 选用和调配底漆、中涂漆

施工步骤	施工图示或视频展示
1. 选择底漆 选择环氧底漆,如右图所示。底漆必须与配套的固化剂搭配使用,稀释剂可根据施工环境温度选择标准型或者慢干型。不按要求搭配会出现涂膜缺陷,严重时会导致返工	 　 环氧底漆　　固化剂 不同环境温度下 选择固化剂和 稀释剂

50

续上表

施 工 步 骤	施工图示或视频展示
2. 选择中涂漆 选择打磨中涂漆,如右图所示,中涂漆必须与配套产品搭配使用,固化剂和稀释剂可根据施工环境温度选择对应产品。不按要求搭配会出现涂膜缺陷,严重时会导致返工。 ❓ 体验与感悟 请记录你的选择结果和依据: _____	 选择不同类型的中涂漆 快干　　标准　　慢干
3. 调配底漆和中涂漆 如右图所示,底漆、中涂漆的调配按照体积比 4∶1∶1 的比例依次添加固化剂和稀释剂,并充分搅拌均匀。 🔧 技能要点 必须遵循涂料供应商的要求进行底漆和中涂漆的正确调配	 按比例调配与混合中涂漆

(四) 选择喷枪并进行调试

施 工 步 骤	施 工 图 示
1. 选择喷枪 底漆选择 HVLP 1.3 口径的面漆喷枪,中涂漆选择 HVLP 1.7~1.9 的底漆喷枪。 🔧 技能要点 按照涂料公司提供的产品使用手册选择底漆与中涂漆喷枪	 中涂漆喷枪

续上表

施工步骤	施工图示
2.过滤底漆与中涂漆 　如右图所示,将涂料倒入喷枪时,应使用过滤漏斗进行过滤。 　(1)使用过滤漏斗可以过滤掉涂料中的杂质,防止在喷涂过程中堵塞喷嘴或产生喷涂缺陷。 　(2)过滤底漆与中涂漆时,应选用190μm的纸漏斗进行过滤	 用190μm的纸漏斗过滤底漆与中涂漆
3.调试喷枪 　(1)调节出漆量。 　(2)调节喷幅。 　(3)调节气压。 　(4)测试喷枪喷涂效果。 技能要点 按照涂料公司提供的产品使用手册要求进行喷枪的调节	 调试喷枪
防护要求 从本操作步骤开始及后续操作须将活性炭口罩更换为供气式面罩。 体验与感悟 调试喷枪的步骤是:	 测试喷枪效果

(五) 清洁板件

施工步骤	施工图示
1.清洁除油 　如右图所示,选择脱脂清洁剂按照规范要求对板件进行清洁操作。 技能要点 如果清洁不彻底,喷涂后会产生缺陷,如缩孔。 体验与感悟 请记录你选择的清洁剂和依据:	 板件除油

损伤类型一 项目二 喷漆修复划痕损伤

续上表

施工步骤	施工图示
2. 粘尘 如右图所示,按照作业规范对板件进行粘尘操作。 (1)将粘尘布完全打开。 (2)反向轻折成蓬松状态,轻轻擦拭待喷涂表面。 技能要点 轻轻擦拭,避免重压使粘尘布上的树脂粘到板件上产生漆膜缺陷	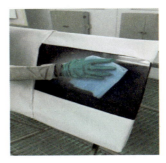 粘尘

(六)底漆和中涂漆的喷涂与干燥

施工步骤	施工图示或视频展示
1. 检查待喷涂表面的情况 目测检查待喷涂表面是否有裸露金属,如右图所示。如果没有,忽略此步骤,可以直接喷涂中涂漆。 技能要点 检查是否有裸露底材的情况。如果有金属裸露,按照作业标准,需在裸露金属部位重新施涂底漆,保证防腐蚀性能达到要求	 目测检查待喷涂表面
2. 局部喷涂底漆 在裸露金属表面喷涂一层纹理连接的半透明薄层,自然闪干呈现亚光状态	 底漆喷涂 局部喷涂底漆

53

续上表

施工步骤	施工图示或视频展示
3.喷涂中涂漆 喷涂中涂漆要求如下： 	喷涂层数	湿润度	枪距	喷幅	气压	闪干
---	---	---	---	---	---
第1层	30%~50%	10~15cm	全开	0.2MPa（2bar）	亚光
第2层	100%	10~15cm	全开	0.2MPa（2bar）	亚光
第3层	100%	10~15cm	全开	0.2MPa（2bar）	亚光 | 🔧 技能要点 如右图所示，在损伤区域薄喷闪干后以逐层扩大的方法进行后续涂层的喷涂，层间自然闪干至亚光状态	 第1层喷涂
5.干燥中涂漆 为了尽快干燥中涂漆，建议使用红外线烤灯对中涂漆进行干燥，也可使用烤漆房进行干燥，如右图所示	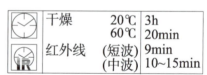 干燥方式与时间

（七）完成中涂漆局部喷涂后的质量检查

施工步骤	施工图示
检查喷涂表面有无缺陷，如右图所示。 （1）喷涂表面是否光滑、平整。 （2）喷涂表面有无尘点、流挂、针孔、露底等缺陷	 检查喷涂表面有无缺陷

(八)中涂漆打磨

施工步骤	施工图示
(1)施涂打磨指示层,选用3mm打磨机配合P400~P500砂纸完成中涂漆区域及整板打磨。 (2)边角部位选用灰色菜瓜布或者P800海绵砂纸进行打磨。 **❓ 体验与感悟** 你如何高质量完成中涂漆打磨?	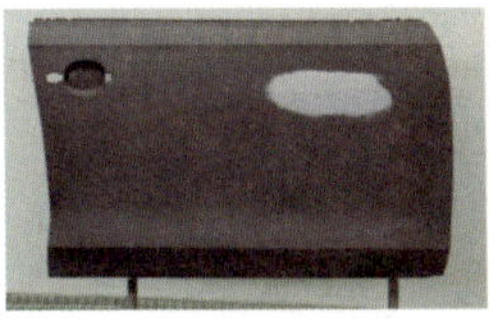 中涂漆打磨完成

(九)中涂漆打磨的质量检查

施工步骤	施工图示
(1)打磨表面平整,无粗砂纸打磨痕迹。 (2)打磨表面无漏磨现象。 (3)打磨表面无磨穿现象	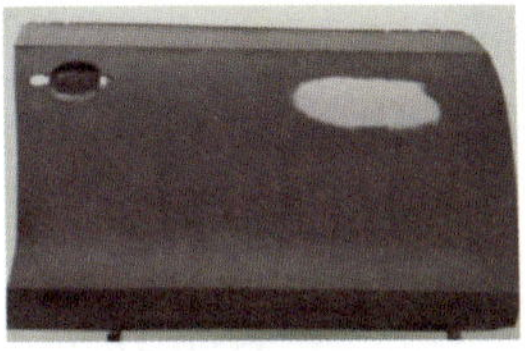 检查打磨表面质量

(十)施工现场整理

施工步骤	施工图示	
工位、工具、设备清洁整理,如右图所示	打磨工位、工具、设备清洁整理	打磨工位、工具、设备的清洁整理

(十一)废弃物分类处理

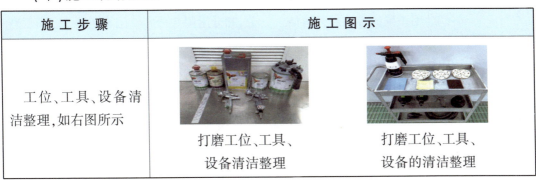

施工步骤	施工图示	
(1)将使用过的砂纸按照要求放到指定的回收容器内,如右图所示。 (2)将使用后的清洁布放到指定的回收容器内,待专业回收公司回收,进行无害化处理。	 砂纸回收桶	 指定的回收桶

续上表

施工步骤	施工图示
（3）洗枪机连接溶剂回收机，将废溶剂回收再利用，如右图所示	 溶剂回收机

三、施工考核标准与学习评价

序号	施工项目	施工标准	评分标准	评价方式	
				小组评价	教师评价
1	安全与健康（10分）	工作中正确使用安全防护用品（防尘口罩/活性炭口罩/棉纱手套/耐溶剂手套/工作鞋/工作服/护目镜）	1项不规范扣2分，扣分上限10分	□规范 □不规范	□规范 □不规范
2	遮蔽与清洁（15分）	选择正确的清洁剂并采用正确的方法进行清洁	1项不正确扣2分，扣分上限5分	□正确 □不正确	□正确 □不正确
		选择正确的遮蔽材料并采用正确的方法进行遮蔽	1项不正确扣2分，扣分上限5分	□正确 □不正确	□正确 □不正确
		反向遮蔽范围合理，并善于节省遮蔽材料	1项不正确扣2分，扣分上限5分	□正确 □不正确	□正确 □不正确
3	局部喷涂底漆（10分）	正确选择底漆及配套产品并正确配比	1项不正确扣1分，扣分上限3分	□正确 □不正确	□正确 □不正确
		喷涂前正确调校及测试喷枪	1项不正确扣1分，扣分上限3分	□正确 □不正确	□正确 □不正确
		正确的喷涂层数及厚度并闪干至亚光	1项不正确扣2分，扣分上限4分	□正确 □不正确	□正确 □不正确

损伤类型一 项目二 喷漆修复划痕损伤

续上表

序号	施工项目	施工标准	评分标准	评价方式 小组评价	评价方式 教师评价
4	局部喷涂中涂漆（15分）	正确选择中涂漆及配套产品并正确配比	1项不正确扣1分,扣分上限3分	□正确 □不正确	□正确 □不正确
		喷涂前正确调校及测试喷枪	1项不正确扣1分,扣分上限3分	□正确 □不正确	□正确 □不正确
		第1层:喷涂一薄层覆盖损伤区域	不正确扣2分	□正确 □不正确	□正确 □不正确
		第2层、第3层按标准进行局部喷涂	1项不正确扣2分,扣分上限4分	□正确 □不正确	□正确 □不正确
		每道涂层间闪干至亚光	1项不正确扣1分,扣分上限3分	□正确 □不正确	□正确 □不正确
5	中涂漆研磨（20分）	正确使用打磨指示层（在打磨前及不同型号砂纸替换时均匀涂抹、无明显浪费）	1次不正确扣2分,扣分上限4分	□正确 □不正确	□正确 □不正确
		选用偏心距为3mm的打磨机	不正确扣2分	□正确 □不正确	□正确 □不正确
		正确使用研磨机（吸尘孔对准、研磨机放上再启动、尽可能平放、吸尘挡位正确）	不正确扣4分	□正确 □不正确	□正确 □不正确
		选择正确的砂纸P400~P500,用于中涂漆研磨	不正确扣4分	□正确 □不正确	□正确 □不正确
		使用灰色菜瓜布或P800海绵砂纸打磨边角位置	不正确扣4分	□正确 □不正确	□正确 □不正确
		工件表面正确清洁(吹尘枪吹尘、除油剂除油)	不正确扣2分	□正确 □不正确	□正确 □不正确

续上表

序号	施工项目	施工标准	评分标准	评价方式	
				小组评价	教师评价
6	效果评价（15分）	没有残留指示层	有1处残留扣2分，扣分上限5分	□有残留 □无残留	□有残留 □无残留
		无明显中涂漆漏磨现象（橘纹残留）	有1处漏磨扣2分，扣分上限5分	□有漏磨 □无漏磨	□有漏磨 □无漏磨
		无明显中涂漆过薄/磨穿现象（目视能见底层颜色）	有1处磨穿扣2分，扣分上限5分	□有磨穿 □无磨穿	□有磨穿 □无磨穿
7	5S整理（15分）	设备、工具、材料使用后清洁、归位，摆放整齐，废弃物放进指定垃圾桶	1项不规范扣3分，扣分上限15分	□规范 □不规范	□规范 □不规范
	合计		100分	得分	

注：本考核评价表参考了国内某大型汽车主机厂施工标准。

任务知识

一、喷枪的类型和使用特点

（1）按油漆的供给方式分类。空气喷枪根据油漆的供给方式可分为重力式喷枪、虹吸式喷枪和压送式喷枪3种，分别如图1-2-14～图1-2-16所示。

图1-2-14　重力式喷枪　　图1-2-15　虹吸式喷枪　　图1-2-16　压力式喷枪

（2）按雾化技术分类。空气喷枪根据雾化技术可分为传统高气压喷枪、RP（低流量中气压喷枪）和HVLP（高流量低气压喷枪）3种，如图1-2-17所示。3种喷枪的使用特点见下表。

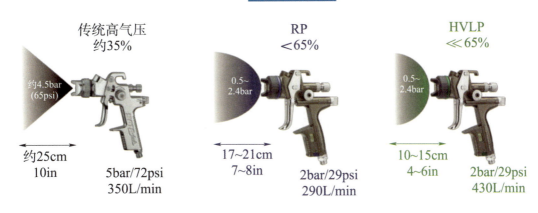

图 1-2-17 三种喷枪的雾化效果

空气喷枪类型	工作原理	涂料的利用率	喷涂距离（mm）	喷涂特点
环保型空气喷枪	环保型空气喷枪将涂料分解成小液滴的气压不超过70kPa，当涂料流进入气流后，减少反弹现象，降低了弥漫的喷雾	65%以上	100～150	环保型空气喷枪工作时非常安静，工作效率高，适用于任何可用空气喷枪雾化的液体溶剂材料
传统空气喷枪	传统空气喷枪主要利用高压气体将涂料"吹"成小液滴，在这一过程中，将产生大量多余的喷雾，使喷雾反弹，出现"回喷"现象	35%～40%	200～300	普通空气喷枪工作时噪声大，工作效率低，适用范围小

(3) 按使用功能分类。喷枪根据使用功能分为面漆喷枪、底漆喷枪、小修补喷枪，分别如图 1-2-18～图 1-2-20 所示。

图 1-2-18 面漆喷枪　　图 1-2-19 底漆喷枪　　图 1-2-20 小修补喷枪

二、红外线辐射干燥设备的类型和工作原理

红外线的传热形式为辐射传热,由电磁波传递热量。红外线按照波长可分为短波、中波、长波。汽车烤漆专用短波红外线烤灯,烘烤渗透力强,直入漆层,可使漆层温度迅速升高,溶剂或水分由内向外挥发,漆层表面光泽度与丰满度高,镜面更加清晰,涂层附着力强,不易产生橘皮、流挂等现象,是比较先进的烤漆方法。

三、红外线干燥设备的日常维护与滤棉保养方法

1. 红外线烤灯定期检查维护

红外线烤灯定期检查维护见下表。

检查周期	检查项目
周检查	检查灯管是否亮起。 检查电线是否完好无损
月检查	检查包金反射板,因为破损或者脏污的反射板会导致整个反射板或者反射器损坏
季度检查	每个季度至少更换一次滤棉,如滤棉很脏,就应当及时更换

2. 红外线烤灯使用注意事项及日常维护

灯箱滤棉维护步骤如下:

第一步:拆开灯箱,如图 1-2-21 所示。

第二步:打开灯箱面板,如图 1-2-22 所示。

第三步:用风枪吹干净灰尘,如图 1-2-23 所示。

第四步:用风枪吹干净灯管凹槽,如图 1-2-24 所示。

第五步:吹干净滤棉,如图 1-2-25 所示。

图 1-2-21 拆开灯箱

图 1-2-22 打开灯箱面板

图 1-2-23 用风枪吹干净灰尘

损伤类型一　项目二　喷漆修复划痕损伤

 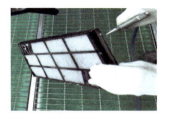

图 1-2-24　用风枪吹干净灯管凹槽　　　图 1-2-25　吹干净滤棉

注意：滤棉属于耗材，不可长时间反复使用，每 3 个月左右要更换一次。

课后作业与讨论

一、课后作业

(一) 判断题

1. 中涂漆是用于底漆涂层与面漆涂层之间的涂层，具有防锈功能。　　(　　)
2. 采用短波红外线干燥中涂漆的时间一般为 10～15min。　　(　　)
3. 喷涂中涂漆时第一层不能喷涂太厚，每层喷涂后要留有充分的闪干时间。
　　(　　)
4. 打磨中涂漆时必须使用打磨指示层，但每次更换砂纸之前无须先施涂打磨指示层。　　(　　)

(二) 选择题

1. 中涂漆一般应具有(　　)的作用。
　A. 填补平整表面　　　　　　B. 防止面漆涂料溶剂浸透
　C. 提高面漆层的附着力　　　D. 抗石击和防紫外线
2. 根据不同修补漆程序的要求，中涂漆可分为(　　)。
　A. 可调色中涂漆　　　　　　B. 可调灰度中涂漆
　C. 免磨中涂漆　　　　　　　D. 打磨中涂漆
3. 中涂漆干燥后应从哪几个方面检查喷涂效果？(　　)
　A. 涂层有无缩孔　　　　　　B. 纹理是否均匀
　C. 边缘过渡是否平顺无明显台阶　D. 涂层是否完全干燥
4. 如果喷涂中涂漆之前的划痕处理表面比较平整，机磨时应选用(　　)砂纸打磨。
　A. P320　　　B. P400/P500　　　C. P800　　　D. P1000

二、课后讨论

你在局部喷涂中涂漆前进行反向遮蔽作业时遇到了哪些问题？你是如何解

决的？请和大家分享你的实践体会。

拓展学习

了解你所在地域维修站快修常用的中涂漆的类型、特点以及工艺方法。

任务三　整板喷涂色漆和水性清漆

任务描述

如图1-2-26所示，本任务主要针对已完成打磨的板件整板喷涂水性色漆和水性清漆，进行水性底色漆和水性清漆的调配、喷涂前的板件清洁、整板喷涂面漆层，完成板件的修复工作。

图1-2-26　已完成打磨的板件

任务目标

【学习目标】

（1）能按照水性底色漆和水性清漆的比例正确调配。

（2）能按照水性色漆喷涂的工艺要求，做好板件的清洁准备工作。

（3）能按照水性色漆喷涂的工艺要求，进行整板喷涂与闪干作业。

（4）能按照水性清漆喷涂的工艺要求，进行整板喷涂。

【素质目标】

（1）通过色漆清漆喷涂，培养学生严谨细致、认真负责的职业精神。

（2）通过"三废"的处理，培养学生环境保护意识，提高学生对国家"碳达峰、碳中和"目标的认识。

项目二　喷漆修复划痕损伤

任务工作页

任务名称	整板喷涂色漆和水性清漆

车辆品牌：_____　整车型号：_____　车辆 VIN 码：_____

技师姓名：_____　班组成员：_____　维修日期：_____

一、知识链接

1. 观看视频，并完成以下内容

(1) 色漆喷涂的工艺流程是：

水性纯色底色漆施工方法　　水性清漆施工

遮蔽与清洁 → □ → □ → 调整喷枪 → □

(2) 水性清漆整板喷涂的工艺流程是：

确定调配方法 → □ → □ → □ → 喷涂与干燥

2. 填写施工需要准备的材料和工序表

选择色漆喷涂前需要选用和操作的内容。（需要用😊；不需要用☹）

工艺	操作内容							
	安全防护	脱脂清洁剂	专用塑料清洁剂	水性清洁剂	金属脱脂清洁剂	粘尘	调配色漆	调配清漆
色漆喷涂前								

3. 思考讨论任务实施中的问题

(1) 纯色水性色漆的喷涂要领有哪些？

(2) 干燥水性清漆的方式有哪些？不同的干燥方式对应的干燥时间有何要求？

二、工作计划

根据任务要求,确定所需要的设备、工具、材料和操作规范,并对班组成员进行合理分工,制订详细的工作计划。

1. 班组成员分工

2. 场地设备及材料准备
(1) 物料准备：□充足　　　　□不足　　　　处理意见：_____
(2) 安全防护：□符合要求　　□不符合要求　处理意见：_____
(3) 工具设备：□符合要求　　□不符合要求　处理意见：_____
(4) 场地安全：□符合要求　　□不符合要求　处理意见：_____

3. 工作方案制订

三、实施过程记录

1. 色漆和清漆调配的工作步骤与技能要点
步骤1：_____
步骤2：_____
步骤3：_____
步骤4：_____
步骤5：_____
步骤6：_____
技能要点：_____

2. 整板喷涂色漆和清漆的工作步骤与技能要点
步骤1：_____
步骤2：_____
步骤3：_____
步骤4：_____
步骤5：_____
步骤6：_____
技能要点：_____

四、检查与评估

请根据自己和小组的工作任务完成情况进行评价,并提出意见和建议。

评估项目	评 估 内 容	评分(分) 分值	评分(分) 得分	备注
知识学习	认真学习实训指导书、预习相关知识	20		
实训过程	积极参与并按实训步骤规范操作	20		
工作页	独立自主完成工作页填写,结果正确	20		
学习态度	实训过程和知识学习积极主动	20		
纪律性	遵守操作规范,不迟到不早退,不做与实训无关的事情	20		
	合计	100		

教师签名:＿＿＿＿＿＿

我的建议和意见:＿＿＿＿＿＿＿＿＿＿＿＿＿＿＿＿＿＿＿＿＿＿＿＿。

我的收获与改进方向:＿＿＿＿＿＿＿＿＿＿＿＿＿＿＿＿＿＿＿＿＿。

任务实施

一、施工准备

安全防护:
防尘口罩、活性炭口罩、供气式面罩、耐溶剂手套、耳塞、护目镜、安全鞋、工作服与喷漆服

辅料耗材:
色漆和配套的稀释剂、清漆以及配套的固化剂和稀释剂、清洁剂、擦拭布、粘尘布、过滤网、调漆罐

设备工具:
喷枪清洗机、喷烤漆房、红外线烤灯、色漆和清漆喷枪、喷枪清洗套装、电子秤、比例尺、清洁剂喷壶

场地设施:
施工场地环境、通风及换气设施、电源、气源、紧急处理设施、安全出入口等

施工准备

二、施工过程

(一)施工前安全防护

施工步骤	施工图示
规范穿戴防护用品,如右图所示： (1)喷漆服。 (2)安全鞋。 (3)护目镜。 (4)耐溶剂手套。 (5)耳塞。 (6)活性炭口罩	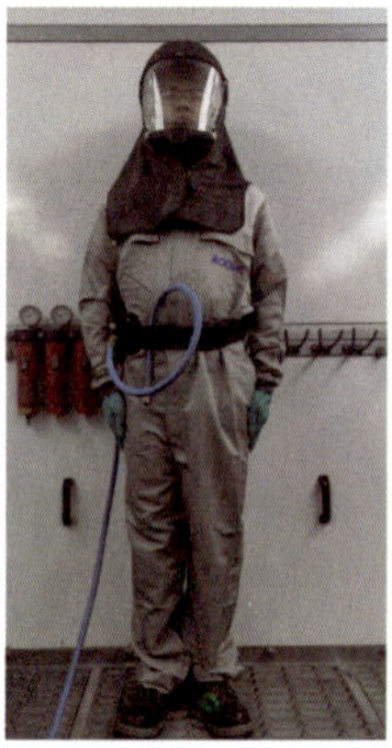 喷漆安全防护

(二)色漆微调

微调方法见损伤类型三项目一中"任务二 色漆颜色的调配"。

(三)遮蔽

喷涂前遮蔽无须喷涂的部位。

(四)选择水性清漆与配套产品

施工步骤	施工图示
1.选择水性清漆 🔧 **技能要点** 　水性清漆与底色漆必须是同一品牌,清漆必须与配套产品搭配使用。不按要求选择与搭配会出现涂膜缺陷,严重时会导致返工	 水性清漆

(五) 调配水性色漆、水性清漆

施 工 步 骤	施 工 图 示
1. 调配水性色漆 如右图所示,按照 2∶1 调配比例要求,进行色漆调配,并充分搅拌均匀。 2. 调配水性清漆 按照涂料供应商的标准按比例 100∶40∶20 调配水性清漆,搅拌均匀后过滤倒入喷枪备用。 技能要点 水性清漆和固化剂混合搅拌均匀后再加入水性稀释剂再次搅拌均匀	 从左至右依次为水性清漆、 水性固化剂、水性稀释剂

(六) 选择喷枪并进行调试

施 工 步 骤	施 工 图 示
1. 选择喷枪 底色漆选择 HVLP 1.3 口径喷枪、清漆选择 RP 1.3 口径喷枪。 技能要点 按照涂料公司提供的产品使用手册选择水性色漆与水性清漆喷枪	 清漆喷枪　　底色漆喷枪
2. 过滤水性色漆与水性清漆 如右图所示,将涂料倒入喷枪时,应使用过滤漏斗对涂料进行过滤。 (1) 使用过滤漏斗过滤掉涂料中的杂质,防止在喷涂过程中堵塞喷嘴或产生喷涂缺陷。 (2) 过滤纯色漆与清漆时应选择 125μm 的纸漏斗进行过滤	 使用过滤漏斗过滤色漆

续上表

施 工 步 骤	施 工 图 示
3.调试喷枪 (1)调节出漆量。 (2)调节喷幅。 (3)调节气压。 (4)测试喷枪的喷涂效果。 技能要点 按照涂料公司提供的产品使用手册要求进行喷枪的调节。 防护要求 从本操作步骤开始及后续操作中,须将活性炭口罩更换为供气式面罩。 体验与感悟 调试喷枪的步骤是:	 调试喷枪

(七)清洁板件

施 工 步 骤	施工图示或视频展示
1.用清洁剂进行板件清洁 如右图所示,按照规范要求对板件进行清洁除油操作。 技能要点 色漆喷涂前先用脱脂清洁剂再使用水性清洁剂进行清洁,去掉表面残留的油脂和盐分,避免喷涂后产生缺陷。 体验与感悟 请记录你选择的清洁剂和依据:	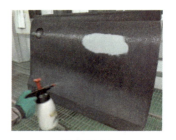 板件除油 损伤表面的清洁方法

损伤类型一 项目二 喷漆修复划痕损伤

续上表

施工步骤	施工图示或视频展示
2.粘尘 如右图所示,按照作业规范对板件进行粘尘操作。 (1)将粘尘布完全打开。 (2)反向轻折成蓬松状态,轻轻擦拭待喷涂表面。 🔧 **技能要点** 轻轻擦拭,避免重压导致粘尘布上的树脂粘到板件上产生漆膜缺陷	 粘尘

(八)纯色底色漆的喷涂与干燥

施工步骤	施工图示或视频展示
1.纯色底色漆喷涂 纯色底色漆喷涂要求如下。 	喷涂层数	遮盖率	喷枪型号	枪距	喷幅	气压	闪干
---	---	---	---	---	---	---
第1层	50%~70%	HVLP 1.3	10~15cm	全开	0.2MPa(2bar)	亚光
第2层	100%	HVLP 1.3	10~15cm	全开	0.2MPa(2bar)	亚光 | 🔧 **技能要点** 按照标准工艺要求,层间闪干,保证色漆喷涂效果和原厂漆尽可能一致	 水性纯色底色漆施工方法 双工序水性底色漆施工工艺
2.闪干色漆 如右图所示,第1层喷涂完成后,建议用吹风筒进行闪干,待底色漆表面呈现亚光状态后,方可进行第2层色漆的喷涂。第2层喷涂后继续用吹风筒闪干至亚光。 🔧 **技能要点** 如右图所示,水性色漆的干燥方式一般使用吹风筒,无论是手持还是使用吹风筒支架,必须使吹出的空气与喷房内空气流动方向一致。吹风筒与被喷涂板件的角度为45°,这样才能幅及更大的喷涂表面,距离不宜太近,根据喷涂表面的湿润度控制为30~80cm	 吹风筒的使用

(九)水性清漆的喷涂与干燥

施工步骤	施工图示或视频展示
1.水性清漆喷涂 水性清漆喷涂方法如下。 | 喷涂层数	湿润度	枪距	喷幅	气压	闪干 | | --- | --- | --- | --- | --- | --- | | 第1层 | 30%~50% | 10~15cm | 全开 | 0.2MPa（2bar） | 表面透明 | | 第2层 | 100% | 10~15cm | 全开 | 0.2MPa（2bar） | 表面透明 | **技能要点** 喷涂第2层清漆前，必须闪干至表面透明（不是奶白色），第2层清漆喷涂完毕在烘烤前必须在室温下闪干20~30min至表面透明。 2.水性清漆干燥 使用烤漆房进行干燥，干燥温度与时间要求为60℃/45min。 **技能要点** 按照涂料公司的要求进行干燥	 水性清漆施工

(十)喷涂干燥后的质量检查

施工步骤	施工图示
检查喷涂表面有无缺陷，如右图所示。 (1)底色漆有无漏喷。 (2)喷涂表面是否光滑、纹理均匀。 (3)喷涂表面有无尘点、咬底、流挂、漏喷等缺陷。 **体验与感悟** 喷涂色漆清漆时，如何避免出现喷涂缺陷？	 检查喷涂表面有无缺陷

损伤类型一　项目二　喷漆修复划痕损伤

（十一）施工现场整理

施工步骤	施工图示
工位、工具、设备清洁整理，如右图所示	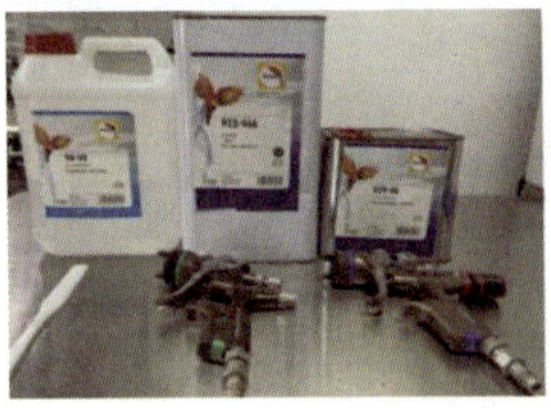 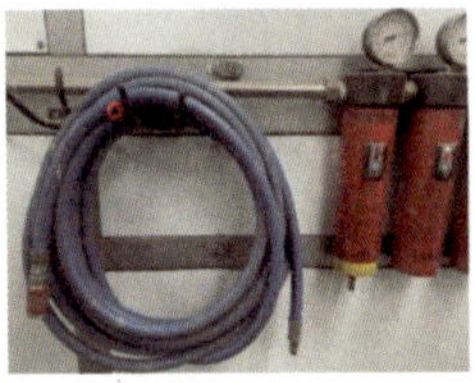  调漆工位、工具、设备清洁整理　　喷漆工位、工具、设备整理

（十二）废弃物分类处理

施工步骤	施工图示
（1）将使用后的清洁布放到指定的回收桶内，待专业回收公司回收后，进行无害化处理。 （2）洗枪机连接溶剂回收机，将废溶剂回收再利用，如右图所示。	指定的回收桶　　溶剂回收机

体验与感悟

不对废弃物进行分类处理，会造成哪些影响？

三、施工考核标准与学习评价

序号	施工项目	施工标准	评分标准	评价方式	
				小组评价	教师评价
1	安全与健康（15分）	工作中正确使用安全防护用品（供气式面罩/活性炭面罩/耐溶剂手套/工作鞋/喷漆工作服/护目镜）	1项不规范扣3分，扣分上限15分	□规范 □不规范	□规范 □不规范
2	清洁与粘尘（10分）	先用脱脂清洁剂再用水性清洁剂对板件进行清洁	1项不正确扣2分，扣分上限4分	□正确 □不正确	□正确 □不正确
		采用正确的方法进行清洁	不正确扣2分	□正确 □不正确	□正确 □不正确
		完全打开粘尘布并反向轻折呈蓬松状态，轻轻擦拭待喷涂表面	1项不正确扣2分，扣分上限4分	□正确 □不正确	□正确 □不正确

续上表

序号	施工项目	施工标准	评分标准	评价方式 小组评价	评价方式 教师评价
3	水性色漆整板喷涂（20分）	按配方正确配比并充分搅拌均匀	1项不正确扣2分，扣分上限4分	□正确 □不正确	□正确 □不正确
		喷涂前正确调校及测试喷枪	1项不正确扣2分，扣分上限4分	□正确 □不正确	□正确 □不正确
		第1层喷涂遮盖50%~70%	不正确扣4分	□正确 □不正确	□正确 □不正确
		第2层喷涂遮盖100%	不正确扣4分	□正确 □不正确	□正确 □不正确
		正确层间干燥（吹风筒吹至亚光,吹风筒的使用距离为30~80cm）	1次不正确扣2分，扣分上限4分	□正确 □不正确	□正确 □不正确
4	水性清漆整板（20分）	正确选择清漆及配套产品并正确配比	1项不正确扣2分，扣分上限4分	□正确 □不正确	□正确 □不正确
		喷涂前正确调校及测试喷枪	1项不正确扣2分，扣分上限4分	□正确 □不正确	□正确 □不正确
		第1层喷涂30%~50%的湿润度	不正确扣4分	□正确 □不正确	□正确 □不正确
		第2层喷涂100%的湿润度	不正确扣4分	□正确 □不正确	□正确 □不正确
		每道涂层间闪干至表面透明	1项不正确扣2分，扣分上限4分	□正确 □不正确	□正确 □不正确
5	效果评价（20分）	底色漆遮盖均匀,无漏喷、明显打磨痕迹、针孔等缺陷	有1处缺陷扣2分，扣分上限10分	□有缺陷 □无缺陷	□有缺陷 □无缺陷
		清漆漆膜饱满,光泽良好,无流挂、橘皮、失光、针孔、溶剂泡、漏喷等缺陷	有1处缺陷扣2分，扣分上限10分	□有缺陷 □无缺陷	□有缺陷 □无缺陷

续上表

序号	施工项目	施工标准	评分标准	评价方式	
				小组评价	教师评价
6	5S整理（15分）	设备、工具、材料使用后清洁、归位，摆放整齐，废弃物放进指定垃圾桶	1项不规范扣3分，扣分上限15分	□规范 □不规范	□规范 □不规范
	合计	100分		得分	

注：本考核评价表参考了国内某大型汽车主机厂施工标准。

任务知识

1. 涂装作业"三废"的产生与分类

在汽车维修企业的涂装作业中，前处理、喷漆、漆膜干燥等过程会不同程度地产生废气、废水和废渣，称为"三废"。若不加以治理，不仅会影响作业人员的健康和生产安全，而且会对环境造成污染。因此，对这些污染源的治理极其重要。

1）废气

（1）喷漆房的排气。为维持喷漆房内的作业环境，喷漆房内的换气风速应控制在 0.25~1m/s 的范围内。一般喷漆室内的排风量很大，溶剂蒸气浓度很低，喷漆房排风内还含有过喷产生的漆雾粉尘。这种粉尘（漆雾滴）的粒径为 20~200μm，如没有特大的风则不会飞散到远处而引起公害，成为废气处理的障碍。

（2）在车身板件喷涂后，烘干或强制干燥前，使涂膜中的一部分溶剂顺利挥发而形成良好的涂膜。这种排气中仅含有溶剂蒸气，几乎不含有漆雾。

（3）车身板件烘烤时排出的废气，包括涂料系统排出的废气和燃料系统排出的废气。其中，涂料系统排出的废气有涂膜中残留的溶剂、部分增塑剂或树脂单体等挥发物、热分解生成物、反应生成物等；燃料系统排出的废气为燃料燃烧废气，排放废气如图 1-2-27 所示。

2）废水

在进行汽车涂装清洗、水磨等作业时，会产生大量废水，这些废水中含有油污、清洗剂等有害物质，必须进行净化处理，使之符合工业废水最高允许排放浓度及地面水质的卫生要求，以减少环境污染，保证水质卫生。

图 1-2-27 排放废气

3）废渣

汽车涂装作业会产生大量的废物,例如:用完后的空油漆罐、调漆杯、纸漏斗、一次性油漆喷壶等,如图 1-2-28 所示。此外,还有擦拭车身的除油布、使用过的遮蔽材料、作业后的手套;干固的原子灰和油漆、漆膜粉尘、蒸馏的残渣等,其内都含有大量有害物质。

图 1-2-28 一次性油漆喷壶

2.涂装作业"三废"处置方法

1）废气处置方法

（1）活性炭吸附法。

在废气治理工艺中,吸附是处理效果好、使用较广的方法之一。常用的吸附剂有活性炭、硅藻土、沸石等,其中以活性炭吸附应用最多。通过吸附系统,可以使 VOCs 浓度大大降低,实现废气达标排放。

（2）燃烧处理法。

VOCs 易燃烧,可采用常温或催化氧化燃烧处理。气体由引风管道通入锅炉或焚烧炉燃烧,高空排放。此法处理比较完全,基本可以把 VOCs 转化为 CO_2 和 H_2O。

2）废水处置方法

涂装作业过程产生的废水,通常采用破乳-油水分离的方法净化处理,其基本原理如下。

（1）破乳。主要用外加药剂来破坏废液中乳化胶体溶液的稳定性,使其凝集。常用的药剂有氯化钙、氯化钠等。

（2）油水分离。通过破乳、凝聚处理,油珠和杂质生存凝絮,然后用物理方法使油水分层去除沉淀,达到分离的目的。油水分离的方法有自然浮上、加压浮上、电解浮上、凝聚沉淀和粗粒化等。

(3) 水喷净化。经破乳、油水分离后,水中油分和有机物含量都大大降低,但水中还存在着微量的油和一些水溶性表面活性剂,可通过吸附、过滤等方法除去。

3) 废物(渣)处置方法

(1) 要考虑作为可能产生的再生资源回收、再利用。

(2) 废弃物应分类收集,按废弃物的种类进行最恰当的处理。

(3) 为了提高产品质量,降低成本,尽量减少废弃物的发生量。

(4) 提高喷涂时的油漆利用率,减少飞漆。

(5) 废溶剂可再生处理后使用,通常处理废溶剂可采用真空蒸馏和水蒸气蒸馏方法。

课后作业与讨论

一、课后作业

(一) 判断题

1. 涂装过程中的废弃物除了回收以外,还可以采用填埋的方式来处理。 （   ）

2. 在施工时,根据施工温度选择合适型号的固化剂即可,稀释剂干燥速度对成膜质量影响不大。 （   ）

3. 清漆喷涂时一般喷涂2层就可以达到质量要求。 （   ）

4. 纯色底色漆与金属底色漆的喷涂方法与双工序底色漆喷涂方法一致。 （   ）

(二) 选择题

1. 在高温或极端低湿度天气下,需要选用的固化剂和稀释剂是(   )。
   A. 标准固化剂　　　　　　　　B. 快干稀释剂
   C. 慢干调整剂　　　　　　　　D. 快干添加剂

2. 吹风筒干燥色漆时的角度和距离为(   )。
   A. 45°,30~40cm　　　　　　　B. 40°,30~50cm
   C. 60°,50~80cm　　　　　　　D. 45°,30~80cm

3. 以下哪些是涂装过程中废气的处理方法？(   )
   A. 活性炭吸附法　　　　　　　B. 油水分离法
   C. 燃烧处理法　　　　　　　　D. 氧化吸收法

4.清漆干燥后应从(　　　)等方面检查喷涂效果。
　　A.涂层有无缩孔　　　　　　B.纹理均匀
　　C.涂层是否完全干燥

二、课后讨论

1.查阅资料,说说汽车制造涂装工艺是怎样的？它与汽车维修涂装工艺有什么区别？

2.你在喷涂色漆和水性清漆的实际作业中遇到了哪些问题？你是如何解决的？请和大家分享你的实践体会。

拓展学习

1.通过查阅资料和行业调研,谈谈未来汽车修补用面漆的发展与未来。

2.了解你所在地域的维修涂装车间是如何实施国家环保要求的,采取了哪些环保措施？

损伤类型二
擦碰类损伤

损伤类型描述

擦碰类损伤一般为车辆受到外力擦碰而产生的车身板件塑性变形损伤,未伤及车身结构件,常见损伤表现为车身表面涂层破损和小的凹陷变形等,需要钣金整形后再做涂层修复,如图2-0-1所示。该类损伤常见的维修板件一般在3件以内,需要使用原子灰填充并整平,然后进行喷涂修复作业。

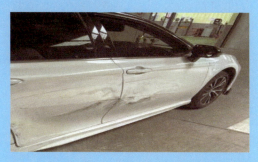

图 2-0-1　擦碰损伤的车辆

项目一　单板件损伤修补

图 2-1-1　边角轻微凹陷的翼子板

项目描述

一辆汽车在转弯时与墙角发生擦碰，造成左前翼子板前部轻微凹陷损伤，如图 2-1-1 所示。钣金技师整形修复后，涂装技师需要进行清除旧漆膜、打磨羽状边、整平原子灰、底漆与可调灰度中涂漆施工、色漆过渡与清漆整喷，完成修补作业。

任务一　清除旧漆膜与打磨羽状边

任务描述

本任务完成旧漆膜损伤区域及程度的评估，如图 2-1-2 所示。选用合适的工具和砂纸清除旧漆膜对损伤部位进行羽状边打磨，制作一个平缓过渡、边缘无台阶的羽状边，然后进行板件清洁。

任务目标

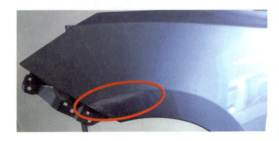

图 2-1-2　标记损伤范围

【学习目标】

（1）能根据作业要求评估板件损伤程度及范围。

（2）能根据作业标准打磨去除旧漆膜、制作羽状边。

（3）能选择正确的清洁剂对板件进行清洁除油。

（4）能根据羽状边打磨的效果进行质量检验与处理。

【素质目标】

（1）通过底材处理工艺培养学生安全规范操作意识。

（2）通过施工过程问题的解决培养学生自主思考的学习能力。

任务工作页

任务名称	清除旧漆膜与打磨羽状边

车辆品牌：_____ 整车型号：_____ 车辆VIN码：_____
技师姓名：_____ 班组成员：_____ 维修日期：_____

一、知识链接

1. 观看视频，并完成以下内容

(1) 损伤区域除旧漆的工艺流程是：

巴斯夫标准维修涂装工艺之
损伤板件羽状边工艺

损伤评估 → 清洁 → □ → □ → 除旧漆膜

(2) 制作羽状边工艺流程是：

选择打磨工具 → □ → 损伤区扩大打磨 → □ → 清洁

2. 填写工具和材料需用情况表

以下哪些是清洁和底材处理所需要的工具和材料？（需要用 ☺;不需要用 ☹）

工 艺	工 具 材 料							
	安全防护	脱脂清洁剂	水性清洁剂	塑料清洁剂	5号打磨机	3号打磨机	P80~P240砂纸	P80~P320砂纸
清洁和底材处理								

3. 思考讨论任务实施中的问题

(1) 在清洁时为什么要快速擦干清洁剂？

(2) 打磨羽状边的意义是什么？

二、工作计划

根据任务要求，确定所需要的设备、工具、材料和操作规范，并对班组成员进行合理分工，制订详细的工作计划。

1. 班组成员分工

2. 场地设备及材料准备
(1) 物料准备：□充足　　　　　□不足　　　　　处理意见：_____
(2) 安全防护：□符合要求　　　□不符合要求　　处理意见：_____
(3) 工具设备：□符合要求　　　□不符合要求　　处理意见：_____
(4) 场地安全：□符合要求　　　□不符合要求　　处理意见：_____
3. 工作方案制订

三、实施过程记录

1. 施工前清洁的工作步骤与技能要点
步骤1：_____
步骤2：_____
步骤3：_____
步骤4：_____
步骤5：_____
步骤6：_____
技能要点：_____

2. 去除旧漆膜的工作步骤与技能要点
步骤1：_____
步骤2：_____
步骤3：_____
步骤4：_____
步骤5：_____
步骤6：_____
技能要点：_____

3. 打磨羽状边的工作步骤与技能要点
步骤1：_____
步骤2：_____
步骤3：_____
步骤4：_____

步骤5：_____
步骤6：_____
技能要点：_____

四、检查与评估

请对自己和小组的工作任务完成情况进行评价，并提出意见和建议。

评估项目	评估内容	评分(分)		备注
		分值	得分	
知识学习	认真学习实训指导书、预习相关知识	20		
实训过程	积极参与并按实训步骤规范操作	20		
工作页	独立自主完成工作页填写，结果正确	20		
学习态度	实训过程和知识学习积极主动	20		
纪律性	遵守操作规范，不迟到不早退，不做与实训无关的事情	20		
合计		100		

教师签名：_____

我的建议和意见：_____。
我的收获与改进方向：_____。

任务实施

一、施工准备

安全防护：
防尘口罩、棉纱手套、活性炭口罩、耐溶剂手套、耳塞、护目镜、安全鞋、工作服

辅料耗材：
脱脂清洁剂、擦拭布、P80~P240打磨砂纸

设备工具：
带吸尘装置干磨机、5mm打磨机、吹尘枪

场地设施：
施工场地环境、通风及换气设施、电源、气源、紧急处理设施、安全出入口等

施工准备

二、施工过程

(一)施工前安全防护

施工步骤	施工图示
规范穿戴防护用品,如右图所示: (1)工作服。 (2)安全鞋。 (3)护目镜。 (4)耳塞。 (5)防尘口罩。 (6)棉纱手套。 (7)工作帽	 打磨安全防护

(二) 损伤评估

施工步骤	施工图示
先采用目测的方法评估损伤,然后戴上棉纱手套,用触摸的方法从不同角度触摸损伤部位。用记号笔标记损伤范围,避免过度修复,如右图所示。 **技能要点** 将受损区域上、下、左、右的临界点用弧线连接起来,标记出未受损区域和受损区域之间的界限,为后续避免过度打磨奠定基础	 损伤评估板件

（三）损伤板件清洁除油

施 工 步 骤	施工图示或视频展示
1. 清洁板件 如右图所示,用擦拭布清洁板件表面,然后用吹尘枪吹尘,清除板件表面的灰尘颗粒。 2. 板件除油 如右图所示,选用脱脂清洁剂对损伤板件进行清洁。 **技能要点** 如果清洁不彻底,将会在喷涂后产生缺陷,如缩孔。 **防护要求** 此时需更换活性炭口罩和耐溶剂手套 **体验与感悟** 请记录你选择的清洁剂和依据: _____	 吹尘  板件除油 损伤表面的清洁方法

（四）清除旧漆膜与制作羽状边

施 工 步 骤	施工图示或视频展示
1. 清除旧漆膜 如右图所示,选择 5mm 打磨机配合 P80 干磨砂纸,将损伤区打磨至裸金属。 具体方法请参考视频。 **技能要点** 损伤区域的旧漆膜必须完全清除,否则,将产生喷涂缺陷。 **防护要求** 此时需更换防尘口罩和棉纱手套。 **体验与感悟** 未打磨至裸金属对板件修补会产生什么后果: _____	 清除旧漆膜 巴斯夫标准维修涂装工艺 之损伤板件羽状边工艺

续上表

施工步骤	施工图示或视频展示
2.打磨羽状边 如右图所示,按照作业规范对板件进行羽状边打磨。 (1)选择P150砂纸配合5mm打磨机去除P80砂纸痕并与未损伤区域形成平滑过渡的羽状边。 (2)选择P240砂纸配合5mm打磨机过细P150砂痕,羽状边平滑过渡至未受损区域并适当扩大过渡打磨区域	 打磨羽状边

(五)打磨后的质量检查

施工步骤	施工图示
(1)检查羽状边是否过渡平滑无台阶。 (2)检查损伤区域旧漆膜是否清除干净	 检查打磨表面质量

(六)板件清洁

板件清洁参考步骤三,此处不再赘述。

(七)施工现场整理

施工步骤	施工图示
工位、工具、设备清洁整理,如右图所示	  打磨设备清洁整理　　工位、工具、设备清洁整理

(八)废弃物分类处理

施 工 步 骤	施 工 图 示
(1)将使用过的砂纸按照要求放到指定的回收容器内,如右图所示。 (2)将使用后的清洁布放到指定的回收容器内,待专业回收公司回收,进行无害化处理	 砂纸回收桶 　　指定的回收桶

三、施工考核标准与学习评价

序号	施工项目	施工标准	评分标准	评价方式	
				小组评价	教师评价
1	安全与健康 (15分)	工作中正确使用安全防护用品(防尘口罩/活性炭口罩/棉纱手套/耐溶剂手套/工作鞋/工作服/防护眼镜)	1项不规范扣3分,扣分上限15分	□规范 □不规范	□规范 □不规范
2	清洁 (15分)	正确选择清洁剂	1项不正确扣2分,扣分上限5分	□正确 □不正确	□正确 □不正确
		正确的吸尘、吹尘、除油步骤	1项不正确扣2分,扣分上限5分	□正确 □不正确	□正确 □不正确
		正确的清洁方式(一湿一干、快速擦干)	不正确扣5分	□正确 □不正确	□正确 □不正确
3	去除旧漆膜 (15分)	选择正确的砂纸P80用于除旧漆膜	不正确扣2分	□正确 □不正确	□正确 □不正确
		选用偏心距为5mm的打磨机	1项不正确扣2分,扣分上限5分	□正确 □不正确	□正确 □不正确
		正确使用研磨机(吸尘孔对准、研磨机放上再启动、尽可能平放、吸尘挡位正确)	1项不正确扣2分,扣分上限5分	□正确 □不正确	□正确 □不正确
		去除旧漆膜的范围合理	不合理扣3分	□合理 □不合理	□合理 □不合理

续上表

序号	施工项目	施工标准	评分标准	评价方式 小组评价	评价方式 教师评价
4	制作羽状边（20分）	选用偏心距5mm的打磨机	不正确扣2分	☐正确 ☐不正确	☐正确 ☐不正确
		正确使用研磨机(吸尘孔对准、研磨机放上再启动、尽可能平放、吸尘挡位正确)	1次不正确扣2分，扣分上限4分	☐正确 ☐不正确	☐正确 ☐不正确
		选择正确的砂纸P150用于羽状边研磨	不正确扣5分	☐正确 ☐不正确	☐正确 ☐不正确
		选择正确的砂纸P240用于扩大研磨区域	不正确扣5分	☐正确 ☐不正确	☐正确 ☐不正确
		工件表面正确清洁(吸尘、吹尘枪吹尘、除油剂除油)	1次不正确扣2分，扣分上限4分	☐正确 ☐不正确	☐正确 ☐不正确
5	效果评价（20分）	表面有无残留清洁剂	有1处残留扣2分，扣分上限5分	☐有残留 ☐无残留	☐有残留 ☐无残留
		损伤区域旧漆膜无漏磨	有1处漏磨扣2分，扣分上限5分	☐有漏磨 ☐无漏磨	☐有漏磨 ☐无漏磨
		损伤区羽状边平滑过渡无台阶	有1处台阶扣2分，扣分上限10分	☐有台阶 ☐无台阶	☐有台阶 ☐无台阶
6	5S整理（15分）	设备、工具、材料使用后清洁、归位，摆放整齐，废弃物放进指定垃圾桶	1项不规范扣3分，扣分上限15分	☐规范 ☐不规范	☐规范 ☐不规范
	合计	100分	得分		

注：本考核评价表参考了国内某知名企业校企合作教学实施与考核评价标准。

任务知识

一、损伤评估的方法

1.损伤评估的内容

1）整车检查

清洗车辆后目测：绕车检查。找出需要修补的损伤区域及未在工作单上记录的损伤,进行记录并报告。

2)修补区域检查

检查修补区域时,确定底材类型及修补工作流程、油漆产品等,具体检查项目见下表。

序号	项目
1	是否存在锈蚀?
2	是否有压痕?
3	是否有石击损伤?
4	是否有刮擦痕?
5	以前是否有过修补?
6	哪种底材?其状况如何?是否能够承受修补强度
7	修补区域大小适合做哪种类型的过渡喷涂?

2. 损伤评估的方法

损伤评估常用的方法主要有目测评估、触摸评估和测量评估。

1)目测评估

目测评估法即根据自然光照射板件的反射情况,确定板件损坏的程度。

2)触摸评估

触摸评估法即在受损板件上触摸,通过感觉板件的凹凸、起落确定损伤程度及受损面积。触摸评估法主要适合于对比较隐蔽的小损伤进行检测,常配合目测评估法一起进行评估检测。

触摸评估的具体操作过程如下:

(1)佩戴棉纱手套,从多方向大范围触摸,手所触摸的部位不应只局限于钣金修复部位,要超出周围平整部位,这样有更明显的对比,便于损伤评估。

(2)触摸时,从不同的方向来触摸损伤区域,不可重压。

(3)手推拉速度不宜过快,沿手指方向直线进行,确定损伤部位。

3)测量评估

将直尺放在车身完好的部位,检查车身与直尺的间隙;然后将直尺放在车身损坏的部位,评估损伤和完好的车身板件之间的间隙差异。

3. 评估结果分析与维修方案制定

修补时,应该尽量缩小工作区域,以便进行过渡修补。修补时,应考虑车身的形状和设计,包括装饰条或面板上的定位线、边缘线等可能会对修补有帮助。

1)整板喷涂

通常损伤面积超过板件的三分之一,采用整板修补的方法更有效。

2)过渡喷涂

(1)板块内过渡喷涂,如图 2-1-3 所示。

一般情况下,损伤区域面积较小,靠近板件边缘,可以采用板块内过渡修补。

(2)板块间过渡喷涂,如图 2-1-4 所示。

对于不被装饰条和边缘限制的修补区域,为了克服颜色差异,一般采用驳口渐淡喷涂的方法,向相邻的板块做驳口喷涂。

图 2-1-3 板块内过渡

图 2-1-4 板块间过渡

二、羽状边的作用和打磨方法

(1)羽状边作用:为了产生一个宽的、平滑的边缘,使损伤区域平滑过渡到完好区域,形成无台阶的斜面,如图 2-1-5 所示。

(2)羽状边的打磨方法:操作过程中要对羽状边打磨效果进行阶段评估,确保所有边缘平滑无台阶,如图 2-1-6 所示。

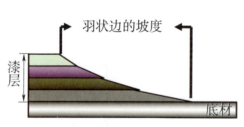

图 2-1-5 羽状边

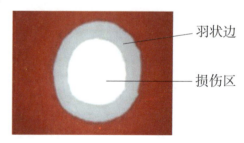

图 2-1-6 制作完成的羽状边

课后作业与讨论

一、课后作业

(一)判断题

1.损伤评估是维修前非常重要的环节,可大大提高维修效率。 （ ）

2.在清洁除油时,短暂接触除油剂,可不必穿戴耐溶剂手套。 （ ）

3. 除旧漆的打磨中,同样可以使用单作用打磨机。　　　　　（　　）
4. 在打磨羽状边时必须打磨至平滑无台阶的状态。　　　　（　　）

(二)选择题

1. 以下哪种匹配最能提高打磨效果？（　　）
    A. 研磨机、砂纸型号和研磨衬垫盘三者间是否匹配合理
    B. 研磨机、吸尘器和研磨衬垫盘三者间是否匹配合理
    C. 研磨机、吸尘器和砂纸型号三者间是否匹配合理
    D. 研磨机、砂纸型号和研磨方式三者间是否匹配合理

2. 旧涂膜损伤区域制作成羽状边,目的是(　　)。
    A. 增大涂膜的附着力
    B. 将损伤范围扩大,保证面漆光滑
    C. 提高面漆的丰满度
    D. 使损伤区域平滑过渡到完好区域,形成无台阶的斜面

3. 下列对于触摸评估法说法,不正确的是(　　)。
    A. 不同方向触摸　　　　　　B. 沿直线进行触摸
    C. 不能交叉触摸　　　　　　D. 戴防护手套

4. 打磨羽状边可以采用(　　)砂纸。
    A. P80　　　　　B. P150　　　　　C. P240　　　　　D. P320

二、课后讨论

1. 有的涂装人员在对车辆进行维修涂装前处理时直接在损伤区域进行手工粗打磨,你如何看待这种现象？这样做会对维修品质产生什么样的后果？请根据你的理解简要阐述。

2. 在清洁时,为什么要将喷洒在板件表面的清洁剂快速擦干？

拓展学习

了解你所在地域维修站快修常用的清洁剂类型和特点。

任务二　刮涂原子灰与整平原子灰

任务描述

本任务对已完成羽状边打磨的板件按照规范作业流程刮涂原子灰,并使用红外线烤灯干燥,然后对原子灰区域进行打磨,达到局部喷涂中涂漆的要求,如图 2-1-7 所示。

图 2-1-7　完成羽状边制作的翼子板

任务目标

【学习目标】

(1)能根据底材正确选用原子灰并调配。

(2)能根据作业标准正确刮涂原子灰。

(3)能正确使用红外线烤灯干燥原子灰。

(4)能按作业标准整平原子灰。

(5)能根据原子灰打磨后的效果进行质量检验与处理。

【素质目标】

(1)通过原子灰刮涂工艺培养学生养成 5S 管理习惯。

(2)通过施工过程问题的解决培养学生"品控"和"成本"意识。

损伤类型二　项目一　单板件损伤修补

任务工作页

任务名称	刮涂原子灰与整平原子灰

车辆品牌：_____　整车型号：_____　车辆 VIN 码：_____

技师姓名：_____　班组成员：_____　维修日期：_____

一、知识链接

1. 观看视频，并完成以下内容

（1）调配及刮涂原子灰的工艺流程是：

巴斯夫标准维修涂装工艺之
损伤板件原子灰工艺

原子灰调配 → 原子灰薄刮 → □ → 边缘修整 → 清洗刮刀

（2）原子灰打磨的工艺流程是：

确定打磨方法 → 施涂指导层 → □ → 原子灰细整平

2. 填写工具和材料需用情况表

调配并刮涂原子灰在金属底材上需要哪些工具材料？（需要用☺；不需要用☹）

工艺	工具材料							
	安全防护	普通原子灰	多功能原子灰	塑料原子灰	填眼灰	调灰板	刮灰刀	电子秤
原子灰的调配与刮涂								

3. 思考讨论任务实施中的问题

（1）在施工时原子灰的干燥取决于哪些因素？

（2）原子灰没有按照正确的比例进行调配会产生什么影响？

二、工作计划

根据任务要求，确定所需要的设备、工具、材料和操作规范，并对班组成员进行合理分工,制订详细的工作计划。

1. 班组成员分工

2. 场地设备及材料准备
(1) 物料准备:□充足　　　　　□不足　　　　　处理意见:＿＿＿＿＿＿
(2) 安全防护:□符合要求　　　□不符合要求　　处理意见:＿＿＿＿＿＿
(3) 工具设备:□符合要求　　　□不符合要求　　处理意见:＿＿＿＿＿＿
(4) 场地安全:□符合要求　　　□不符合要求　　处理意见:＿＿＿＿＿＿

3. 工作方案制订

三、实施过程记录

1. 原子灰的调配工作步骤与技能要点
步骤1：＿＿＿＿＿＿＿＿＿＿＿＿＿＿＿＿＿＿＿＿＿＿＿＿＿＿＿＿＿＿＿＿
步骤2：＿＿＿＿＿＿＿＿＿＿＿＿＿＿＿＿＿＿＿＿＿＿＿＿＿＿＿＿＿＿＿＿
步骤3：＿＿＿＿＿＿＿＿＿＿＿＿＿＿＿＿＿＿＿＿＿＿＿＿＿＿＿＿＿＿＿＿
步骤4：＿＿＿＿＿＿＿＿＿＿＿＿＿＿＿＿＿＿＿＿＿＿＿＿＿＿＿＿＿＿＿＿
步骤5：＿＿＿＿＿＿＿＿＿＿＿＿＿＿＿＿＿＿＿＿＿＿＿＿＿＿＿＿＿＿＿＿
步骤6：＿＿＿＿＿＿＿＿＿＿＿＿＿＿＿＿＿＿＿＿＿＿＿＿＿＿＿＿＿＿＿＿
技能要点：＿＿＿＿＿＿＿＿＿＿＿＿＿＿＿＿＿＿＿＿＿＿＿＿＿＿＿＿＿＿＿

2. 原子灰的刮涂与干燥工作步骤与技能要点
步骤1：＿＿＿＿＿＿＿＿＿＿＿＿＿＿＿＿＿＿＿＿＿＿＿＿＿＿＿＿＿＿＿＿
步骤2：＿＿＿＿＿＿＿＿＿＿＿＿＿＿＿＿＿＿＿＿＿＿＿＿＿＿＿＿＿＿＿＿
步骤3：＿＿＿＿＿＿＿＿＿＿＿＿＿＿＿＿＿＿＿＿＿＿＿＿＿＿＿＿＿＿＿＿
步骤4：＿＿＿＿＿＿＿＿＿＿＿＿＿＿＿＿＿＿＿＿＿＿＿＿＿＿＿＿＿＿＿＿
步骤5：＿＿＿＿＿＿＿＿＿＿＿＿＿＿＿＿＿＿＿＿＿＿＿＿＿＿＿＿＿＿＿＿
步骤6：＿＿＿＿＿＿＿＿＿＿＿＿＿＿＿＿＿＿＿＿＿＿＿＿＿＿＿＿＿＿＿＿
技能要点：＿＿＿＿＿＿＿＿＿＿＿＿＿＿＿＿＿＿＿＿＿＿＿＿＿＿＿＿＿＿＿

3. 原子灰整平的工作步骤与技能要点
步骤1：＿＿＿＿＿＿＿＿＿＿＿＿＿＿＿＿＿＿＿＿＿＿＿＿＿＿＿＿＿＿＿＿
步骤2：＿＿＿＿＿＿＿＿＿＿＿＿＿＿＿＿＿＿＿＿＿＿＿＿＿＿＿＿＿＿＿＿
步骤3：＿＿＿＿＿＿＿＿＿＿＿＿＿＿＿＿＿＿＿＿＿＿＿＿＿＿＿＿＿＿＿＿

损伤类型二　项目一　单板件损伤修补

步骤4：＿＿＿＿＿＿＿＿＿＿＿＿＿＿＿＿＿＿＿＿＿＿＿＿＿＿＿＿＿＿＿＿
步骤5：＿＿＿＿＿＿＿＿＿＿＿＿＿＿＿＿＿＿＿＿＿＿＿＿＿＿＿＿＿＿＿＿
步骤6：＿＿＿＿＿＿＿＿＿＿＿＿＿＿＿＿＿＿＿＿＿＿＿＿＿＿＿＿＿＿＿＿
技能要点：＿＿＿＿＿＿＿＿＿＿＿＿＿＿＿＿＿＿＿＿＿＿＿＿＿＿＿＿＿＿

四、检查与评估

请对自己和小组的工作任务完成情况进行评价，并提出意见和建议。

评估项目	评估内容	评分(分)		备注
		分值	得分	
知识学习	认真学习实训指导书、预习相关知识	20		
实训过程	积极参与并按实训步骤规范操作	20		
工作页	独立自主完成工作页填写，结果正确	20		
学习态度	实训过程和知识学习积极主动	20		
纪律性	遵守操作规范，不迟到不早退，不做与实训无关的事情	20		
	合计	100		

教师签名：＿＿＿＿＿＿＿

我的建议和意见：＿＿＿＿＿＿＿＿＿＿＿＿＿＿＿＿＿＿＿＿＿＿＿＿＿。
我的收获与改进方向：＿＿＿＿＿＿＿＿＿＿＿＿＿＿＿＿＿＿＿＿＿＿。

任务实施

一、施工准备

安全防护：
防尘口罩、棉纱手套、活性炭口罩、耐溶剂手套、耳塞、护目镜、安全鞋、工作服

辅料耗材：
多功能原子灰以及配套的固化剂、清洁剂、原子灰调灰板、干磨砂纸、手工打磨砂纸、打磨指示剂

设备工具：
带吸尘装置干磨机、5mm打磨机、电子秤、原子灰刮刀、手刨板、吹尘枪、清洁剂喷壶

场地设施：
施工场地环境、通风及换气设施、电源、气源、紧急处理设施、安全出入口等

施工准备

二、施工过程

(一) 施工前安全防护

施工步骤	施工图示
规范穿戴防护用品,如右图所示: (1) 工作服。 (2) 安全鞋。 (3) 护目镜。 (4) 耐溶剂手套。 (5) 活性炭口罩。 (6) 耳塞。 (7) 工作帽	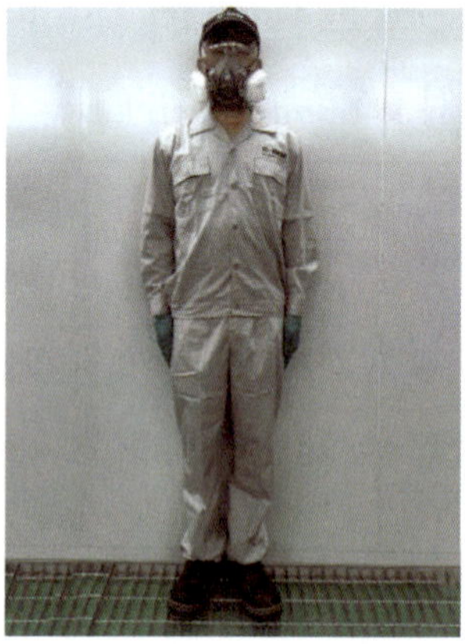 刮涂原子灰的防护

(二) 选用和调配原子灰

施工步骤	施工图示或视频展示
1. 选择原子灰和固化剂 选择多功能原子灰进行调配与刮涂,如右图所示。 🔧 **技能要点** 原子灰的选用一定要与底材搭配相适应,必须使用配套的固化剂进行调配,否则,会出现涂膜缺陷影响维修质量,严重时会导致返工	 选择原子灰
2. 调配与混合原子灰 (1) 根据损伤面积选取适量的原子灰。 (2) 根据施工环境温度按照重量比 100∶2～100∶3 的比例混合原子灰。 🔧 **技能要点** (1) 对新开罐的原子灰,使用工具进行搅拌,保证原子灰混合均匀。 (2) 取原子灰要适量,避免浪费,取完后及时封盖。	 取用原子灰和固化剂

施 工 步 骤	施工图示或视频展示
（3）要按正确比例添加固化剂，避免影响施工与产生质量问题。 （4）原子灰需快速混合均匀，无大理石纹。 **体验与感悟** 请记录你的称量结果：	 巴斯夫标准维修涂装工艺之 损伤板件原子灰工艺

（三）刮涂和干燥原子灰

施 工 步 骤	施 工 图 示
1. 刮涂原子灰 （1）首先把少量原子灰薄刮在损伤区域，刮刀保持与板面垂直，用力将受损凹点部位充分填充，防止有气泡产生。 （2）然后连续对损伤区域进行填充刮涂，直至将整个变形区域填平并收薄原子灰边缘。 **技能要点** （1）完全填充损伤区域表面的凹点并初步刮涂平整表面。 （2）原子灰刮涂一次不能刮涂过厚，需多次填充刮涂。 （3）刮涂完毕的原子灰中间略高于周边，边缘与周边完好漆面平滑过渡。 （4）及时清理溅落在其他区域内的原子灰	  原子灰薄刮
2. 干燥原子灰 如右图所示，建议使用短波红外线烤灯对原子灰刮涂区域进行烘烤。 （1）将烤灯移至待干燥原子灰区域。 （2）调节烤灯距离、温度等参数。 （3）干燥原子灰。 （4）检查原子灰干燥程度。	 原子灰干燥

续上表

施工步骤	施工图示
技能要点 （1）烤灯与原子灰的距离约为70cm。 （2）检查原子灰边缘，确认是否完全干燥。 （3）常温条件（20℃）时，原子灰的干燥时间是20min左右；使用短波红外线，干燥时间为4min左右	

（四）打磨原子灰

施工步骤	施工图示
1. 施涂打磨指示层 如右图所示，对刮涂原子灰区域均匀施涂打磨指示层。 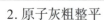 防护要求 此时需穿戴防尘口罩和棉纱手套	 施涂打磨指示层
2. 原子灰粗整平 如右图所示，根据损伤面积选择适合型号的手刨配合P80砂纸进行粗整平作业（也可选用5mm偏心距干磨机配合P80砂纸进行原子灰粗整平）。 技能要点 （1）打磨轨迹呈"米"字或"井"字交叉进行。 （2）为了预防打磨不足或过度打磨，打磨时经常用手触摸检查平整度。 （3）粗整平打磨区域不超过原子灰刮涂区域。 （4）更换不同型号砂纸必须使用打磨指示层	 原子灰粗整平
3. 原子灰细整平 （1）使用手刨配合P180砂纸去除P80砂纸痕，并对损伤区域进行细整平作业（也可选用5mm干磨机配合P150砂纸进行细整平）。 （2）使用5mm打磨机配合P240砂纸过细P180砂纸痕，过渡区域打磨平滑	 原子灰细整平

续上表

施 工 步 骤	施 工 图 示
4.边角打磨 如右图所示,使用红色菜瓜布或者P400海绵砂纸对板件边角进行打磨。 **体验与感悟** 在整平原子灰的过程中你遇到了哪些问题?针对这些问题你是如何处理的?	 打磨边角

(五)损伤板件清洁除油

施 工 步 骤	施 工 图 示
1.清洁板件 如右图所示,用擦拭布清洁板件表面,然后用吹尘枪吹尘,清除板件表面的灰尘颗粒	 擦去板件灰尘
2.板件除油 选用脱脂清洁剂对划痕损伤板件进行清洁。 **防护要求** 此时需穿戴活性炭口罩和耐溶剂手套	 板件除油

(六)打磨后的质量检查

施 工 步 骤	施 工 图 示
检查表面有无缺陷,如右图所示: (1)打磨表面是否平整。 (2)损伤区域边缘是否打磨平滑。 (3)打磨表面有无粗砂纸打磨痕迹。 (4)损伤区域有无漏磨现象	 打磨后质量检查

(七)施工现场整理

施 工 步 骤	施 工 图 示
材料、工具、工位设备清洁整理,如右图所示	 原子灰刮涂与打磨材料、工具、工位、设备清洁整理

(八)废弃物分类处理

施 工 步 骤	施 工 图 示
(1)将使用过的砂纸按照要求放到指定的回收容器内,如右图所示。 (2)将使用后的清洁布放到指定的回收容器内,待专业回收公司回收,进行无害化处理	 砂纸回收桶 　　指定的回收桶

三、施工考核标准与学习评价

序号	施工项目	施工标准	评分标准	评价方式	
				小组评价	教师评价
1	安全与健康 (15分)	工作中正确使用安全防护用品(防尘口罩/活性炭口罩/棉纱手套/耐溶剂手套/工作鞋/工作服/防护眼镜)	1项不规范扣3分,扣分上限15分	□规范 □不规范	□规范 □不规范
2	原子灰调配 (15分)	正确选择原子灰及配套原子灰固化剂	1项不正确扣3分,扣分上限5分	□正确 □不正确	□正确 □不正确
		调配原子灰按照100:2~100:3的重量比混合并记录数据	1次不正确扣2分,扣分上限5分	□正确 □不正确	□正确 □不正确
		彻底混合并搅拌原子灰和固化剂,混合后颜色均匀、无大理石纹等	混合不均匀扣5分	□混合均匀 □混合不均匀	□混合均匀 □混合不均匀

损伤类型二　项目一　单板件损伤修补

续上表

序号	施工项目	施工标准	评分标准	评价方式	
				小组评价	教师评价
3	原子灰刮涂与干燥（20分）	正确选择原子灰刮涂工具	不正确扣2分	□正确 □不正确	□正确 □不正确
		第一遍原子灰是否薄刮	不正确扣5分	□正确 □不正确	□正确 □不正确
		是否分多次刮涂填充凹陷并将边缘收光	1项不正确扣3分，扣分上限5分	□正确 □不正确	□正确 □不正确
		原子灰刮涂范围是否合理，是否在打磨范围内	基本合理扣2分，不合理4分	□合理 □不合理	□合理 □不合理
		原子灰的干燥方法是否正确并彻底干燥	不正确扣4分	□正确 □不正确	□正确 □不正确
4	原子灰打磨（20分）	原子灰打磨前无小孔，足够平滑，接口无明显台阶等	有1项扣1分，扣分上限2分	□无缺陷 □有缺陷	□无缺陷 □有缺陷
		第一次整平：砂纸的打磨区域是否合理，打磨工具是否正确，正确的砂纸型号P80/P150/P240（手刨P80/P180/P240）	1项不正确扣2分，扣分上限4分	□正确 □不正确	□正确 □不正确
		第二次整平：打磨正确的砂纸型号P150/P240（如一次整平达到要求，不扣分）	不正确扣2分	□正确 □不正确	□正确 □不正确
		原子灰是否只留在裸金属上	按面积1分起扣，扣分上限4分	□未超出 □超出	□未超出 □超出
		正确使用打磨指示层（在打磨前及砂纸替换时均匀涂抹、无明显浪费）	1次不正确扣2分，扣分上限4分	□正确 □不正确	□正确 □不正确
		使用红色菜瓜布或P400海绵砂纸打磨边角位置	不正确扣2分	□正确 □不正确	□正确 □不正确
		工件表面正确清洁（吹尘枪吹尘、除油剂除油）	不正确扣2分	□正确 □不正确	□正确 □不正确

续上表

序号	施工项目	施工标准	评分标准	评价方式	
				小组评价	教师评价
5	效果评价（20分）	原子灰表面无残留的指导层碳粉	有1处残留扣2分，扣分上限5分	□有残留 □无残留	□有残留 □无残留
		原子灰表面无针孔、砂眼等微小缺陷	1处有针孔扣2分，扣分上限5分	□有缺陷 □无缺陷	□有缺陷 □无缺陷
		原子灰平整度是否符合要求（形状、边缘、凹陷）	1处不符合扣2分，扣分上限10分	□平整 □不平整	□平整 □不平整
6	5S整理（10分）	设备、工具、材料使用后清洁、归位，摆放整齐，废弃物放进指定垃圾桶	1项不规范扣3分，扣分上限10分	□规范 □不规范	□规范 □不规范
	合计	100分	得分		

注：本考核评价表参考了国内某知名企业校企合作教学实施与考核评价标准。

任务知识

一、原子灰的作用与类型

最常用的原子灰是聚酯原子灰，俗称聚酯腻子，一般为膏状物或厚浆状的涂料，与固化剂配套使用。聚酯原子灰含连结料、苯乙烯、填充剂（如滑石粉等）、颜料和添加剂，连结料为不饱和聚酯树脂（UP树脂），添加固化剂（主要是过氧化物）会使聚酯树脂和苯乙烯发生强烈的共聚反应，从而使两者形成网状立体结构，即原子灰固化。

原子灰的相关知识

1. 原子灰的作用

原子灰主要是用来填平底材上的凹坑、缝隙、孔眼、焊疤、刮痕以及加工过程中所造成的物面缺陷等，以达到恢复或塑造工件表面形状的目的。

2. 原子灰性能要求

由于汽车涂装要求的高级保护性及装饰性，在汽车上使用的原子灰必须要具备以下性能：

（1）与底漆、中涂漆及面漆有良好配套性，不发生咬底、起皱、开裂、脱落等现象，有较强的层间黏合力。

(2)具有良好的刮涂性能,垂直面涂装性能良好,无流淌现象,有一定韧性,附着力好,薄涂时原子灰层均匀光滑。

(3)打磨性良好,原子灰层干燥后软硬适中,易打磨,不粘砂纸。打磨后原子灰边缘平整光滑且无接口痕迹。

3.原子灰的种类及选用

原子灰的种类繁多,不同的原子灰性能不同,因此,对原子灰进行施工必须了解其种类及性能,根据底材特点合理选用,以保证修复质量。

二、原子灰刮涂工具

原子灰施涂作业中需要使用的工具有调灰板、调灰刀及刮刀(金属、橡胶塑料材质)、电子秤等,如图2-1-8~图2-1-13所示。

图2-1-8　钢片刮刀　　　　图2-1-9　塑料刮刀　　　　图2-1-10　橡胶刮刀

图2-1-11　调灰刀　　　　图2-1-12　调灰板　　　　图2-1-13　电子秤

课后作业与讨论

一、课后作业

(一)判断题

1.在夏季施工时,原子灰和固化剂的质量比例建议是100∶1。　　(　)

2.原子灰刮涂时第一次薄刮可以填充表面微孔凹陷。　　(　)

3.打磨前的原子灰必须要比原来的表面略低一点。　　(　)

4.打磨作业时应佩戴防尘口罩保护呼吸系统。　　(　)

(二)选择题

1.偏心距为5mm的打磨机配合高硬度研磨衬垫适用于(　　)。

A. 原子灰研磨   B. 中涂漆研磨

C. 抛光前缺陷研磨   D. 清漆研磨

2. 以下对于刮涂原子灰时安全防护用品使用错误的是(　　)。

A. 活性炭口罩   B. 护目镜

C. 工作服   D. 棉纱手套

3. 第一遍薄刮原子灰的范围正确的是(　　)。

A. 超出羽状边   B. 盖住羽状边

C. 裸金属范围内   D. 都可以

4. 在冬天调配刮涂原子灰时,原子灰和固化剂的质量比是(　　)。

A. 100∶1   B. 100∶2   C. 100∶3   D. 100∶4

二、课后讨论

1. 有些涂装技师在对车辆进行维修涂装时,对于原子灰和固化剂的配比都是简单估算,你如何看待这种现象?请根据你的理解简要阐述。

2. 你在原子灰整平的实际作业中遇到了哪些问题?你是如何解决的?请和大家分享你的实践体会。

拓展学习

了解你所在地域维修站快修常用的原子灰的类型和特点以及工艺方法。

任务三　局部喷涂底漆与可调灰度中涂漆

📖 任务描述

本任务需要根据车身颜色正确选择合适的中涂漆灰度,对已完成原子灰整平的板件露金属部位喷涂底漆(图2-1-14)。损伤区域局部喷涂可调灰度中涂漆并干燥,打磨中涂漆区域和色漆过渡区域,达到面漆过渡喷涂的要求。

图2-1-14　已完成原子灰作业的翼子板

📖 任务目标

【学习目标】

(1)能根据车身颜色正确选用和调配可调灰度中涂漆。

(2)能按照作业标准喷涂可调灰度中涂漆。

(3)能正确打磨中涂漆和色漆过渡区域。

(4)能对中涂喷涂和打磨后的效果进行质量检验并处理。

【素质目标】

(1)通过底漆及中涂漆喷涂工艺培养学生安全规范操作意识。

(2)通过施工过程中问题的解决培养学生自主探究的学习能力。

| 任务名称 | 局部喷涂底漆与可调灰度中涂漆 |

车辆品牌：_____　整车型号：_____　车辆 VIN 码：_____

技师姓名：_____　班组成员：_____　维修日期：_____

一、知识链接

1. 观看视频，并完成以下内容

(1) 底漆局部喷涂的工艺流程是：

局部喷涂底漆　局部喷涂中涂漆

遮蔽与清洁 → ☐ → 调整喷枪 → ☐ → 闪干至亚光

(2) 中涂漆局部喷涂的工艺流程是：

确定调配方法 → ☐ → 调配中涂 → ☐ → 喷涂与干燥

2. 填写工具和材料需用情况表

以下哪些是打磨中涂漆所需要的工具和材料？（需要用😊；不需要用☹）

工艺	工具材料								
	5号打磨机	3号打磨机	红色菜瓜布	灰色菜瓜布	P400海绵砂纸	P800海绵砂纸	P180~P240砂纸	P240~P320砂纸	P400~P500砂纸
中涂漆打磨									

3. 思考讨论任务实施中的问题

(1) 中涂漆有哪些类型，分别有什么作用？

(2) 修补作业中为什么要选择可调灰度的中涂漆？

二、工作计划

根据任务要求，确定所需要的设备、工具、材料和操作规范，并对班组成员进行合理分工，制订详细的工作计划。

1. 班组成员分工

2. 场地设备及材料准备
(1) 物料准备：□充足　　　　□不足　　　　处理意见：_____
(2) 安全防护：□符合要求　　□不符合要求　处理意见：_____
(3) 工具设备：□符合要求　　□不符合要求　处理意见：_____
(4) 场地安全：□符合要求　　□不符合要求　处理意见：_____
3. 工作方案制订

三、实施过程记录

1. 中涂灰度匹配和灰度值调配的工作步骤与技能要点
步骤1：_____
步骤2：_____
步骤3：_____
步骤4：_____
步骤5：_____
步骤6：_____
技能要点：_____

2. 局部喷涂底漆、中涂漆的工作步骤与技能要点
步骤1：_____
步骤2：_____
步骤3：_____
步骤4：_____
步骤5：_____
步骤6：_____
技能要点：_____

3. 中涂漆干燥与打磨的工作步骤与技能要点
步骤1：_____
步骤2：_____
步骤3：_____
步骤4：_____

步骤5：_____
步骤6：_____
技能要点：_____

四、检查与评估

请对自己和小组的工作任务完成情况进行评价,并提出意见和建议。

评估项目	评估内容	评分(分)		备注
		分值	得分	
知识学习	认真学习实训指导书、预习相关知识	20		
实训过程	积极参与并按实训步骤规范操作	20		
工作页	独立自主完成工作页填写,结果正确	20		
学习态度	实训过程和知识学习积极主动	20		
纪律性	遵守操作规范,不迟到不早退,不做与实训无关的事情	20		
合计		100		

教师签名：_____

我的建议和意见：_____。

我的收获与改进方向：_____。

任务实施

一、施工准备

安全防护：
防尘口罩、棉纱手套、活性炭口罩、供气式面罩耐溶剂手套、耳塞、护目镜、安全鞋、工作服与喷漆服

辅料耗材：
底漆和中涂漆以及配套的固化剂和稀释剂、清洁剂、擦拭布、粘尘布、过滤网、调漆罐、打磨砂纸、打磨指示剂

设备工具：
喷枪清洗机、干磨设备、喷烤漆房、红外线烤灯、底漆和中涂漆喷枪、电子秤、比例尺、清洁剂喷壶

场地设施：
施工场地环境、通风及换气设施、电源、气源、紧急处理设施、安全出入口等

（施工准备）

二、施工过程

(一)施工前安全防护

施 工 步 骤	施 工 图 示
规范穿戴防护用品,如右图所示: (1)喷漆工作服。 (2)安全鞋。 (3)护目镜。 (4)耐溶剂手套。 (5)活性炭口罩。 (6)耳塞	 调漆安全防护用品穿戴

(二)遮蔽

施 工 步 骤	施 工 图 示
如右图所示,遮蔽无须喷涂的部位。 🔧 **技能要点** 为了防止喷涂后产生台阶,需要在喷涂底漆和中涂漆周围采用反向遮蔽的方法进行遮蔽	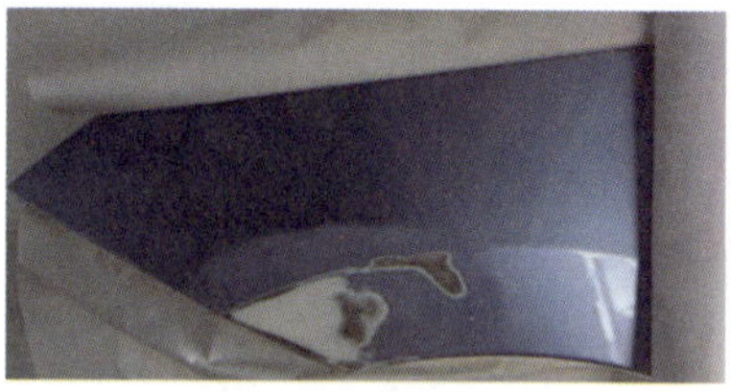 喷涂前遮蔽

(三)选用和调配底漆、可调灰度中涂漆

施 工 步 骤	施工图示或视频展示
1. 选择环氧底漆 底漆必须与配套的固化剂搭配使用,稀释剂可根据施工环境温度选择标准型或者慢干型。不按要求搭配会出现涂膜缺陷,严重时会导致返工	  环氧底漆　　环氧固化剂

续上表

施 工 步 骤	施工图示或视频展示
2.选择可调灰度中涂漆 为了进一步匹配颜色和节约底色漆用量,需要选择可调灰度中涂漆。 技能要点 (1)选用底色漆配方推荐使用的灰度值调配中涂漆。 (2)按照涂料供应商推荐的比例均匀混合中涂漆	 可调灰度中涂漆——黑色与白色 可调灰度中涂选择
3.调配底漆和中涂漆 中涂灰度调配如右图所示,底漆、中涂漆的调配按照体积比4∶1∶1的比例依次添加固化剂和稀释剂,并充分搅拌均匀。 技能要点 必须遵循涂料供应商的要求进行底漆和中涂漆的正确调配	 按灰度比例分别倒入白色中涂和黑色中涂

(四)选择喷枪并进行调试

施 工 步 骤	施 工 图 示
1.选择喷枪 底漆选择 HVLP 1.3 面漆喷枪,中涂漆选择 HVLP 1.7~1.9 底漆喷枪。 技能要点 按照涂料公司提供的产品使用手册选择底漆与中涂漆喷枪	 中涂漆喷枪

续上表

施工步骤	施工图示
2. 过滤底漆与中涂漆 如右图所示,将涂料倒入喷枪时,应使用过滤漏斗进行过滤: (1) 使用过滤漏斗可以过滤涂料中的杂质,防止在喷涂过程中堵塞喷嘴或产生喷涂缺陷。 (2) 过滤底漆与中涂漆时,应选用190μm左右的纸漏斗进行过滤	 用190μm左右的纸漏斗过滤底漆与中涂漆
3. 调试喷枪 (1) 调节出漆量。 (2) 调节喷幅。 (3) 调节气压。 (4) 测试喷枪喷涂效果。 技能要点 按照涂料公司提供的产品使用手册要求进行喷枪的调节。 防护要求 从本操作步骤开始及后续操作中须将活性炭口罩更换为供气式面罩。 ❓ 体验与感悟 调试喷枪的步骤是:	 调试喷枪

(五) 清洁板件

施工步骤	施工图示
1. 用清洁剂进行清洁 如右图所示,选择脱脂清洁剂并按照规范要求对板件进行清洁操作。 技能要点 如果清洁不彻底,喷涂后会产生缺陷,如缩孔。 体验与感悟 请记录你选择的清洁剂和依据:	 板件除油

续上表

施 工 步 骤	施 工 图 示
2.粘尘 如右图所示,按照作业规范对板件进行粘尘操作。 (1)将粘尘布完全打开。 (2)反向轻折成蓬松状态,轻轻擦拭待喷涂表面。 技能要点 轻轻擦拭,避免重压导致粘尘布上的树脂粘到板件上产生漆膜缺陷	 粘尘

(六)底漆和中涂漆的喷涂与干燥

施 工 步 骤	施工图示或视频展示
1.检查待喷涂表面的情况 目测检查待喷涂表面是否有裸露金属,如右图所示。如果没有,忽略此步骤,直接喷涂中涂漆。 技能要点 检查是否有裸露底材情况。如果有金属裸露,按照标准工艺要求,需在裸露金属部位重新施涂底漆,保证防腐蚀性能达到要求	 目测检查待喷涂表面 损伤表面的清洁方法
2.局部喷涂底漆 在裸露金属表面喷涂一层纹理连接的半透明薄层,自然闪干呈现亚光状态	

110

施 工 步 骤	施工图示或视频展示
3.喷涂中涂漆 喷涂中涂漆要求如下。 | 喷涂层数	湿润度	枪距	喷幅	气压	闪干 | |---|---|---|---|---|---| | 第1层 | 30%~50% | 10~15cm | 全开 | 0.2MPa (2bar) | 亚光 | | 第2层 | 100% | 10~15cm | 全开 | 0.2MPa (2bar) | 亚光 | | 第3层 | 100% | 10~15cm | 全开 | 0.2MPa (2bar) | 亚光 | 🔧 **技能要点** 　如右图所示,第1层在原子灰修补区域薄喷闪干后以逐层扩大的方法进行后续涂层的喷涂,层间自然闪干至亚光状态	 完成中涂漆喷涂 局部中涂漆喷涂与打磨
4.干燥中涂漆 　为了尽快干燥中涂漆,建议使用红外线烤灯对中涂漆进行干燥,也可使用烤漆房进行干燥,如右图所示	 干燥中涂

(七) 完成中涂漆局部喷涂后的质量检查

施 工 步 骤	施 工 图 示
检查喷涂表面有无缺陷,如右图所示: (1)喷涂表面是否光滑、平整。 (2)喷涂表面有无尘点、流挂、针孔、露底等缺陷。 ❓ **体验与感悟** 　喷涂表面如果出现流挂,你将如何处理:	 检查喷涂表面有无缺陷

(八)中涂漆和色漆过渡区域打磨

施工步骤	施工图示
1. 打磨中涂漆 (1)施涂打磨指示层,选用手刨配合P320砂纸对刮涂过原子灰的区域进行整平。 (2)施涂打磨指示层,选用3mm打磨机配合P400~P500砂纸完成中涂漆的打磨。 (3)使用灰色菜瓜布或者P800海绵砂纸进行边角部位打磨。 2. 打磨色漆过渡区域 (1)选择3mm打磨机和P1000~P2000精磨砂棉。 (2)关闭打磨机吸尘开关,在精磨砂棉上喷洒少量清水打磨过渡区域。 (3)打磨后清洁除油,先用脱脂清洁剂清洁再用水性清洁剂清洁。 🔧 **技能要点** (1)色漆过渡区域打磨至均匀的亚光状态。 (2)过渡区域不能磨穿清漆	 施涂打磨指示层  损伤区打磨  边缘区域打磨  打磨亚光

(九)打磨后的质量检查

施工步骤	施工图示
目视检查打磨后有无缺陷,如右图所示。 (1)打磨表面是否平整。 (2)损伤区域有无粗砂纸打磨痕迹。 (3)打磨表面有无漏磨现象。 (4)打磨表面有无磨穿现象。 (5)过渡区域是否打磨均匀呈亚光状态	 打磨后的质量检验

(十)施工现场整理

施工步骤	施工图示
工位、工具、材料设备清洁整理,如右图所示	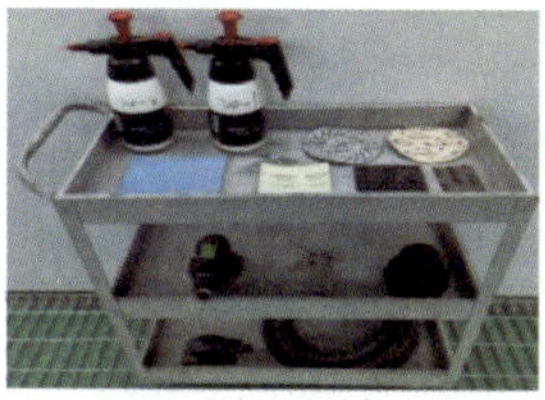  调漆工位清洁整理　中涂打磨工位清洁整理

(十一)废弃物分类处理

施工步骤	施工图示
(1)将使用过的砂纸按照要求放到指定的砂纸回收桶内,如右图所示。 (2)将使用后的清洁布放到指定的回收桶内,待专业回收公司回收,进行无害化处理	  砂纸回收桶　指定的回收桶
(3)洗枪机连接溶剂回收机,将废溶剂回收再利用	 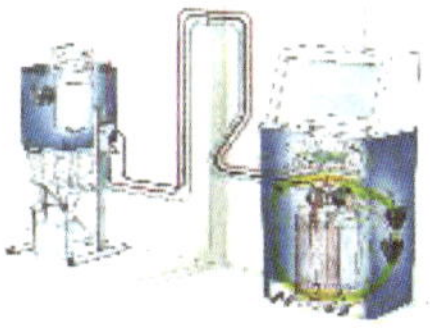 溶剂回收机　溶剂回收流程

三、施工考核标准与学习评价

序号	施工项目	施工标准	评分标准	评价方式	
				小组评价	教师评价
1	安全与健康 (15分)	工作中正确使用安全防护用品(防尘口罩/活性炭口罩/供气式面罩/棉纱手套/耐溶剂手套/工作鞋/工作服/防护眼镜)	1项不规范扣3分,扣分上限15分	□规范 □不规范	□规范 □不规范

续上表

序号	施工项目	施工标准	评分标准	评价方式	
				小组评价	教师评价
2	底漆 (15分)	正确选择底漆及配套产品并正确配比	1项不正确扣2分,扣分上限5分	□正确 □不正确	□正确 □不正确
		喷涂前正确选择、调校及测试喷枪	1项不正确扣2分,扣分上限5分	□正确 □不正确	□正确 □不正确
		正确的喷涂层数及厚度(按照技术说明书一层薄喷,是否均匀,纹理是否连接)并闪干至亚光	1项不正确扣2分,扣分上限5分	□正确 □不正确	□正确 □不正确
3	中涂漆喷涂 (20分)	正确选择中涂漆及配套产品并正确进行灰度配比	1项不正确扣2分,扣分上限5分	□正确 □不正确	□正确 □不正确
		喷涂前正确选择、调校及测试喷枪	1项不正确扣2分,扣分上限5分	□正确 □不正确	□正确 □不正确
		第一层:按照标准工艺第一道在原子灰部位薄喷一层屏蔽,是否均匀,纹理是否连接	不正确扣2分	□正确 □不正确	□正确 □不正确
		第二层、第三层按标准要求喷涂且表面平滑	1项不正确扣2分,扣分上限4分	□正确 □不正确	□正确 □不正确
		每道涂层间闪干至亚光	1项不正确扣1分,扣分上限2分	□正确 □不正确	□正确 □不正确
4	中涂漆研磨及面漆前处理 (20分)	正确使用打磨指示层(在打磨前及砂纸替换时均匀涂抹、无明显浪费)	1次不正确扣2分,扣分上限4分	□正确 □不正确	□正确 □不正确
		原子灰部位是否预先使用手刨配合P320砂纸磨平	未磨平扣2分	□磨平 □未磨平	□磨平 □未磨平

损伤类型二　项目一　单板件损伤修补

续上表

序号	施工项目	施工标准	评分标准	评价方式 小组评价	评价方式 教师评价
4	中涂漆研磨及面漆前处理（20分）	选用偏心距为3mm的打磨机并正确使用研磨机（吸尘孔对准、研磨机放上再启动、尽可能平放、吸尘挡位正确）	1项不正确扣2分,扣分上限4分	□正确 □不正确	□正确 □不正确
		选择正确的砂纸P400~P500,用于中涂漆研磨	不正确扣4分	□正确 □不正确	□正确 □不正确
		使用灰色菜瓜布或P800海绵砂纸打磨边角位置	不正确扣2分	□正确 □不正确	□正确 □不正确
		工件表面正确清洁(吸尘、吹尘枪吹尘、除油剂除油)	1项不正确扣2分,扣分上限4分	□正确 □不正确	□正确 □不正确
5	效果评价（20分）	没有残留指示层	有1处残留扣2分,扣分上限6分	□有残留 □无残留	□有残留 □无残留
		无明显中涂漆漏磨现象（橘纹残留）	有1处漏磨扣2分,扣分上限7分	□有漏磨 □无漏磨	□有漏磨 □无漏磨
		无明显中涂漆过薄/磨穿现象(目视能见底层颜色)	有1处磨穿扣2分,扣分上限7分	□有磨穿 □无磨穿	□有磨穿 □无磨穿
6	5S整理（10分）	设备、工具、材料使用后清洁、归位,摆放整齐,废弃物放进指定垃圾桶	1项不规范扣3分,扣分上限10分	□规范 □不规范	□规范 □不规范
合计		100分	得分		

注:本考核评价表参考了国内某知名企业校企合作教学实施标准与考核评价标准。

任务知识

一、底漆

底漆是直接涂敷在经过表面处理的施工物体表面的基础涂料，底漆的相关知识它可以使其上面的各涂层牢固地结合并覆盖在被涂物体上,同时底漆可以隔绝或阻止金属表面与空气、水分及其他腐蚀介质的直接接触,起到保护作用。

1. 底漆的作用

底漆的作用主要有以下三点:

(1)防腐蚀。

(2)提供黏附力。

(3)提供耐潮性。

金属表面如果没有底漆的防护会导致底材锈蚀,如图2-1-15所示。

图2-1-15 锈蚀的底材

2. 底漆应具备的性能特点

底漆是直接涂覆在经过表面处理的工件表面上的第一道涂层,它是整个涂层的基础。底漆和中涂漆搭配使用是确保长期防腐的最佳组合,符合汽车行业的质量标准。

(1)底漆对经过表面前处理的底材表面具有良好的附着力,干燥后所形成的涂膜要有良好的机械强度。

(2)底漆涂层必须具有极好的耐腐蚀性、耐水性和抗化学性能。

(3)底漆具有对原子灰、中涂漆层及面漆层良好的配套性。

(4)底漆应具有良好的施工性能。

3. 底漆的选用

底漆的选用一定要与底材搭配相适应,必须使用配套的辅料进行调配,否则,会出现涂膜缺陷影响维修质量,严重时会导致返工。

二、中涂漆的作用、类型

1. 中涂漆的作用

(1)填补平整表面,如可以填充针孔、细小划痕、细小缺陷的能力等。

(2)防止面漆涂料溶剂浸透,具有隔离功能。

(3)提高旧漆膜与原子灰或底漆层与面漆层的附着力。

(4)为了更好地保护车身底材,中涂漆还应具有抗石击和防紫外线的作用。

2. 中涂漆的类型

中涂漆的分类方法很多,根据不同修补漆程序的要求分为可着色中涂漆、打磨中涂漆、免磨中涂漆等。

现代汽车维修中,为了提高颜色的遮盖力及面漆色彩效果,更快地实现颜色一致性,减少施工时间与耗材用量,常常会使用可调灰度的中涂漆。不同涂料生产商的灰度值表示的编号不同,但编号中一般都含有00~07的灰度值,不同灰度中涂漆的使用与调配请参考涂料供应商的技术手册。

下面以鹦鹉产品为例作简要说明。如图2-1-16所示,鹦鹉产品高浓度的打磨中涂285-555/655调配比例和灰度值的说明如下:

根据车身颜色,应选择对应灰度值中涂漆,285-505中涂漆为03灰度,285-555中涂漆为00灰度、285-655中涂漆为07灰度,它们都可以直接使用,其余灰度值,需由中涂漆285-555/285-655调配。

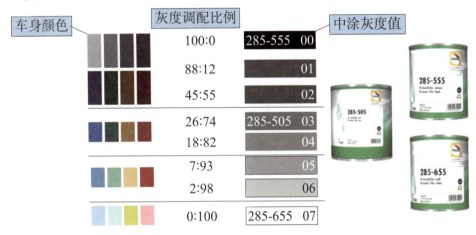

图2-1-16　鹦鹉中涂漆285-555/285-655灰度调配比例以及对应的颜色、灰度说明

有些颜色配方中也会明确指定详细的底层色灰度值,如图2-1-17所示。

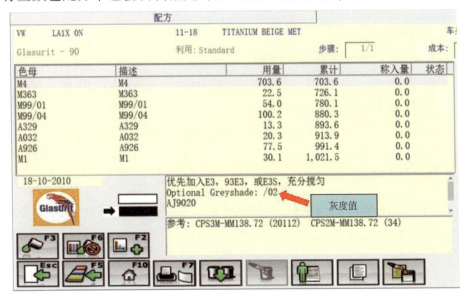

图2-1-17　鹦鹉漆配方中直接指定的颜色灰度

可调灰度中涂漆系统除了打磨版本,还有湿碰湿免磨版本,具体请查阅汽车涂料供应商修补漆产品技术手册。

课后作业与讨论

一、课后作业

(一)判断题

1. 中涂漆是用于底漆涂层与面漆涂层之间的涂层,具有防锈功能。（   ）
2. 中涂漆对漆膜的厚度有标准要求,漆膜的厚度对油漆修补的质量和耐久性有着直接的影响。（   ）
3. 喷涂中涂漆时第一层不能喷涂太厚,每层喷涂后要留有充分的闪干时间。（   ）
4. 打磨中涂漆时必须使用打磨指示层,但每次更换砂纸之前无须先施涂打磨指示层。（   ）

(二)选择题

1. 底漆一般应具有(   )作用。
   A. 填补平整表面　　　　　　　B. 防锈耐腐蚀
   C. 附着力　　　　　　　　　　D. 抗石击和防紫外线
2. 根据不同修补漆程序的要求,中涂漆可分为(   )。
   A. 可调灰度中涂漆　　　　　　B. 着色中涂漆
   C. 免磨中涂漆　　　　　　　　D. 打磨中涂漆
3. 浅色银粉漆应选用哪种灰度值?(   )
   A. 00　　　　　B. 02　　　　　C. 05　　　　　D. 07
4. 板块内过渡区域打磨时应选用(   )砂纸。
   A. P320　　　　B. P400/P500　　C. P800　　　　D. P1000

二、课后讨论

你在可调灰度中涂漆的实际作业中遇到了哪些问题?你是如何解决的?请和大家分享你的实践体会。

拓展学习

了解你所在地域维修站使用可调灰度中涂漆的情况,并谈谈你的看法。

节约环保精神

任务四　色漆过渡与清漆整喷

任务描述

本任务对已完成中涂漆及过渡区域处理的板件进行色漆过渡喷涂和清漆整板喷涂,如图 2-1-18 所示。本任务要进行驳口清漆、色漆、清漆的调配和喷涂,然后进行喷枪的清洗与维护,完成单板件损伤修补作业。

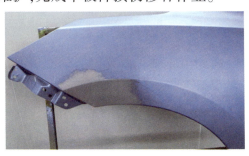

图 2-1-18　已完成中涂修补的翼子板

任务目标

【学习目标】

(1)能根据作业标准进行驳口清漆、色漆和清漆的调配。
(2)能根据作业标准进行驳口清漆、色漆过渡喷涂。
(3)能按照作业标准进行清漆整板喷涂。
(4)能进行喷枪的清洗与维护。
(5)能进行喷烤漆房的日常使用与检查。

【素质目标】

(1)通过底漆喷涂工艺培养学生精益求精的工匠精神。
(2)通过施工过程节能环保的要求培养学生养成"绿色发展"理念。

任务工作页

任务名称	色漆过渡与清漆整喷

车辆品牌：_____　整车型号：_____　车辆 VIN 码：_____

技师姓名：_____　班组成员：_____　维修日期：_____

一、知识链接

1. 观看视频,并完成以下内容

(1)底色漆过渡喷涂的工艺流程是：

板块内过渡

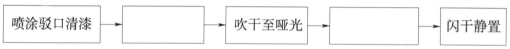

喷涂驳口清漆 → □ → 吹干至哑光 → □ → 闪干静置

(2)清漆整板喷涂的工艺流程是：

确定调配方法 → □ → 调配清漆 → □ → 清漆干燥

2. 填写施工过程中的防护用品需用情况表

以下哪些是底色漆过渡和清漆施工必要的防护？（需要用☺;不需要用☹）

工艺	防护用品								
	防溶剂手套	棉纱手套	防尘口罩	活性炭口罩	棉质工作服	喷漆工作服	护目镜	耳塞	安全鞋
底色漆、清漆喷涂									

3. 思考讨论任务实施中的问题

(1)驳口清漆的作用是什么？板内过渡喷涂的意义是什么？

(2)底色漆在修补时要注意哪些事项？

二、工作计划

根据任务要求,确定所需要的设备、工具、材料和操作规范,并对班组成员进行合理分工,制订详细的工作计划。

损伤类型二　项目一　单板件损伤修补

1. 班组成员分工

2. 场地设备及材料准备
(1) 物料准备：□充足　　　　　□不足　　　　　处理意见：_____
(2) 安全防护：□符合要求　　　□不符合要求　　处理意见：_____
(3) 工具设备：□符合要求　　　□不符合要求　　处理意见：_____
(4) 场地安全：□符合要求　　　□不符合要求　　处理意见：_____
3. 工作方案制订

三、实施过程记录

1. 驳口清漆的调配与喷涂的工作步骤与技能要点
步骤1：_____
步骤2：_____
步骤3：_____
步骤4：_____
步骤5：_____
步骤6：_____
技能要点：_____

2. 底色漆过渡修补工作步骤与技能要点
步骤1：_____
步骤2：_____
步骤3：_____
步骤4：_____
步骤5：_____
步骤6：_____
技能要点：_____

3. 清漆的调配与喷涂工作步骤与技能要点
步骤1：_____
步骤2：_____
步骤3：_____

步骤4：_____
步骤5：_____
步骤6：_____
技能要点：_____

四、检查与评估

请对自己和小组的工作任务完成情况进行评价，并提出意见和建议。

评估项目	评 估 内 容	评分(分)		备注
		分值	得分	
知识学习	认真学习实训指导书、预习相关知识	20		
实训过程	积极参与并按实训步骤规范操作	20		
工作页	独立自主完成工作页填写，结果正确	20		
学习态度	实训过程和知识学习积极主动	20		
纪律性	遵守操作规范，不迟到不早退，不做与实训无关的事情	20		
合计		100		

教师签名：_____

我的建议和意见：_____。
我的收获与改进方向：_____。

任务实施

一、施工准备

安全防护：
活性炭口罩、耐溶剂手套、耳塞、护目镜、安全鞋、喷漆服

辅料耗材：
驳口清漆、水性调整剂、水性底色漆水性清洁剂、清漆、擦拭布、粘尘布、过滤网、免洗枪壶

设备工具：
喷枪清洗机、喷烤漆房、红外线烤灯、底色漆和清漆喷枪、电子秤、比例尺、清洁剂喷壶

场地设施：
施工场地环境、通风及换气设施、电源、气源、紧急处理设施、安全出入口等

（施工准备）

二、施工过程

(一)施工前安全防护

施工步骤	施工图示
规范穿戴防护用品,如右图所示: (1)喷漆工作服。 (2)安全鞋。 (3)护目镜。 (4)耐溶剂手套。 (5)活性炭口罩。 (6)耳塞	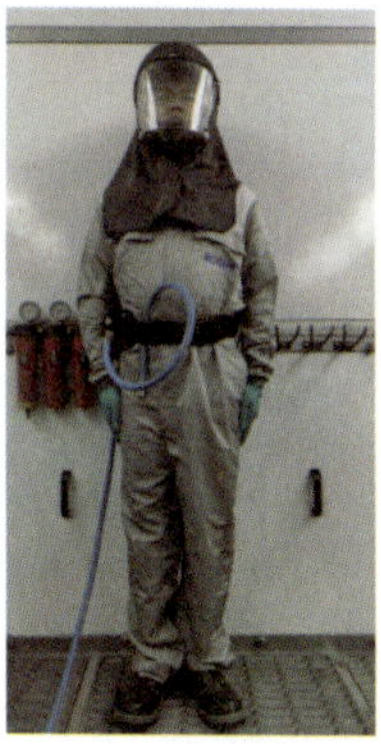 喷漆的安全防护

(二)遮蔽

遮蔽翼子板周边无须喷涂的部位。

(三)调配驳口清漆

施工步骤	施工图示
如右图所示,根据技术要求,驳口清漆与水性稀释剂按2∶1的比例进行稀释	 驳口清漆 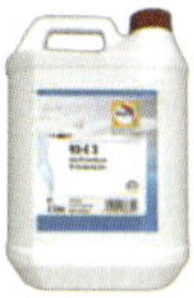　水性漆稀释剂

(四)调配底色漆和清漆

施工步骤	施工图示
1.调配底色漆 根据配方混合均匀底色漆,如右图所示,按照体积比2∶1的比例添加水性稀释剂,并充分搅拌均匀。 🔧 **技能要点** 加入水性稀释剂前底色漆必须混合均匀	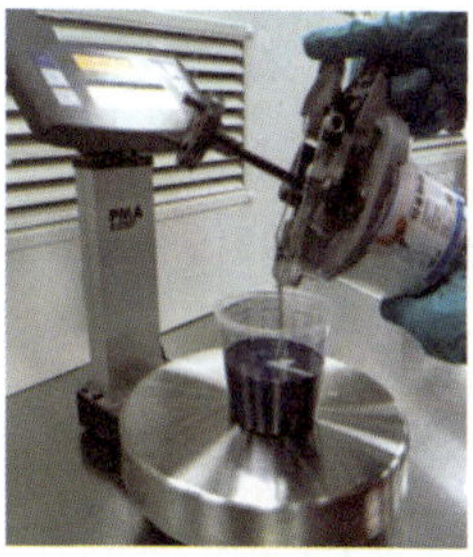 底色漆调配

续上表

施工步骤	施工图示
2.选择和调配清漆 (1)如右图所示,根据施工要求选择VOC清漆进行调配。 (2)按照体积比100∶50∶10的比例依次添加固化剂和稀释剂进行调配,并充分搅拌均匀。 🔧 技能要点 (1)清漆与底色漆必须是同一品牌,清漆必须与配套产品搭配使用。不按要求选择与搭配会出现涂膜缺陷,严重时会导致返工。 (2)一定要遵循涂料供应商的要求进行清漆的调配	 VOC清漆　　固化剂　　稀释剂   调配清漆

(五)选择喷枪并进行调试

施工步骤	施工图示
1.选择喷枪 驳口清漆与底色漆选择HVLP 1.3口径的面漆喷枪、清漆选择RP 1.3口径面漆喷枪。 🔧 技能要点 按照涂料公司提供的产品使用手册选择色漆与清漆喷枪	 选择喷枪
2.过滤水性色漆与清漆 如右图所示,将涂料倒入喷枪,使用过滤漏斗对涂料进行过滤: (1)底色漆选择190μm的纸漏斗进行过滤。 (2)清漆选择125μm的纸漏斗进行过滤。 🔧 技能要点 使用漏斗过滤涂料中的杂质,防止在喷涂过程中堵塞喷嘴或产生喷涂缺陷	 过滤水性底色漆

续上表

施工步骤	施工图示
3. 调试喷枪 （1）调节出漆量。 （2）调节喷幅。 （3）调节气压。 （4）测试喷枪的喷涂效果。 🔧 **技能要点** 按照涂料公司提供的产品使用手册要求进行喷枪的调节。 💡 **防护要求** 从本操作步骤开始及后续操作须将活性炭口罩更换为供气式面罩。 ❓ **体验与感悟** 调试喷枪的步骤是：	 调试喷枪

（六）清洁板件

施工步骤	施工图示
1. 用清洁剂进行板件清洁 如右图所示，按照规范要求对板件进行清洁除油操作。 🔧 **技能要点** 色漆喷涂前先用脱脂清洁剂，再使用水性清洁剂进行清洁，去掉表面残留的油脂和盐分，避免喷涂后产生缺陷	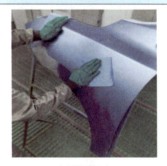 板件除油
2. 粘尘 如右图所示，按照作业规范对板件进行粘尘操作。 （1）将粘尘布完全打开。 （2）反向轻折成蓬松状态，轻轻擦拭待喷涂表面。 🔧 **技能要点** 轻轻擦拭，避免重压导致粘尘布上的树脂粘到板件上产生漆膜缺陷	 粘尘

(七) 喷涂驳口清漆

施 工 步 骤	施 工 图 示
如右图所示,在过渡区域喷涂一湿层驳口清漆。 **技能要点** (1) 驳口清漆喷涂范围:中涂漆区域以外,距未损伤区域的板件边缘10cm以内的范围,如右图所示。 (2) 喷涂后无须闪干,直接进行底色漆过渡。	 喷涂驳口清漆

(八) 底色漆过渡

施 工 步 骤	施 工 图 示 或 视 频 展 示
(1) 调整喷枪气压(0.1~0.2MPa),采用驳口渐淡的手法在损伤区域连续喷涂2~3层直至完全遮盖,闪干至亚光。 (2) 调整喷枪气压(0.1~0.2MPa),枪距25~30cm喷涂效果层。闪干2~3min后喷涂清漆。 **技能要点** (1) 建议采用吹风筒闪干。 (2) 底色漆过渡范围不能超过驳口清漆喷涂的区域。 具体方法请参考视频。 **体验与感悟** 板内过渡喷涂有什么好处?	 底色漆过渡 板块内过渡

（九）喷涂清漆与干燥

施 工 步 骤	施 工 图 示
1.清漆喷涂 清漆喷涂要求如下。 	喷涂层数	湿润度	枪距	喷幅	气压	闪干
---	---	---	---	---	---
第一层	50%	10～15cm	全开	0.2MPa	3～5min
第二层	100%	10～15cm	全开	0.2MPa	— | 🔧 **技能要点** （1）喷涂第一层清漆需要在未损伤区域的板件边缘预留10cm左右，如右图所示，常温下静置3～5min。 （2）第二层清漆进行整板喷涂。 （3）VOC清漆不宜喷涂过厚，也可以采用连续喷涂1.5层的施工方式	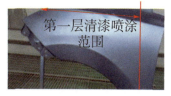 喷涂第一层清漆范围
2.清漆干燥 如右图所示，对板件进行烘烤干燥，烘烤干燥时间应遵循产品技术手册规定的干燥时间	 清漆烘烤干燥

（十）底色漆过渡修补完成后的质量检查

施 工 步 骤	施 工 图 示
目视检查喷涂表面有无缺陷，如右图所示： （1）喷涂表面是否平整，光滑，有无打磨痕迹。 （2）喷涂表面有无橘皮、尘点、流挂、针孔等缺陷。 （3）色漆局部修补区域有无过渡痕迹	 检查喷涂质量

(十一) 施工现场整理

施工步骤	施工图示或视频展示
1. 工具、设备清洁整理 (1) 喷枪清洁： 喷枪清洗可以采用人工清洗或洗枪机清洗（具体操作方法参见视频） (2) 工具、材料整理。 2. 工位整理	人工清洁喷枪　　机器清洁喷枪  工位整理

(十二) 废弃物分类处理

施工步骤	施工图示
(1) 将使用后的清洁布等废弃物放到指定的回收桶内，待专业回收公司回收，进行无害化处理。 (2) 洗枪机连接溶剂回收机，将废溶剂回收再利用	  指定的回收桶　　溶剂回收机

三、施工考核标准与学习评价

序号	施工项目	施工标准	评分标准	评价方式	
				小组评价	教师评价
1	安全与健康 (15分)	工作中正确使用安全防护用品（活性炭口罩/棉纱手套/耐溶剂手套/工作鞋/喷漆服/护目镜）	1项不规范扣3分，扣分上限15分	□规范 □不规范	□规范 □不规范

损伤类型二　项目一　单板件损伤修补

续上表

序号	施工项目	施 工 标 准	评 分 标 准	评价方式 小组评价	评价方式 教师评价
2	驳口喷涂（15分）	正确选择驳口清漆及配套产品并正确配比	1项不正确扣2分,扣分上限5分	□正确 □不正确	□正确 □不正确
		喷涂前正确选择、调校及测试喷枪	1项不正确扣2分,扣分上限5分	□正确 □不正确	□正确 □不正确
		驳口树脂的喷涂方法与范围（湿喷于底色漆过渡区域,无须喷涂整个板块）,无须闪干	1项不正确扣2分,扣分上限5分	□正确 □不正确	□正确 □不正确
3	底色漆局部喷涂（20分）	正确选择底色漆及配套产品并正确配比	1项不正确扣2分,扣分上限5分	□正确 □不正确	□正确 □不正确
		喷涂前正确选择、调校及测试喷枪	1项不正确扣2分,扣分上限5分	□正确 □不正确	□正确 □不正确
		底色漆的喷涂方法（遮盖中涂底漆区域,"驳口渐淡法"周边喷涂）	不正确扣4分	□正确 □不正确	□正确 □不正确
		正确的底色漆效果层喷涂（距离25～30cm,气压0.15MPa）	1项不正确扣2分,扣分上限4分	□正确 □不正确	□正确 □不正确
		层间正确闪干至亚光	不正确扣2分	□正确 □不正确	□正确 □不正确
4	清漆喷涂（20分）	正确选择清漆及配套产品并正确配比	1次不正确扣2分,扣分上限4分	□正确 □不正确	□正确 □不正确
		喷涂前正确选择、调校及测试喷枪	不正确扣2分	□正确 □不正确	□正确 □不正确
		正确的施工方法第一层50%的湿润度,无须喷涂整个板块,大过底色漆喷涂范围	1项不正确扣2分,扣分上限5分	□正确 □不正确	□正确 □不正确
		整板喷涂第二层清漆喷涂100%湿润度	不正确扣5分	□正确 □不正确	□正确 □不正确
		层间正确的闪干方式	不正确扣4分	□正确 □不正确	□正确 □不正确

续上表

序号	施工项目	施工标准	评分标准	评价方式	
				小组评价	教师评价
5	效果评价（20分）	底色漆修补过渡区域是否有明显的痕迹	有明显的修补痕迹扣5分	□有痕迹 □无痕迹	□有痕迹 □无痕迹
		底色漆有无完全遮盖，有无漏喷、发花等缺陷	有1项扣4分，扣分上限8分	□有缺陷 □无缺陷	□有缺陷 □无缺陷
		清漆层喷涂效果（橘皮、流挂、漏喷）	有1处扣2分，扣分上限7分	□有缺陷 □无缺陷	□有缺陷 □无缺陷
6	5S整理（10分）	设备、工具、材料使用后清洁、归位，摆放整齐，废弃物放进指定垃圾桶	1项不规范扣3分，扣分上限10分	□规范 □不规范	□规范 □不规范
	合计		100分	得分	

注：本考核评价表参考了国内某知名企业校企合作教学实施与考核评价标准。

任务知识

一、水性底色漆

近年来，《车辆涂料中有害物质限量》（GB 24409—2020）以及《低挥发性有机化合物含量涂料产品技术要求》（GB/T 38597—2020）等环保标准不断颁布实施，汽车水性涂料的发展刻不容缓。水性涂料对于降低VOCs的效果非常明显，与传统的溶剂型涂料相比，水性涂料产生的有机溶剂含量可降低90%左右，从而达到绿色环保的要求。

当前，不同的涂料厂家都有不同体系的水性涂料，目前汽车维修行业中使用比较多的是水性底色漆，它对霜冻敏感，需要恒温保存，使用时需要根据涂料供应商的技术产品说明使用配套的水性稀释剂进行调配。下面以近几届世界技能大赛汽车喷漆赛项指定的巴斯夫鹦鹉90系列水性汽车修补漆为例进行简要说明。

巴斯夫鹦鹉90系列水性底色漆配方由水性调和树脂和色母组成，如图2-1-19、图2-1-20所示，水性调和树脂始终是配方的首选，对成膜质量好坏起决定作用，可以确保底色漆层与底材的附着力、硬度、弹性和其他防护特性。在计量调色时应始终第一个加入，既可避免色母沾到罐壁上，又容易搅拌均匀。配方混合均匀后按照2:1的体积比添加水性调整剂搅拌均匀过滤后就可以进行底色漆喷涂作业，如图2-1-21、图2-1-22所示。

图 2-1-19 水性调和树脂　　图 2-1-20 水性色母　　图 2-1-21 水性调整剂　　图 2-1-22 配合比例

二、驳口清漆的作用

驳口清漆是单组分产品,主要用于双工序以及多工序底色漆的过渡喷涂,能使过渡区域的色漆层变得平滑均匀,保证修补区域周围颜色均匀。特别对于一些高难度修补的底色漆,如使用浅色高银粉做过渡修补时,推荐使用驳口清漆,按照涂料供应商的作业标准进行施工,可有效避免或减轻银粉漆过渡边缘由于颗粒分布不均匀产生的黑圈现象。

三、喷烤漆房

1. 喷漆房

喷漆房风机和过滤器都设置在喷漆房外。换气系统应达到每小时全换气两次或更多次的要求。换气系统有三种形式:正向流动喷漆房、反向流动喷漆房和气流下行式喷漆房,目前一般使用的是气流下行式的喷漆房,如图 2-1-23 所示。该系统中空气从上部进入,经过车顶向下从车身两侧的排气地沟排出。经过滤后,干净、干燥、适温的空气在流过车身时不会带入灰尘,并连同飞扬的漆雾也一同向下吸走,防止飞漆污染新涂的漆面,同样减少了喷涂操作人员可能吸入的飞漆和溶剂蒸气,有利于喷漆工人的身体健康。

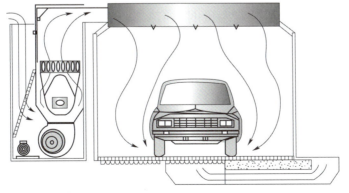

图 2-1-23 气流下行式喷漆房示意图

2. 喷漆过程

喷漆过程如图 2-1-24 所示,由主风机将新鲜空气从进风口吸入,此时内循环风门自动打开进风口,先经过第一道滤尘网把空气中的大颗粒灰尘滤去,然后进入烤漆房顶部气室,空气流经顶部过滤棉被过滤干净,从顶部均匀地向下流动,在车辆周围形成风幕,再经过地棉滤去喷漆过程中的漆雾、杂质,经地下管道、由活性炭环保柜进一步净化处理后,在排风机风压的推动下重力风门自然打开,气流经出风管排出室外。

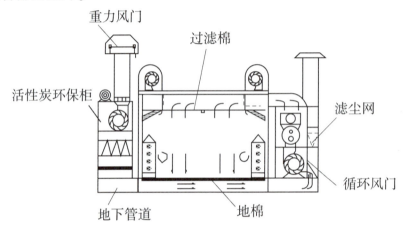

图 2-1-24 喷漆过程

3. 烤漆过程

烤漆前先启动顶部灯箱气室的两台送风机进行流平,6~8min 后,启动烤漆开关,主送风机同时启动,利用微电磁自动控制的燃烧机点火加温,由主风机吸入的"冷"空气流,经过换热器进行热交换把空气加热,此时风门自动关闭进风口,形成内循环状态,房内的干燥机启动,烤房形成热风混合内循环状态,以使房内温度均匀。与此同时,活性炭环保柜的排风机以及灯箱室送风机停止工作,房体内的热气流经过循环风门再次被吸入,经过换热器进行热交换,如此循环往复温度不断地迅速上升,当温度达到设定温度时,加热器自动停机,当温度下降到设定温度以下 4~5℃时,风机和加热器自动开机,使烤房内温度保持恒定,保持设定温度直至设定工作时间结束完成作业。

课后作业与讨论

一、课后作业

(一)判断题

1.水性驳口清漆对霜冻不敏感,无须在特殊条件下存储。 ( )

2. 清漆对漆膜的厚度有标准要求,漆膜的厚度对油漆修补的质量和耐久性有直接影响。（   ）

3. 喷涂驳口清漆时不能喷涂太厚,喷涂后要留有充分的闪干时间。（   ）

4. 清漆在烤房烘烤干燥时间通常是 30min。（   ）

(二) 选择题

1. 下列预防橘皮现象的方法中,错误的是(   )。
   A. 喷涂时,喷枪与板件间距参照技术说明书的规定
   B. 喷涂气压参照技术说明书的规定
   C. 始终喷涂湿涂层
   D. 选择快干的固化剂和稀释剂

2. 喷涂驳口清漆推荐的型号与口径是(   )。
   A. HVLP 1.3   B. HVLP 1.7   C. RP 1.3   D. RP 1.6

3. 在 35℃的环境下,清漆调配应选用哪种类型固化剂及稀释剂？(   )
   A. 慢干固化剂、标准稀释剂   B. 慢干固化剂、慢干稀释剂
   C. 标准固化剂、标准稀释剂   D. 快干固化剂、标准稀释剂

4. 水性底色漆喷涂前应该使用(   )进行清洁。
   A. 水性清洁剂   B. 脱脂清洁剂   C. 除硅清洁剂   D. 塑料清洁剂

二、课后讨论

1. 在修补时使用驳口清漆可以为修补作业提供哪些帮助？请根据你的理解简要阐述。

2. 你在底色漆修补过渡实际作业中遇到了哪些问题？你是如何解决的？请和大家分享你的实践体会。

拓展学习

了解相邻板件过渡修补的工艺方法。

项目二　保险杠损伤修补

项目描述

一辆小汽车在转弯时不慎与路边台阶发生磕碰,造成左前保险杠边缘凹陷,漆面损伤至底材,如图 2-2-1 所示。根据受损位置与面积,采用单板件局部修补的工艺进行修复。通过塑料原子灰整平、塑料底漆与中涂漆局部喷涂、底色漆与清漆局部喷涂、驳口抛光处理完成修复作业。

图 2-2-1　损伤的前保险杠

任务一　打磨处理塑料件损伤

任务描述

本任务需要进行前保险杠损伤情况判定,选用适合的清洁剂、研磨工具和材料,按照塑料件修补工艺进行清洁与清除旧漆膜、研磨羽状边作业,达到可以进行刮涂塑料原子灰的条件。

任务目标

【学习目标】

(1)能选择正确的清洁剂对保险杠进行清洁除油。

(2)能根据保险杠损伤的状况,正确选用打磨工具和材料。

(3)能用正确的方法去除损伤部位的旧漆膜和打磨羽状边。

(4)能对上述操作结果进行质量检验与处理。

【素质目标】

(1)通过操作中安全防护用品的穿戴,培养学生安全生产的意识。

(2)通过快修工艺的学习,培养学生建立合理分工、节约时间的观念。

任务工作页

任务名称	打磨处理塑料件损伤

车辆品牌：_____ 整车型号：_____ 车辆 VIN 码：_____
技师姓名：_____ 班组成员：_____ 维修日期：_____

一、知识链接

1.观看视频,并完成以下内容

打磨处理塑料件损伤的工艺流程是:

巴斯夫标准维修涂装工艺之
打磨处理塑料件损伤

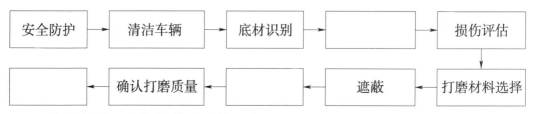

安全防护 → 清洁车辆 → 底材识别 → ____ → 损伤评估

____ ← 确认打磨质量 ← ____ ← 遮蔽 ← 打磨材料选择

2.填写实训工具和材料需用情况表

以下哪些是清洁保险杠所需要的工具和材料？（需要用☺;不需要用☹）

工艺	工具材料							
	安全防护	脱脂清洁剂	水性清洁剂	金属清洁剂	塑料清洁剂	擦拭布	清洁剂喷壶	溶剂回收机	垃圾桶
清洁保险杠									

3.思考讨论任务实施中的问题

(1)车身保险杠一般使用哪种类型的塑料产品？

(2)打磨后的塑料件应达到什么标准才能进行下一步工序的作业？

二、工作计划

根据任务要求,确定所需要的设备、工具、材料和操作规范,并对班组成员进行合理分工,制订详细的工作计划。

1. 班组成员分工

2. 场地设备及材料准备
(1) 物料准备:□充足　　　□不足　　　处理意见:＿＿＿＿＿＿
(2) 安全防护:□符合要求　□不符合要求　处理意见:＿＿＿＿＿＿
(3) 工具设备:□符合要求　□不符合要求　处理意见:＿＿＿＿＿＿
(4) 场地安全:□符合要求　□不符合要求　处理意见:＿＿＿＿＿＿
3. 工作方案制订

三、实施过程记录

1. 塑料件清洁的工作步骤与技能要点
步骤1:＿＿＿＿＿＿＿＿＿＿＿＿＿＿＿＿＿＿＿＿＿＿＿＿＿＿＿＿＿
步骤2:＿＿＿＿＿＿＿＿＿＿＿＿＿＿＿＿＿＿＿＿＿＿＿＿＿＿＿＿＿
步骤3:＿＿＿＿＿＿＿＿＿＿＿＿＿＿＿＿＿＿＿＿＿＿＿＿＿＿＿＿＿
步骤4:＿＿＿＿＿＿＿＿＿＿＿＿＿＿＿＿＿＿＿＿＿＿＿＿＿＿＿＿＿
步骤5:＿＿＿＿＿＿＿＿＿＿＿＿＿＿＿＿＿＿＿＿＿＿＿＿＿＿＿＿＿
步骤6:＿＿＿＿＿＿＿＿＿＿＿＿＿＿＿＿＿＿＿＿＿＿＿＿＿＿＿＿＿
技能要点:＿＿＿＿＿＿＿＿＿＿＿＿＿＿＿＿＿＿＿＿＿＿＿＿＿＿＿
2. 损伤评估的工作步骤与技能要点
步骤1:＿＿＿＿＿＿＿＿＿＿＿＿＿＿＿＿＿＿＿＿＿＿＿＿＿＿＿＿＿
步骤2:＿＿＿＿＿＿＿＿＿＿＿＿＿＿＿＿＿＿＿＿＿＿＿＿＿＿＿＿＿
步骤3:＿＿＿＿＿＿＿＿＿＿＿＿＿＿＿＿＿＿＿＿＿＿＿＿＿＿＿＿＿
步骤4:＿＿＿＿＿＿＿＿＿＿＿＿＿＿＿＿＿＿＿＿＿＿＿＿＿＿＿＿＿
步骤5:＿＿＿＿＿＿＿＿＿＿＿＿＿＿＿＿＿＿＿＿＿＿＿＿＿＿＿＿＿
步骤6:＿＿＿＿＿＿＿＿＿＿＿＿＿＿＿＿＿＿＿＿＿＿＿＿＿＿＿＿＿
技能要点:＿＿＿＿＿＿＿＿＿＿＿＿＿＿＿＿＿＿＿＿＿＿＿＿＿＿＿
3. 保险杠刮涂原子灰前的工作步骤与技能要点
步骤1:＿＿＿＿＿＿＿＿＿＿＿＿＿＿＿＿＿＿＿＿＿＿＿＿＿＿＿＿＿
步骤2:＿＿＿＿＿＿＿＿＿＿＿＿＿＿＿＿＿＿＿＿＿＿＿＿＿＿＿＿＿
步骤3:＿＿＿＿＿＿＿＿＿＿＿＿＿＿＿＿＿＿＿＿＿＿＿＿＿＿＿＿＿

步骤4：_____
步骤5：_____
步骤6：_____
技能要点：_____

四、检查与评估

请对自己和小组的工作任务完成情况进行评价，并提出意见和建议。

评估项目	评 估 内 容	评分(分)		备注
		分值	得分	
知识学习	认真学习实训指导书、预习相关知识	20		
实训过程	积极参与并按实训步骤规范操作	20		
工作页	独立自主完成工作页填写，结果正确	20		
学习态度	实训过程和知识学习积极主动	20		
纪律性	遵守操作规范，不迟到不早退，不做与实训无关的事情	20		
	合计	100		

教师签名：_____

我的建议和意见：_____。

我的收获与改进方向：_____。

任务实施

一、施工准备

安全防护：
防尘口罩、棉纱手套、活性炭口罩、耐溶剂手套、耳塞、护目镜、安全鞋、工作服与喷漆服

辅料耗材：
塑料清洁剂、擦拭布、打磨砂纸

设备工具：
干磨设备、吹尘枪、清洁剂喷壶

场地设施：
施工场地环境、通风及换气设施、电源、气源、紧急处理设施、安全出入口等

施工准备

二、施工过程

(一) 施工前安全防护

施工步骤	施工图示
规范穿戴防护用品,如右图所示: (1) 工作服、工作帽。 (2) 安全鞋。 (3) 护目镜。 (4) 棉纱手套。 (5) 防尘口罩。 (6) 耳塞 我穿戴了哪些防护用品?	 打磨作业的安全防护

(二) 评估保险杠损伤的程度与范围

施工步骤	施工图示
先采用目测的方法评估损伤,然后戴上棉纱手套,用触摸的方法从不同角度触摸损伤部位。用记号笔标记损伤范围,避免过度修复。 技能要点 将受损区域上、下、左、右的临界点用弧线连接起来,标记出未受损区域和受损区域之间的界限,为后续避免过度打磨奠定基础	 损伤评估板件

(三) 损伤板件清洁除油

施工步骤	施工图示
1. 清洁板件 用擦拭布清洁板件表面,然后用空气枪吹尘,清除板件表面的灰尘颗粒。 2. 选择清洁剂 如右图所示,选用塑料清洁剂或脱脂清洁剂对损伤板件进行清洁。 技能要点 根据施工要求和底材选择合适的清洁剂 体验与感悟 请记录你选择的清洁剂和依据:	 选用塑料清洁剂
3. 板件除油 如右图所示,按照规范要求选择正确的清洁剂对板件进行清洁。 具体操作方法参见损伤类型一维修项目一中任务一。 防护要求 此时需佩戴活性炭口罩和耐溶剂手套	 除油清洁

(四) 遮蔽与抛光

施工步骤	施工图示或视频展示
(1) 遮蔽车辆无须处理的部位,防止在打磨过程中造成不必要的损伤和污染。 (2) 清漆接口区抛光。清漆接口区域用粗抛光剂进行抛光,再使用清洁剂进行清洁。 体验与感悟 打磨保险杠区域时,需要对哪些区域进行遮蔽处理?	 点修补过渡修补的遮蔽与抛光

（五）塑料底材前处理

施工步骤	施工图示
1. 清除旧漆膜、打磨羽状边 选择偏心距为 5mm 的打磨机配合 P150 干磨砂纸，清除损伤区域旧漆膜、打磨羽状边。 技能要点 （1）建议选择 P150 砂纸清除塑料件旧漆膜，避免塑料底材被过度切削。 （2）损伤区域的旧漆膜必须完全清除，否则，将产生质量隐患。 体验与感悟 打磨机在使用过程中有哪些注意事项？	 清除旧漆膜、打磨羽状边
2. 打磨过渡区域 （1）选择 P240 砂纸配合 5mm 打磨机过细 P150 砂痕，扩大打磨区域，如右图所示。 （2）检查损伤区域和完好漆面是否平滑过渡	 打磨过渡区域

（六）损伤板件清洁除油

损伤板件清洁除油的操作方法参见步骤三。

（七）打磨后的质量检查

施工步骤	施工图示
检查保险杠损伤区域打磨后有无缺陷，如右图所示。 （1）羽状边过渡平滑无台阶。 （2）打磨表面有无磨露底材的现象	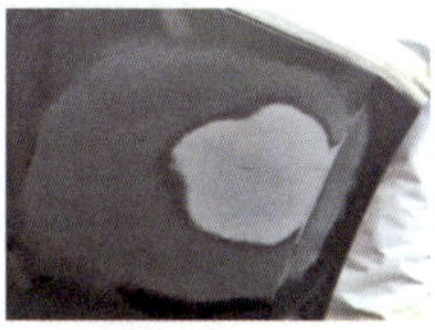  检查打磨表面质量

（八）保险杠打磨施工现场整理

施工步骤	施工图示	
工位、工具、设备清洁整理，如右图所示	 清洁打磨机 	工位、工具、设备材料清洁整理

(九)废弃物分类处理

施工步骤	施工图示
(1)将使用过的砂纸按照要求放到指定的回收容器内。 (2)将使用后的清洁布放到指定的回收容器内,待专业回收公司回收,进行无害化处理	 砂纸回收桶 　　指定的回收桶

三、施工考核标准与学习评价

序号	施工项目	施工标准	评分标准	评价方式	
				小组评价	教师评价
1	安全与健康 (15分)	工作中正确使用安全防护用品(防尘口罩/活性炭口罩/棉纱手套/耐溶剂手套/工作鞋/工作服/防护眼镜)	1项不规范扣3分,扣分不得超15分	□规范 □不规范	□规范 □不规范
2	损伤评估与清洁 (15分)	损伤部位与整个施工板件评估(目视、触摸等)	1项不正确扣1分,扣分不得超5分	□正确 □不正确	□正确 □不正确
		正确选择和底材配套的清洁剂	1项不正确扣5分,扣分不得超5分	□正确 □不正确	□正确 □不正确
		用正确的方式进行清洁,并对保险杠作整板清洁	1项不正确扣2分,扣分不得超5分	□正确 □不正确	□正确 □不正确
3	损伤部位前处理 (30分)	用正确的打磨工具,放上后启动	1次不正确扣2分,扣分不得超6分	□正确 □不正确	□正确 □不正确
		正确的砂纸型号(P150~P240)	1次不正确扣2分,扣分不得超6分	□正确 □不正确	□正确 □不正确
		保险杠损伤部位旧漆是否完全清除	1处清洁不完全扣2分,3处未清洁扣6分	□正确 □不正确	□正确 □不正确

损伤类型二　项目二　保险杠损伤修补

续上表

序号	施工项目	施工标准	评分标准	评价方式	
				小组评价	教师评价
3	损伤部位前处理（30分）	合理的羽状边（损伤区域与未损伤区域平滑过渡）	1处不合理扣2分，扣分不得超6分	□正确 □不正确	□正确 □不正确
		吸尘、吹尘、除油清洁步骤正确，工艺和产品使用正确	1次不正确扣2分，扣分不得超6分	□正确 □不正确	□正确 □不正确
4	效果评价（25分）	损伤区内没有残留旧漆膜	有1处残留扣2分，扣分不得超4分	□有残留 □无残留	□有残留 □无残留
		无漏磨现象，羽状边范围合理	有1处漏磨扣2分，扣分不得超4分	□有漏磨 □无漏磨	□有漏磨 □无漏磨
		边缘均匀的羽状磨开（羽状边区域平滑）	有1处不平顺扣4分，扣分不得超10分	□平顺 □不平顺	□平顺 □不平顺
		羽状边范围合理	有1处不合理扣4分，扣分不得超7分	□合理 □不合理	□合理 □不合理
5	5S整理（15分）	设备、工具、材料使用后清洁、归位，摆放整齐，废弃物放进指定垃圾桶	1项不规范扣3分，扣分不得超15分	□规范 □不规范	□规范 □不规范
合计		100分	得分		

注：本考核评价表参考了国内某届职业院校技能大赛评分标准。

任务知识

一、车用塑料的分类

车用塑料可分为热塑性塑料和热固性塑料。

1. 热塑性塑料

热塑性塑料以热塑性树脂为主要成分，并添加各种助剂而配制成塑料。在一定的温度条件下，塑料能软化或熔融成任意形状，冷却后形状不变。由于这种状态可多次反复而始终具有可塑性,且这种反复只是一种物理变化,因此,这种塑料称为热塑性塑料。常见的热塑性材料包括聚丙烯、聚氯乙烯、聚苯乙烯、聚甲醛、聚碳酸酯、聚酰胺、丙烯酸类塑料、其他聚烯烃及其共聚物等。

2. 热固性塑料

热固性塑料以热固性树脂为主要成分,配合各种必要的添加剂通过交联固化过程形成制品的塑料。在制造或成型过程的前期为液态,固化后即不溶不熔,也不能再次热熔或软化。

常见的热固性塑料有酚醛塑料、环氧塑料、氨基塑料、不饱和聚酯、醇酸塑料等。

二、常用汽车塑料及其用途

塑料件在车身上应用广泛,不同材质的塑料件遍布车身不同部位。常用汽车塑料及用途见下表。

塑料代号	化学名称	烘烤温度(℃)	用　　途	属性
EP	环氧树脂	80	玻璃钢车身板	热固性
UP	不饱和聚酯	120	玻璃钢车身板	热固性
ABS	丙烯腈-丁二烯-苯乙烯共聚物	60	车身板、仪表台、护栅、前照灯外罩	热塑性
PP	聚丙烯	100	内饰板、内衬板、内翼子板、面罩、散热器、仪表台、保险杠	热塑性
PVC	聚氯乙烯		内衬板、软质填板	热塑性
PC	聚碳酸酯	100	护栅、仪表台、灯罩	热塑性
PUR	聚氨酯		保险杠、前后车身板、填板	热塑性
EPDM	乙丙三元共聚物		保险杠冲击条、车身板	热塑性
PE	聚乙烯		内翼子板、内衬板、阻流板	热塑性
TPR	热塑橡胶		前轮罩板	热塑性
TPUR	热固聚氨酯	60	保险杠、防石板、填板	热固性
PA	聚酰胺	80	外装饰板	热塑性
PS	聚苯乙烯		内饰件	热塑性

续上表

塑料代号	化学名称	烘烤温度（℃）	用途	属性
ABS/MAT	含玻璃纤维的强化 ABS		车身护板	热塑性
PPO	聚苯醚		镀铬塑料件、护栅板、前照灯罩、遮光板、饰品	热塑性

三、车用塑料类型的鉴别方法

无论是新的塑料件还是使用过表面受损的塑料件,在维修涂装前都需要进行塑料类型的鉴别,通过鉴别以后,才能根据材料类型选择适合的修补产品进行施工。塑料件的材质鉴别一般有以下方法。

(1)查看压制在塑料部件上的 ISO 代号。一般在零件拆下后就可看到符号,零件编号旁注明了所用塑料件材质(通过模压印在材料背面),如图 2-2-2 所示。

图 2-2-2　塑料部件的代码

(2)查看汽车维修手册。通过车辆维修手册,可以查到部件的塑料种类。

(3)焊接鉴别。用不同类型的塑料焊条与塑料件进行试焊,能与之焊合的即为此种焊条类型的塑料品种。

(4)敲击鉴别。敲击塑料制品,PU 塑料声音较弱,PP 塑料声音较脆。

(5)打磨鉴别。用砂纸打磨,PU 塑料没有粉末,PP 塑料有粉末;PU 塑料易被划伤,PP 塑料不易划伤等。

(6)燃烧鉴别。点燃一小块后观察火焰颜色、燃烧状态及燃烧气味。各种类型的塑料燃烧后效果会有所区别。比如 ABS 塑料燃烧时火焰呈黄色,会有大量的黑烟产生,软化但不滴落,易燃,有烧焦的气味。

课后作业与讨论

一、课后作业

(一)判断题

1. 塑料底材性能稳定,可以使用各种清洁剂清洁。（　）
2. 在对工件进行除油清洁时,也需要穿戴标准的防护用品。（　）
3. 对保险杠损伤区域打磨时,技术很成熟,不需要对其他区域进行遮蔽。（　）
4. 打磨羽状边时,也应该按照打磨原子灰和中涂漆的标准,必须使用打磨指示剂。（　）

(二)选择题

1. 下列哪一项不是损伤评估的方法？（　）
   A. 目测评估　　B. 触摸评估　　C. 直觉评估　　D. 测量评估
2. 下列哪一项不属于底材的种类？（　）
   A. 金属　　　　B. 塑料　　　　C. 碳纤维　　　D. 新漆膜

二、课后讨论

1. 一些维修人员认为,干净的塑料件表面不用清洁剂清洁,直接打磨后即可进行喷涂,这样做是否正确？请根据你的理解简要阐述。

2. 你在保险杠羽状边打磨的实际作业中遇到了哪些问题？你是如何解决的？请根据你的实践体会和大家分享。

拓展学习

了解企业中损伤评估有哪些技巧。

损伤类型二　项目二　保险杠损伤修补

任务二　刮涂与整平塑料原子灰

📖 **任务描述**

本任务对完成羽状边打磨的保险杠(图2-2-3)进行塑料原子灰刮涂与整平作业,需要根据损伤进行塑料原子灰调配、刮涂、干燥、整平,达到可以喷涂塑料底漆与中涂漆的条件。

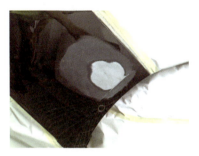

图2-2-3　打磨完羽状边的保险杠

📖 **任务目标**

【学习目标】

(1)能正确选择原子灰的类型并按比例调配。

(2)能根据板件表面形状进行原子灰塑形刮涂。

(3)能对刮涂后的原子灰区域进行评估与干燥作业。

(4)能根据作业标准进行原子灰整平。

(5)能对整平后的原子灰进行质量检验与处理。

【素质目标】

(1)通过操作中安全防护用品的穿戴,培养学生安全生产的意识。

(2)通过原子灰用量的要求,培养学生节约耗材的意识。

任务工作页

任务名称	刮涂与整平塑料原子灰

车辆品牌：_____ 整车型号：_____ 车辆 VIN 码：_____

技师姓名：_____ 班组成员：_____ 维修日期：_____

一、知识链接

1. 观看视频，并完成以下内容

刮涂与整平塑料原子灰的工艺流程是：

巴斯夫标准维修涂装工艺之
损伤塑料件原子灰工艺

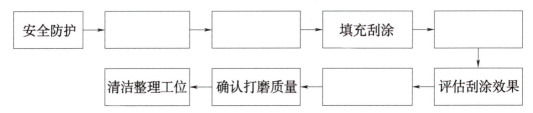

2. 填写实训工具和材料需用情况表

选择刮涂与打磨保险杠原子灰需要的工具和材料。（需要用 ☺；不需要用 ☹）

工　艺	工 具 材 料							
	普通原子灰	合金原子灰	塑料原子灰	5号打磨机	3号打磨机	手刨	红色菜瓜布	灰色菜瓜布
打磨处理损伤的塑料件								

3. 思考讨论任务实施中的问题

（1）常用原子灰一般分为哪几种？适用于什么样的底材？

（2）通常使用什么方法检查原子灰是否干燥？

二、工作计划

根据任务要求，确定所需要的设备、工具、材料和操作规范，并对班组成员进行合理分工，制订详细的工作计划。

损伤类型二　　项目二　保险杠损伤修补

1. 班组成员分工

2. 场地设备及材料准备
(1) 物料准备：□充足　　　　　□不足　　　　　处理意见：＿＿＿＿＿＿
(2) 安全防护：□符合要求　　　□不符合要求　　处理意见：＿＿＿＿＿＿
(3) 工具设备：□符合要求　　　□不符合要求　　处理意见：＿＿＿＿＿＿
(4) 场地安全：□符合要求　　　□不符合要求　　处理意见：＿＿＿＿＿＿
3. 工作方案制订

三、实施过程记录

1. 刮涂原子灰前的准备工作步骤与技能要点
步骤1：＿＿＿＿＿＿＿＿＿＿＿＿＿＿＿＿＿＿＿＿＿＿＿＿＿＿＿＿＿＿＿＿
步骤2：＿＿＿＿＿＿＿＿＿＿＿＿＿＿＿＿＿＿＿＿＿＿＿＿＿＿＿＿＿＿＿＿
步骤3：＿＿＿＿＿＿＿＿＿＿＿＿＿＿＿＿＿＿＿＿＿＿＿＿＿＿＿＿＿＿＿＿
步骤4：＿＿＿＿＿＿＿＿＿＿＿＿＿＿＿＿＿＿＿＿＿＿＿＿＿＿＿＿＿＿＿＿
步骤5：＿＿＿＿＿＿＿＿＿＿＿＿＿＿＿＿＿＿＿＿＿＿＿＿＿＿＿＿＿＿＿＿
步骤6：＿＿＿＿＿＿＿＿＿＿＿＿＿＿＿＿＿＿＿＿＿＿＿＿＿＿＿＿＿＿＿＿
技能要点：＿＿＿＿＿＿＿＿＿＿＿＿＿＿＿＿＿＿＿＿＿＿＿＿＿＿＿＿＿＿

2. 原子灰刮涂的工作步骤与技能要点
步骤1：＿＿＿＿＿＿＿＿＿＿＿＿＿＿＿＿＿＿＿＿＿＿＿＿＿＿＿＿＿＿＿＿
步骤2：＿＿＿＿＿＿＿＿＿＿＿＿＿＿＿＿＿＿＿＿＿＿＿＿＿＿＿＿＿＿＿＿
步骤3：＿＿＿＿＿＿＿＿＿＿＿＿＿＿＿＿＿＿＿＿＿＿＿＿＿＿＿＿＿＿＿＿
步骤4：＿＿＿＿＿＿＿＿＿＿＿＿＿＿＿＿＿＿＿＿＿＿＿＿＿＿＿＿＿＿＿＿
步骤5：＿＿＿＿＿＿＿＿＿＿＿＿＿＿＿＿＿＿＿＿＿＿＿＿＿＿＿＿＿＿＿＿
步骤6：＿＿＿＿＿＿＿＿＿＿＿＿＿＿＿＿＿＿＿＿＿＿＿＿＿＿＿＿＿＿＿＿
技能要点：＿＿＿＿＿＿＿＿＿＿＿＿＿＿＿＿＿＿＿＿＿＿＿＿＿＿＿＿＿＿

3. 原子灰打磨的工作步骤与技能要点
步骤1：＿＿＿＿＿＿＿＿＿＿＿＿＿＿＿＿＿＿＿＿＿＿＿＿＿＿＿＿＿＿＿＿
步骤2：＿＿＿＿＿＿＿＿＿＿＿＿＿＿＿＿＿＿＿＿＿＿＿＿＿＿＿＿＿＿＿＿
步骤3：＿＿＿＿＿＿＿＿＿＿＿＿＿＿＿＿＿＿＿＿＿＿＿＿＿＿＿＿＿＿＿＿
步骤4：＿＿＿＿＿＿＿＿＿＿＿＿＿＿＿＿＿＿＿＿＿＿＿＿＿＿＿＿＿＿＿＿

步骤5：＿＿＿＿＿＿＿＿＿＿＿＿＿＿＿＿＿
步骤6：＿＿＿＿＿＿＿＿＿＿＿＿＿＿＿＿＿
技能要点：＿＿＿＿＿＿＿＿＿＿＿＿＿＿＿

四、检查与评估

请对自己和小组的工作任务完成情况进行评价，并提出意见和建议。

评估项目	评 估 内 容	评分(分)		备注
		分值	得分	
知识学习	认真学习实训指导书、预习相关知识	20		
实训过程	积极参与并按实训步骤规范操作	20		
工作页	独立自主完成工作页填写，结果正确	20		
学习态度	实训过程和知识学习积极主动	20		
纪律性	遵守操作规范，不迟到不早退，不做与实训无关的事情	20		
合计		100		

教师签名：＿＿＿＿＿＿

我的建议和意见：＿＿＿＿＿＿＿＿＿＿＿＿＿＿＿＿＿＿＿＿＿＿＿。
我的收获与改进方向：＿＿＿＿＿＿＿＿＿＿＿＿＿＿＿＿＿＿＿＿。

任务实施

一、施工准备

安全防护：
防尘口罩、棉纱手套、活性炭口罩、耐溶剂手套、耳塞、防护眼镜、安全鞋、工作服

辅料耗材：
塑料原子灰以及配套的固化剂、清洁剂、原子灰调灰板、干磨砂纸、手工打磨砂纸、打磨指示剂

设备工具：
带吸尘装置干磨机、5mm打磨机、电子秤、原子灰刮刀、手刨板、吹尘枪、清洁剂喷壶

场地设施：
施工场地环境、通风及换气设施、电源、气源、紧急处理设施、安全出入口等

施工准备

二、施工过程

(一)施工前安全防护

施工步骤	施工图示
规范穿戴防护用品,如右图所示: (1)工作服、工作帽。 (2)安全鞋。 (3)护目镜。 (4)耐溶剂手套。 (5)活性炭口罩。 (6)耳塞	 刮涂原子灰安全防护

(二)选用与调配原子灰

施工步骤	施工图示
1. 选择原子灰 选择塑料原子灰进行调配。 🔧 **技能要点** 原子灰的选用一定要与底材搭配相适应,必须使用配套的固化剂进行调配,否则,会出现涂膜缺陷影响维修质量,严重时会导致返工。由于保险杠是塑料底材,施工时应该选择塑料原子灰和配套固化剂。 2. 调配与混合塑料原子灰 (1)根据损伤面积选取适量的原子灰。 (2)根据施工环境温度按照质量比 100∶2 ~ 100∶3 的比例混合原子灰。 🔧 **技能要点** (1)对新开罐的原子灰,使用工具进行搅拌,保证原子灰混合均匀。 (2)取原子灰要适量,避免浪费,取完后及时封盖。 (3)要按正确比例添加固化剂,避免影响施工与产生质量问题。	 塑料原子灰  调配混合原子灰

续上表

施工步骤	施工图示
（4）原子灰需快速混合均匀，无大理石纹。 **体验与感悟** 　　你未使用完的原子灰是否超过取用原子灰总量的50%？	

（三）刮涂和干燥原子灰

施工步骤	施工图示
1. 刮涂原子灰 （1）首先把少量原子灰薄刮在损伤区域，刮刀保持与板面垂直，用力将受损凹点部位充分填实，挤压出空气。 （2）然后连续对损伤区域进行填充刮涂，直至将整个变形区域填平并收薄原子灰边缘。 **技能要点** （1）完全填充损伤区域表面的凹点并初步刮涂平整表面。 （2）原子灰刮涂一次不能刮涂过厚，需多次填充刮涂。 （3）刮涂完毕的原子灰中间略高于周边，边缘与周边完好漆面平滑过渡。 （4）及时清理溅落在其他区域的原子灰	 原子灰薄刮  填充刮涂
2. 干燥原子灰 　　如右图所示，建议使用短波红外线烤灯对原子灰刮涂区域进行烘烤。 （1）将烤灯移至待干燥原子灰区域。 （2）调节烤灯距离、温度等参数。 （3）干燥原子灰。 （4）检查原子灰干燥程度。	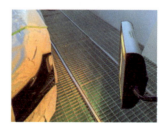 用红外线烤灯干燥原子灰

续上表

施 工 步 骤	施 工 图 示
🔧 **技能要点** (1)注意烤灯与原子灰的烘烤距离。 (2)检查原子灰边缘,确认是否完全干燥。 (3)常温环境下(20℃)时,原子灰的干燥时间是 20min 左右;使用短波红外线干燥,时间在 4min 左右。 **体验与感悟** 你选择的烤灯的距离是多少?	

(四)打磨原子灰

施 工 步 骤	施工图示或视频展示
1.施涂打磨指示层 如右图所示,对刮涂原子灰区域均匀施涂打磨指示层。 💡 **防护要求** 此时需佩戴防尘口罩和棉纱手套	 施涂打磨指示层
2.原子灰粗整平 如右图所示,根据损伤面积选择适合型号的手刨配合 P80 砂纸进行粗整平作业(也可选用偏心距为 5mm 的打磨机配合 P80 砂纸进行原子灰粗整平)。 **技能要点** (1)打磨轨迹呈"米"字或"井"字交叉进行。 (2)为了预防打磨不足或过度打磨,打磨时要经常用手触摸检查平整度。 (3)粗整平打磨区域不超过原子灰刮涂区域。 (4)更换不同型号砂纸必须使用打磨指示层。具体方法请参考视频	 原子灰粗整平 巴斯夫标准维修涂装工艺之 损伤塑料件原子灰工艺

施 工 步 骤	施 工 图 示 或 视 频 展 示
3.原子灰细整平 （1）如右图所示，使用手刨配合 P180 砂纸去除 P80 砂纸痕，并对损伤区域进行细整平作业（也可选用 5mm 打磨机配合 P150 砂纸进行细整平）。 （2）使用 5mm 打磨机配合 P240 砂纸过细 P180 砂纸痕，过渡区域打磨平滑	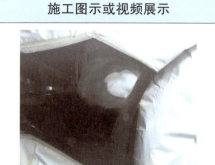 原子灰细整平
4.边角打磨 如右图所示，使用红色菜瓜布或者 P400 海棉纱纸对板件边角进行打磨	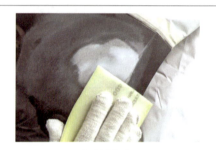 打磨边角

（五）损伤板件清洁除油

施 工 步 骤	施 工 图 示
1.清洁板件 如右图所示，用擦拭布清洁板件表面，然后用空气枪吹尘，清除板件表面的灰尘颗粒	 擦去板件浮灰
2.板件除油 选用脱脂清洁剂对划痕损伤板件进行清洁。 防护要求 此时需佩戴活性炭口罩和耐溶剂手套	 板件除油

（六）打磨后的质量检查

施工步骤	施工图示
检查表面有无缺陷： （1）打磨表面是否平整。 （2）损伤区域边缘是否打磨平滑。 （3）打磨表面有无粗砂纸打磨痕迹。 （4）损伤区域有无漏磨现象	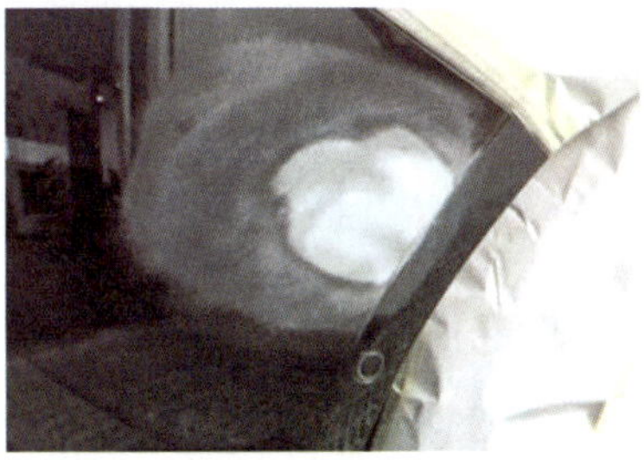 检查打磨质量

（七）保险杠打磨施工现场整理

施工步骤	施工图示
工位、工具、材料设备清洁整理，如右图所示	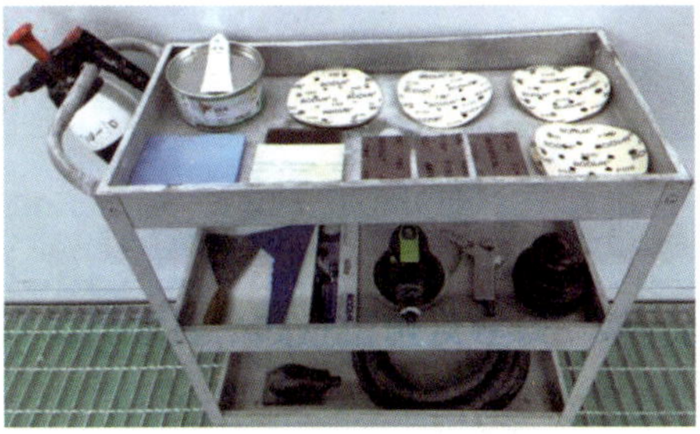 塑料原子灰刮涂、打磨材料、工具、工位清洁整理

（八）废弃物分类处理

施工步骤	施工图示
（1）将使用过的砂纸按照要求放到指定的回收容器内。 （2）将使用后的清洁布放到指定的回收容器内，待专业回收公司回收，进行无害化处理	 砂纸回收桶 　　指定的回收桶

三、施工考核标准与学习评价

序号	施工项目	施工标准	评分标准	评价方式	
				小组评价	教师评价
1	安全与健康（15分）	工作中正确使用安全防护用品（防尘口罩/活性炭口罩/棉纱手套/耐溶剂手套/工作鞋/工作服/防护眼镜）	1项不规范扣3分，扣分不得超15分	□规范 □不规范	□规范 □不规范
2	原子灰刮涂（20分）	合理的原子灰取用量（浪费不超过50%）	浪费超过50%，扣2分	□超过 □不超过	□超过 □不超过
		原子灰与固化剂取用完毕是否封盖	取用后未加盖，扣2分	□加盖 □未加盖	□加盖 □未加盖
		选择塑料原子灰，调配按照100∶2～100∶3的重量比进行，记录数据	1次错误扣1分，扣分不超过2分	□正确 □不正确	□正确 □不正确
		彻底搅拌原子灰和固化剂，颜色均匀，无大理石纹等	混合不均匀，扣2分	□正确 □不正确	□正确 □不正确
		第一遍刮涂时首先在损伤部位涂布后用力薄刮，然后填充	1项错误扣2分，扣分不得超4分	□正确 □不正确	□正确 □不正确
		是否控制好干燥时间？	未充分干燥，扣2分	□充分 □不充分	□充分 □不充分
		刮涂完毕边缘薄中间略厚	刮涂边缘较厚，扣2分	□正确 □不正确	□正确 □不正确
		是否分多次刮涂填充损伤部位	不是，扣2分	□是 □否	□是 □否
		刮涂范围是否合理，是否在打磨范围以内	刮涂范围不合理，扣2分	□合理 □不合理	□合理 □不合理

损伤类型二　项目二　保险杠损伤修补

续上表

序号	施工项目	施工标准	评分标准	评价方式 小组评价	评价方式 教师评价
3	原子灰打磨（20分）	选用偏心距为5mm的打磨机,正确使用打磨机	1次不正确扣1分,扣分不得超2分	□正确 □不正确	□正确 □不正确
		在开始打磨及更换不同型号砂纸时需正确使用指导层,涂布均匀	1次不正确扣1分,扣分不得超3分	□正确 □不正确	□正确 □不正确
		第一次整平:砂纸的打磨区域是否合理,打磨工具是否正确	1次不正确扣2分,扣分不得超5分	□正确 □不正确	□正确 □不正确
		第一次整平:正确的砂纸型号P80/P150/P240(手刨P80/P180,机磨P240)	1次不正确扣2分,扣分不得超4分	□正确 □不正确	□正确 □不正确
		第二次整平:打磨正确的砂纸型号P150/P240(如第一次完工达到要求,不扣分)	不正确扣3分	□正确 □不正确	□正确 □不正确
		正确的吸尘、吹尘、除油清洁步骤,工艺和产品	1次不正确扣1分,扣分不得超3分	□正确 □不正确	□正确 □不正确
4	效果评价（30分）	原子灰打磨前(无小孔,足够平滑,接口无明显台阶)	有1处缺陷扣2分,扣分不得超10分	□有缺陷 □无缺陷	□有缺陷 □无缺陷
		喷涂中涂前原子灰及其周边是否打磨均匀	有1处不均匀扣2分,扣分不得超10分	□均匀 □不均匀	□均匀 □不均匀
		损伤区域打磨后是否已修复平整	有1处不平整扣3分,扣分不超过10分	□平整 □不平整	□平整 □不平整

续上表

序号	施工项目	施工标准	评分标准	评价方式	
				小组评价	教师评价
5	5S整理（15分）	设备、工具、材料使用后清洁、归位，摆放整齐，废弃物放进指定垃圾桶	1项不规范扣3分，扣分不得超15分	□规范 □不规范	□规范 □不规范
合计		100分	得分		

注：本考核评价表参考了国内某届职业院校技能大赛评分标准。

任务知识

一、塑料原子灰的性能、特点

塑料原子灰主要用于修补汽车塑料件小损伤（如划伤），柔韧性好，固体成分含量高，适用于所有可涂装的汽车塑料件且快干、易磨、附着力好。

二、打磨指示剂

图2-2-4　碳粉指示剂

打磨指示剂是打磨的辅助材料，一般指碳粉指示剂，如图2-2-4所示。碳粉指示剂的作用是使研磨效果或涂层缺陷更加清晰地显现。使用时，用海绵将黑色的碳粉均匀涂抹到原子灰表面。

注意：每次更换砂纸前要施涂碳粉指示剂。

三、压缩空气系统

1. 压缩空气系统的组成

汽车维修车间压缩空气供气系统是所有气动设备的动力源，是喷漆车间不可缺少的重要组成部分，同时能为涂装车间提供充足稳定的、洁净的压缩空气，是提高喷漆质量的关键。车间压缩空气供气系统由空气压缩机、储气罐、冷冻干燥机、初级过滤设备、主管道、支管道、阀门、终端油水分离器、冷凝物自动排水阀组成，如图2-2-5所示。

2. 压缩空气在汽车涂装中的作用和要求

压缩空气系统在汽车涂装生产过程中主要起到输送涂料、雾化涂料、驱动气动工具、吹干水分及灰尘、驱动气动阀门等作用。

损伤类型二　项目二　保险杠损伤修补

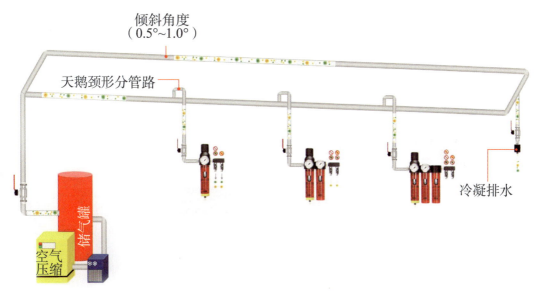

图 2-2-5　压缩空气供气系统的组成

压缩空气在汽车维修涂装作业中是用以帮助传输及雾化涂料的,必须保证洁净、干燥、稳定和充足,否则会造成涂膜缺陷。当喷涂水性漆时,应特别注意压缩空气的洁净程度。传统溶剂型油漆可以吸收轻微的油分即油烟雾或油蒸气,但是水性漆无法实现。因此,压缩空气内任何轻微的油烟雾或油蒸气余物都肯定会使水性漆漆膜产生缺陷。

3. 压缩空气系统的使用与维护

压缩空气系统中的设备在规定时间内需要进行必要的维护,如压缩空气设备、冷冻干燥设备等,超过 $1m^3$ 的储气罐,每年还需向相关部门提交压力容器安全使用的年检合格报告书。以上设备均由专业人员对其进行维护。而在系统中的油水分离器,可自行进行维护。

课后作业与讨论

一、课后作业

(一) 判断题

1. 打磨底材时,可以根据经验选择合适的砂纸进行打磨。　　　　　(　　)
2. 原子灰干燥后,选择原子灰最厚的区域进行干燥度测试,因为最厚的区域,干燥最慢。　　　　　(　　)
3. 打磨原子灰时,可以凭经验打磨,不需要借助打磨指示剂。　　　　　(　　)

4.原子灰打磨后,存在的砂眼、砂纸痕等缺陷,可以使用中涂漆进行填充,不需要进行额外的修补操作。   (   )

(二)选择题

1.粗打磨原子灰,应选用(   )砂纸。
   A. P60～P80   B. P80～P150
   C. P150～P180   D. P180～P240

2.烘烤原子灰时,烤灯的与板件的距离一般为(   )。
   A. 30～50cm   B. 40～60cm
   C. 70～90cm   D. 100～120cm

3.塑料原子灰应具有(   )的性能特点。
   A. 填充性   B. 柔韧性   C. 易打磨   D. 附着力大

4.压缩空气在汽车涂装中的要求是(   )。
   A. 洁净   B. 充足   C. 稳定   D. 干燥

二、课后讨论

在打磨原子灰时,哪些方法或者措施能提升原子灰整平的效果?请根据你的理解简要阐述。

拓展学习

在实际生产中,刮涂原子灰有哪些工具,各自的优缺点是什么?

任务三　局部喷涂塑料底漆与中涂漆

📖 任务描述

本任务对已完成前保险杠损伤区域原子灰整平的部位(图2-2-6),局部喷涂塑料底漆与中涂漆。本任务需要进行塑料底漆、中涂漆的调配、喷涂与干燥,然后打磨中涂漆区域,达到喷涂色漆的要求。

图2-2-6　原子灰整平的保险杠

📖 任务目标

【学习目标】
(1)掌握塑料底漆的作用与性能要求,能正确进行塑料底漆喷涂。
(2)能在中涂漆中添加柔软剂按比例进行调配、局部喷涂与干燥。
(3)能正确选择打磨设备与材料进行中涂漆与色漆过渡区域打磨。
(4)能对打磨结果进行质量检验与处理。

【素质目标】
(1)通过操作中安全防护用品的穿戴,培养学生安全生产的意识。
(2)通过使用塑料件的专用产品,培养学生应对不同材料保证施工质量的责任心。

任务工作页

任务名称	局部喷涂塑料底漆与中涂漆

车辆品牌：_____　　整车型号：_____　　车辆 VIN 码：_____

技师姓名：_____　　班组成员：_____　　维修日期：_____

一、知识链接

1. 观看视频，并完成以下内容

（1）中涂漆局部喷涂的工艺流程是：

损伤塑料件中涂漆局部
喷涂与打磨

（2）中涂漆打磨的工艺流程是：

2. 填写施工防护用品需用情况表

选择底漆和中涂漆施工过程中必要的防护用品。（需要用 ☺；不需要用 ☹）

工　艺	防护用品								
	防溶剂手套	棉纱手套	防尘口罩	活性炭口罩	棉质工作服	喷漆工作服	护目镜	耳塞	安全鞋
喷涂塑料底漆									
喷涂中涂漆									

3. 思考讨论任务实施中的问题

（1）在进行点修补时，过渡区域的打磨要点有哪些？

（2）塑料底漆的喷涂有哪些要求？

二、工作计划

根据任务要求，确定所需要的设备、工具、材料和操作规范，并对班组成员进行合理分工，制订详细的工作计划。

损伤类型二　项目二　保险杠损伤修补

1. 班组成员分工

2. 场地设备及材料准备
(1) 物料准备：□充足　　　　□不足　　　　处理意见：_____
(2) 安全防护：□符合要求　　□不符合要求　处理意见：_____
(3) 工具设备：□符合要求　　□不符合要求　处理意见：_____
(4) 场地安全：□符合要求　　□不符合要求　处理意见：_____
3. 工作方案制订

三、实施过程记录

1. 塑料底漆与中涂漆调配的工作步骤与技能要点
步骤1：_____
步骤2：_____
步骤3：_____
步骤4：_____
步骤5：_____
步骤6：_____
技能要点：_____

2. 局部喷涂塑料底漆和局部喷涂中涂漆的工作步骤与技能要点
步骤1：_____
步骤2：_____
步骤3：_____
步骤4：_____
步骤5：_____
步骤6：_____
技能要点：_____

3. 中涂漆干燥与打磨的工作步骤与技能要点
步骤1：_____
步骤2：_____
步骤3：_____
步骤4：_____
步骤5：_____

步骤6：_____
技能要点：_____

四、检查与评估

请对自己和小组的工作任务完成情况进行评价，并提出意见和建议。

评估项目	评 估 内 容	评分(分)		备注
		分值	得分	
知识学习	认真学习实训指导书、预习相关知识	20		
实训过程	积极参与并按实训步骤规范操作	20		
工作页	独立自主完成工作页填写,结果正确	20		
学习态度	实训过程和知识学习积极主动	20		
纪律性	遵守操作规范,不迟到不早退,不做与实训无关的事情	20		
	合计	100		

教师签名：_____

我的建议和意见：_____。
我的收获与改进方向：_____。

任务实施

一、施工准备

安全防护：
防尘口罩、棉纱手套、活性炭口罩、耐溶剂手套、耳塞、护目镜、安全鞋、工作服与喷漆服

辅料耗材：
塑料底漆、中涂漆以及配套的固化剂和稀释剂、柔软添加剂、清洁剂、擦拭布、粘尘布、过滤网

设备工具：
喷枪清洗机、喷烤漆房、红外线烤灯、底漆和中涂漆喷枪、电子秤、比例尺、清洁剂喷壶

场地设施：
施工场地环境、通风及换气设施、电源、气源、紧急处理设施、安全出入口等

施工准备

二、施工过程

(一) 施工前安全防护

施工步骤	施工图示
规范穿戴防护用品,如右图所示: (1) 喷漆工作服。 (2) 安全鞋。 (3) 防护眼镜。 (4) 耐溶剂手套。 (5) 活性炭口罩。 (6) 耳塞	 调漆安全防护

(二) 遮蔽

施工步骤	施工图示
遮蔽无须喷涂的部位,如右图所示	 保险杠喷涂底漆前遮蔽

(三) 选用底漆、中涂漆

施工步骤	施工图示
1. 选择底漆 底漆的选用一定要与底材搭配相适应,基于塑料材质的特殊性,露出塑料底材的部位必须喷涂塑料底漆保证附着力。 常规使用的是单组分塑料底漆,如右图所示。对于小面积修补,建议使用无须喷枪喷涂的自喷罐包装更方便快捷。 **体验与感悟** 如果露塑料底材部位不使用塑料底漆可能会产生什么后果?	 塑料底漆

续上表

施工步骤	施工图示
2.中涂漆调配 （1）在中涂漆中加入 25% 柔软添加剂搅拌均匀。 （2）将已经混合柔软添加剂的中涂漆与固化剂、稀释剂按 4∶1∶1 的比例进行调配,搅拌均匀。 技能要点 （1）由于塑料底材特有的柔韧性,选用常规中涂漆施涂塑料件必须加入柔软添加剂适应塑料材质特性,避免开裂等漆膜缺陷产生。 （2）按照涂料供应商的要求选择和使用配套产品	 中涂漆　　柔软添加剂  调配中涂漆

（四）选择喷枪并进行调试

施工步骤	施工图示
1.选择喷枪 常规塑料底漆选择 HVLP 1.0~1.2,中涂漆选择 HVLP 1.0~1.2。 技能要点 按照涂料公司提供的产品使用手册选择底漆与中涂漆喷枪	 选择喷枪
2.过滤底漆与中涂漆 如右图所示,将涂料倒入喷枪时,应使用过滤漏斗进行过滤。 （1）使用过滤漏斗可以过滤掉涂料中的杂质,防止在喷涂过程中堵塞喷嘴或产生喷涂缺陷。 （2）过滤底漆与中涂漆时,应选用 190μm 左右的纸漏斗进行过滤	 用 190μm 左右的纸漏斗过滤底漆与中涂漆

续上表

施工步骤	施工图示
3. 调试喷枪 （1）调节出漆量。 （2）调节喷幅。 （3）调节气压。 （4）测试喷枪喷涂效果。 🔧 **技能要点** 按照涂料公司提供的产品使用手册要求进行喷枪的调节。 💡 **防护要求** 从本操作步骤开始及后续操作中须将活性炭口罩更换为供气式面罩。 ❓ **体验与感悟** 调试喷枪的步骤是：	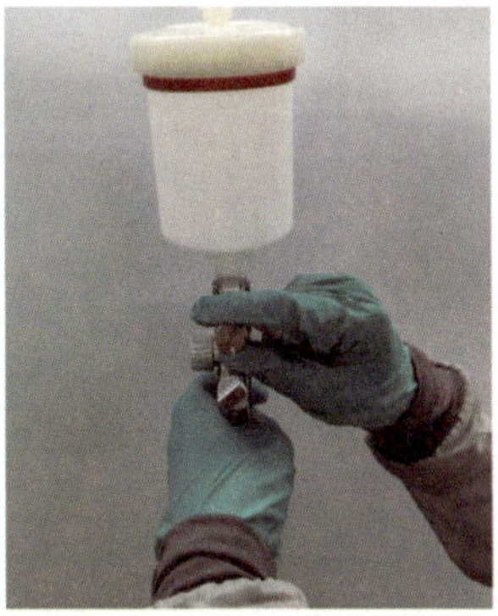 调试喷枪

（五）清洁板件

施工步骤	施工图示
1. 用清洁剂进行清洁 如右图所示，选择塑料清洁剂并按照规范要求对板件进行清洁操作。 🔧 **技能要点** 如果清洁不彻底，喷涂后会产生缺陷，如缩孔。 ❓ **体验与感悟** 你选择的清洁剂和依据：	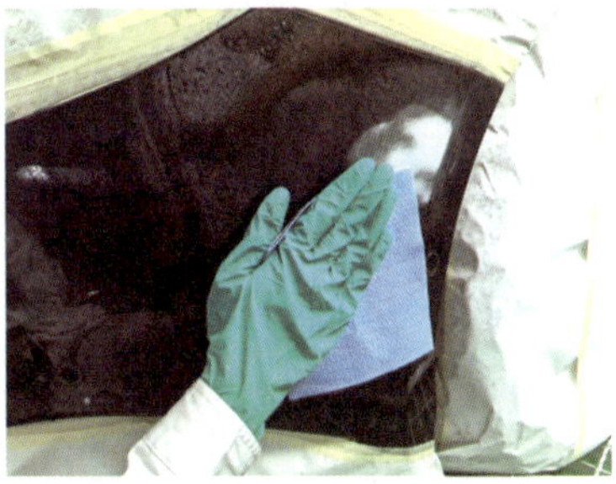 板件除油

施工步骤	施工图示
2.粘尘 如右图所示,按照作业规范对板件进行粘尘操作。 (1)将粘尘布完全打开。 (2)反向轻折成蓬松状态,轻轻擦拭待喷涂表面。 技能要点 轻轻擦拭,避免重压导致粘尘布上的树脂粘到板件上产生漆膜缺陷	 粘尘

(六)底漆和中涂漆的喷涂与干燥

施工步骤	施工图示或视频展示
1.检查 目测检查待喷涂表面是否有裸露塑料底材。如果没有,忽略此步骤,可以直接喷涂中涂漆。 技能要点 检查是否有裸露底材的情况。如果有塑料裸露,按照标准工艺要求,需在裸露塑料部位施涂塑料底漆,保证附着力达到标准	 喷涂塑料底漆
2.局部喷涂塑料底漆 在露塑料底材表面均匀喷涂1~2个连贯的薄层,20℃闪干15min喷涂中涂漆(可根据温度的不同调整闪干时间)	 损伤塑料件中涂漆局部喷涂与打磨

续上表

施工步骤	施工图示或视频展示
3. 喷涂中涂漆 喷涂中涂漆要求如下。 	喷涂层数	湿润度	枪距	喷幅	气压	闪干
---	---	---	---	---	---
第一层	30% ~ 50%	10 ~ 15cm	全开	0.2MPa (2bar)	亚光
第二层	100%	10 ~ 15cm	全开	0.2MPa (2bar)	亚光
第三层	100%	10 ~ 15cm	全开	0.2MPa (2bar)	亚光 | 🔧 技能要点 第一层在原子灰修补区域薄喷闪干后以逐层扩大的方式进行后续涂层的修补喷涂,如右图所示	 第一层喷涂
4. 干燥中涂漆 为了尽快干燥中涂漆,使用短波红外线烤灯烘烤干燥,如右图所示	 短波红外线干燥

(七)完成中涂漆喷涂后质量检查

施工步骤	施工图示
检查喷涂表面有无缺陷,如右图所示: (1)喷涂表面是否光滑、平整,接口区域无台阶。 (2)喷涂表面有无尘点、咬底、流挂、针孔、露底等缺陷	 检查喷涂表面有无缺陷

169

(八)中涂漆及过渡区域打磨

施 工 步 骤	施 工 图 示
1.打磨中涂漆 (1)施涂打磨指示层,根据需要可以选用手刨配合 P320 砂纸对刮涂过原子灰的区域进行整平。 (2)施涂打磨指示层,选用 3mm 打磨机配合 P400～P500 砂纸完成中涂漆的打磨。 2.打磨过渡区域 (1)选择 3mm 打磨机和 P1000～P3000 精磨砂棉。 (2)关闭打磨机吸尘开关,在精磨砂棉上喷洒少量清水打磨过渡区域。 (3)打磨后清洁除油,先用脱脂清洁剂清洁再用水性清洁剂清洁。 🔧 **技能要点** 过渡区域研磨至均匀的亚光状态	 中涂漆及过渡区域打磨

(九)打磨后的质量检查

施 工 步 骤	施 工 图 示
(1)打磨表面平整,无粗砂纸打磨痕迹。 (2)打磨表面无漏磨现象。 (3)打磨表面无磨穿现象	 检查打磨表面质量

(十)中涂漆打磨施工现场整理

施 工 步 骤	施 工 图 示
工位、工具、设备清洁整理,如右图所示	  中涂调漆工位清洁整理　　中涂打磨工位清洁整理

损伤类型二　项目二　保险杠损伤修补

(十一)废弃物分类处理

施工步骤	施工图示
(1)将使用过的砂纸按照要求放到指定的回收容器内,如右图所示。 (2)将使用后的清洁布放到指定的回收容器内,待专业回收公司回收,进行无害化处理	 砂纸回收桶 　　指定的回收桶
(3)洗枪机连接溶剂回收机,将废溶剂回收再利用	 溶剂回收机 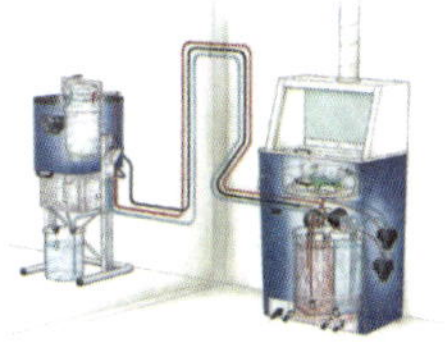　　溶剂回收流程

三、施工考核标准与学习评价

序号	施工项目	施工标准	评分标准	评价方式 小组评价	评价方式 教师评价
1	安全与健康 (10分)	工作中正确使用安全防护用品(防尘口罩/活性炭口罩/棉纱手套/耐溶剂手套/工作鞋/工作服/防护眼镜)	1项不规范扣2分,扣分上限10分	□规范 □不规范	□规范 □不规范
2	遮蔽与清洁 (20分)	遮蔽前车辆被正确地清洁	1项不正确扣1分,扣分上限2分	□正确 □不正确	□正确 □不正确
		按照工业标准正确使用遮蔽胶带	1项不正确扣1分,扣分上限2分	□正确 □不正确	□正确 □不正确
		按照工业标准正确使用软边遮蔽胶带	1项不正确扣1分,扣分上限2分	□正确 □不正确	□正确 □不正确
		被遮蔽区域周围最少18英寸区域被保护	小于最小区域,扣2分	□正确 □不正确	□正确 □不正确

续上表

序号	施工项目	施工标准	评分标准	评价方式	
				小组评价	教师评价
2	遮蔽与清洁（20分）	没有明显折叠或褶皱	每个折叠/褶皱扣1分，扣分上限4分	☐无褶皱 ☐有褶皱	☐无褶皱 ☐有褶皱
		所有区域都能防止潜在的过度喷涂（防止飞漆）	使用喷枪进行喷涂测试，以检查遮蔽效果，每个错误扣1分，扣分上限2分	☐能 ☐不能	☐能 ☐不能
		按照工业标准，没有过度粘贴	有1处过度粘贴扣1分，扣分上限2分	☐有 ☐没有	☐有 ☐没有
		在去除所有遮蔽材料后清洁被遮蔽区域	有1处未清洁扣1分，扣分上限2分	☐有 ☐没有	☐有 ☐没有
		板件在喷涂前被正确地清洁（塑料件两侧必须被正确地清洁）	1项不正确扣1分，扣分上限2分	☐正确 ☐不正确	☐正确 ☐不正确
3	底漆和中涂漆局部喷涂（20分）	正确应用塑料件修补产品	1项不正确扣2分，扣分上限4分	☐正确 ☐不正确	☐正确 ☐不正确
		正确地准备底漆修补区域	1项不正确扣2分，扣分上限4分	☐正确 ☐不正确	☐正确 ☐不正确
		正确使用底漆或中涂漆	选择错误1项2分，上限扣4分	☐正确 ☐不正确	☐正确 ☐不正确
		修补区域露底材部位正确应用底漆	不正确扣4分	☐正确 ☐不正确	☐正确 ☐不正确
		在修补区域正确地喷涂底漆/中涂漆	1项不正确扣2分，扣分上限4分	☐正确 ☐不正确	☐正确 ☐不正确
4	中涂漆研磨（20分）	在底色漆施工前正确地打磨底漆/填充中涂	1次不正确扣2分，上限扣6分	☐正确 ☐不正确	☐正确 ☐不正确
		修补正确形状	基本正确扣2分，上限扣6分	☐正确 ☐不正确	☐正确 ☐不正确

损伤类型二　项目二　保险杠损伤修补

续上表

序号	施工项目	施工标准	评分标准	评价方式	
				小组评价	教师评价
4	中涂漆研磨 (20分)	打磨后正确的填充膜厚	在数据表公差范围之间,超出范围扣4分	□正确 □不正确	□正确 □不正确
		正确的板件表面清洁	不正确扣4分	□正确 □不正确	□正确 □不正确
5	效果评价 (20分)	填充中涂/底漆遮盖了整个损伤区域	检查所有部分,1个区域超5mm扣4分,扣分上限8分		
		在底色漆施工前表面不应该被磨穿	1~2个磨穿扣除3分,超过2个磨穿扣除所有分数,上限6分	□有磨穿 □无磨穿	□有磨穿 □无磨穿
		在底色漆施工前没有漏磨	填充中涂有没被充分打磨的橘皮,1个错误扣3分,扣分上限6分	□有漏磨 □无漏磨	□有漏磨 □无漏磨
6	5S整理 (10分)	设备、工具、材料使用后清洁、归位,摆放整齐,废弃物放进指定垃圾桶	1项不规范扣2分,扣分上限10分	□规范 □不规范	□规范 □不规范
	合计		100分	得分	

注:本考核评价表参考了某届世界技能大赛评分标准。

任务知识

一、塑料底漆的作用和性能要求

塑料底漆是主要用于塑料表面的黏附底漆,是塑料件的附着力增强剂,适用于可涂装的车用塑料件。常规塑料底漆都是单组分的。

二、塑料柔软剂的性能及使用要求

塑料柔软剂的作用是增强漆膜弹性,其主要用于塑料件修补,添加后使漆膜弹性接近塑料件的弹性,避免或减少漆膜开裂等缺陷。塑料柔软剂混溶性好,可与单工序纯色漆,双组分中涂漆、清漆等完全混合。混合比例根据涂料供应商的技术手册进行添加,常规添加量约为主剂的25%,特殊弹性的塑料件可适量提高添加比例至50%。

三、免磨塑料中涂漆

免磨塑料中涂漆用于可喷涂汽车塑料件的维修涂装,可作为底漆和填充中涂漆,附着力佳、填充性好,适合作为三工序系统的黏附力增强剂,或作为新塑料件面漆之前的中涂漆层。常规的免磨塑料中涂漆都是双组分的。

课后作业与讨论

一、课后作业

(一) 判断题

1. 中涂漆调配时,也可以根据个人经验预估,不必完全按照体积比或者质量比进行调配。( )
2. 塑料件修补涂装时,应选择使用对应的底漆和相配套的中涂漆。( )
3. 塑料件修补涂装时,需要添加柔软添加剂来增加弹性。( )

(二) 选择题

1. 打磨中涂漆应选择偏心距为( )的打磨机。
   A. 3mm B. 5mm C. 7mm D. 9mm
2. 单组分塑料底漆喷涂后的膜厚约为( )。
   A. 10μm B. 20μm C. 30μm D. 40μm
3. 打磨过渡区域建议使用的砂纸型号是( )。
   A. P600 B. P800 C. P1000 D. P2000

二、课后讨论

对于局部底漆和中涂漆的喷涂,应如何避免产生阶梯?请和大家分享你的实践体会。

损伤类型二　　项目二　保险杠损伤修补

　拓展学习

了解你所在地域维修站对保险杠等塑料件的修复方法。

任务四　局部修补色漆、清漆及抛光

任务描述

本任务针对已完成中涂漆及面漆过渡区域打磨的保险杠（图2-2-7）进行局部修补色漆、清漆及抛光作业，需要根据局部修补区域的范围进行反向遮蔽与清洁，底色漆、清漆的局部喷涂及接口区域的驳口水喷涂，干燥后进行驳口区域的抛光作业，达到交车标准。

图2-2-7　已完成中涂和面漆过渡区域打磨的保险杠

任务目标

【学习目标】

(1) 能正确进行修补前的遮蔽与清洁。

(2) 能正确进行水性底色漆的调配与局部喷涂。

(3) 能正确进行清漆的调配与局部喷涂。

(4) 能正确进行驳口水的喷涂。

(5) 能正确进行清漆及驳口位置的抛光。

(6) 能对局部修补效果进行质量检验与处理。

【素质目标】

(1) 通过操作中安全防护用品的穿戴，培养学生安全规范生产的习惯。

(2) 通过局部修补色漆、清漆及抛光系列作业，培养学生有条不紊、按部就班的职业素养。

任务名称	局部修补色漆、清漆及抛光

车辆品牌:_____ 整车型号:_____ 车辆 VIN 码:_____

技师姓名:_____ 班组成员:_____ 维修日期:_____

一、知识链接

1. 观看视频,并完成以下内容

(1)底色漆局部喷涂的工艺流程是:

损伤塑料件点修补色漆、清漆驳口工艺

安全防护 → ☐ → 清洁 → ☐ → ☐

(2)清漆局部喷涂的工艺流程是:

清漆调配 → ☐ → ☐ → 驳口喷涂 → 清漆干燥

2. 填写施工工具和材料需用情况表

选择底色漆与清漆局部修补需要的工具和材料。(需要用 ☺;不需要用 ☹)

工艺	工具材料								
	驳口清漆	驳口水	清漆	底色漆	抛光剂	抛光机	水性稀释剂	超细纤维布	粘尘布
色漆过渡									
清漆局部喷涂									

3. 思考讨论任务实施中的问题

(1)局部色漆过渡喷涂时,应注意哪些要点?

(2)请问驳口水作用是什么?

二、工作计划

根据任务要求,确定所需要的设备、工具、材料和操作规范,并对班组成员进行合理分工,制订详细的工作计划。

损伤类型二　项目二　保险杠损伤修补

1. 班组成员分工

2. 场地设备及材料准备
(1) 物料准备：□充足　　　　□不足　　　　处理意见：_____
(2) 安全防护：□符合要求　　□不符合要求　处理意见：_____
(3) 工具设备：□符合要求　　□不符合要求　处理意见：_____
(4) 场地安全：□符合要求　　□不符合要求　处理意见：_____
3. 工作方案制订

三、实施过程记录

1. 底色漆局部喷涂的工作步骤与技能要点
步骤1：_____
步骤2：_____
步骤3：_____
步骤4：_____
步骤5：_____
步骤6：_____
技能要点：_____

2. 清漆局部喷涂的工作步骤与技能要点
步骤1：_____
步骤2：_____
步骤3：_____
步骤4：_____
步骤5：_____
步骤6：_____
技能要点：_____

3. 抛光的工作步骤与技能要点
步骤1：_____
步骤2：_____
步骤3：_____

步骤4：_____
步骤5：_____
步骤6：_____
技能要点：_____

四、检查与评估

请对自己和小组的工作任务完成情况进行评价，并提出意见和建议。

评估项目	评 估 内 容	评分(分)		备注
		分值	得分	
知识学习	认真学习实训指导书、预习相关知识	20		
实训过程	积极参与并按实训步骤规范操作	20		
工作页	独立自主完成工作页填写，结果正确	20		
学习态度	实训过程和知识学习积极主动	20		
纪律性	遵守操作规范，不迟到不早退，不做与实训无关的事情	20		
合计		100		

教师签名：_____

我的建议和意见：_____。
我的收获与改进方向：_____。

任务实施

一、施工准备

安全防护：
防尘口罩、棉纱手套、活性炭口罩、耐溶剂手套、耳塞、防护眼镜、安全鞋、工作服与喷漆服

辅料耗材：
底色漆和清漆以及配套产品、驳口水、清洁剂、擦拭布、粘尘布、过滤网、抛光剂、抛光砂纸

设备工具：
喷枪清洗机、喷烤漆房、面漆和清漆喷枪、电子秤、比例尺、清洁剂喷壶、抛光机及配套工具

场地设施：
施工场地环境、通风及换气设施、电源、气源、紧急处理设施、安全出入口等

施工准备

二、施工过程

(一)施工前安全防护

施工步骤	施工图示
规范穿戴防护用品,如右图所示: (1)喷漆工作服。 (2)安全鞋。 (3)防护眼镜。 (4)耐溶剂手套。 (5)活性炭口罩。 (6)耳塞	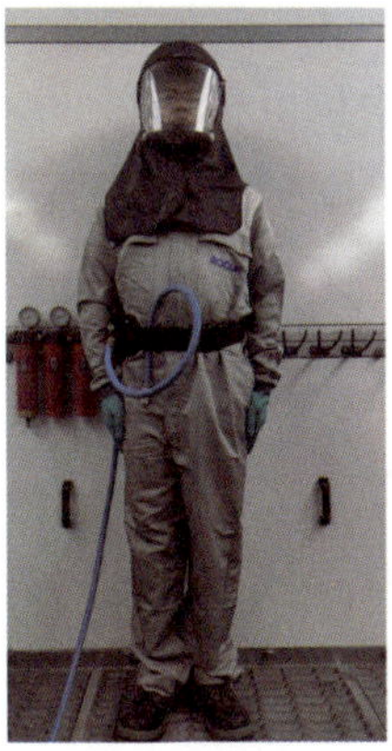 喷漆安全防护

(二)底色漆喷涂前准备工作

施工步骤	施工图示
(1)使用清洁剂对待喷涂区域进行清洁。 (2)遮蔽。如右图所示,对非喷涂区域进行遮蔽	 遮蔽非喷涂区域

(三)调配底色漆及清漆

施工步骤	施工图示
1.调配底色漆 　由于损伤车辆是深色,按配方调配后与水性稀释剂按2∶1的比例混合均匀后进行喷涂。 🔧 **技能要点** 　如果是浅色车辆,配方调配后与水性稀释剂按2∶1的比例混合均匀后加入50%混合好的驳口清漆混合均匀进行喷涂	 过滤底色漆

续上表

施工步骤	施工图示
2.调配清漆 （1）根据施工要求选择 VOC 快速修补清漆进行调配。 （2）按照清漆、固化剂、稀释剂（100∶50∶10）的比例进行调配，并充分搅拌均匀。 🔧 **技能要点** （1）清漆与底色漆必须是同一品牌系统，清漆必须与配套产品搭配使用。不按要求选择与搭配会出现涂膜缺陷，严重时会导致返工。 （2）一定要遵循涂料供应商的要求进行清漆的调配	 VOC 清漆　VOC 固化剂　稀释剂 调配比例：100∶50∶10

（四）选择喷枪并进行调试

施工步骤	施工图示
1.选择喷枪 底色漆选择 HVLP 1.0～1.2 口径喷枪、清漆选择 RP 1.0～1.2 口径喷枪。 **技能要点** 按照涂料公司提供的产品使用手册选择水性色漆与清漆喷枪	 底色漆喷枪
2.过滤水性色漆与清漆 如右图所示，将涂料倒入喷枪，使用过滤漏斗对涂料进行过滤。 （1）底色漆选择 190μm 的纸漏斗进行过滤。 （2）清漆选择 125μm 的纸漏斗进行过滤。 **技能要点** 使用漏斗过滤涂料中的杂质，防止在喷涂过程中堵塞喷嘴或产生喷涂缺陷	 用过滤漏斗过滤色漆与清漆

续上表

施工步骤	施工图示
3. 调试喷枪 (1) 调节出漆量。 (2) 调节喷幅。 (3) 调节气压[底色漆 0.1~0.15MPa(1~1.5bar)、清漆 0.1~0.2MPa(1~2bar)] (4) 测试喷枪的喷涂效果 技能要点 按照涂料公司提供的产品使用手册要求进行喷枪的调节。 防护要求 从本操作步骤开始及后续操作中,须将活性炭口罩更换为供气式面罩。 体验与感悟 调试喷枪的步骤是: _____	 调试喷枪  喷枪气压调节

(五) 清洁板件

施工步骤	施工图示
1. 用清洁剂进行板件清洁 如右图所示,按照规范要求对板件进行清洁除油操作。 技能要点 色漆喷涂前先用脱脂清洁剂,再使用水性清洁剂进行清洁,去掉表面残留的油脂和盐分避免喷涂后产生缺陷	 板件除油

续上表

施工步骤	施工图示
2.粘尘 如右图所示,按照作业规范对板件进行粘尘操作。 (1)将粘尘布完全打开。 (2)反向轻折成蓬松状态,轻轻擦拭待喷涂表面。 技能要点 轻轻擦拭,避免重压导致粘尘布上的树脂粘到板件上产生漆膜缺陷	 粘尘

(六)局部喷涂色漆和清漆

施工步骤	施工图示或视频展示
1.局部喷涂色漆 (1)调整喷枪气压[0.1~0.15MPa(1~1.5bar)],从过渡区域向损伤区域连续喷涂,直至完全遮盖中涂漆,闪干后喷涂效果层。 (2)调整喷枪气压[0.1~0.15MPa(1~1.5bar)],采用驳口渐淡的手法喷涂效果层。闪干2~3min后喷涂清漆。 技能要点 (1)建议采用吹风筒闪干。 (2)喷涂效果层由损伤区域向过渡区域喷涂,匹配颜色与过渡效果,局部修补需要控制喷涂范围	 损伤塑料件点修补色漆、清漆驳口工艺 点修补施工工艺(浅色漆)
2.局部喷涂清漆 调整喷枪气压[0.1~0.2MPa(1~2bar)],连续喷涂一个薄层和1个湿层,无须闪干,使用驳口水在清漆接口区域进行喷涂,如右图所示。 技能要点 均匀喷涂驳口水,避免流挂等缺陷产生	 点修补驳口水

(七)干燥清漆

施工步骤	施工图示
使用短波红外线烤灯对清漆进行快速干燥	 IRT 红外线干燥清漆

(八)抛光

施工步骤	施工图示
(1)待喷涂表面冷却后,打磨去除表面缺陷进行抛光。 (2)清漆接口区域从新喷涂漆面向旧漆膜方向抛光。 (3)使用超细纤维擦拭布清洁打磨区域,将打磨后的残留物清除干净。 🔧 **技能要点** (1)根据新喷涂漆面的情况,选用 P1000～P2000 砂纸型号进行研磨缺陷;再使用 P3000 砂棉配合点磨机研磨打磨痕迹,便于抛光恢复光泽。 (2)驳口水喷涂区域不能研磨。 (3)塑料件散热较金属慢,抛光机移动要均匀,避免塑料件漆膜受热起泡。 ❓ **体验与感悟** 请记录你快修施工的收获:	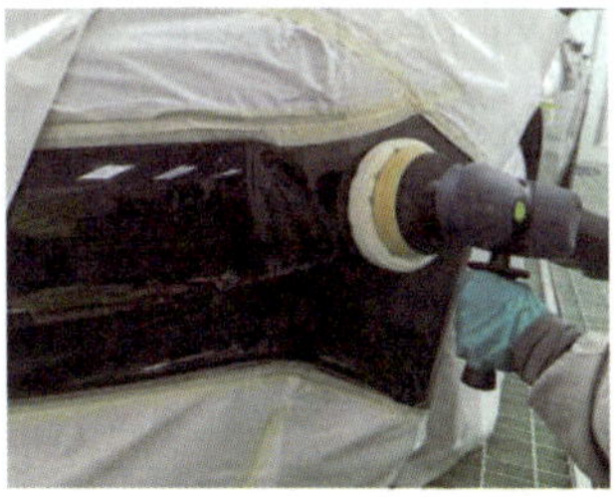 从新喷涂漆面向旧漆膜方向抛光

(九)局部修补后的质量检查

施工步骤	施工图示
目视检查喷涂表面有无缺陷,如右图所示。 (1)检查喷涂表面是否平整,光滑,有无打磨痕迹。 (2)检查喷涂表面有无橘皮、尘点、流挂、针孔等缺陷。 (3)检查色漆局部修补区域有无过渡痕迹。 (4)检查清漆接口区域与完好漆膜是否完美过渡,有无抛穿现象	 检查喷涂后的质量

(十)喷涂施工现场整理

施工步骤	施工图示
工位、工具、设备清洁整理,如右图所示	 喷涂后工位、材料、工具的清洁整理

(十一)废弃物分类处理

施工步骤	施工图示
(1)将使用后的清洁布放到指定的回收容器内,待专业回收公司回收,进行无害化处理。 (2)洗枪机连接溶剂回收机,将废溶剂回收再利用	  指定的回收桶　溶剂回收机

三、施工考核标准与学习评价

序号	施工项目	施工标准	评分标准	评价方式	
				小组评价	教师评价
1	安全与健康 (10分)	工作中正确使用安全防护用品(防尘口罩/活性炭口罩/棉纱手套/耐溶剂手套/工作鞋/工作服/防护眼镜)	1项不规范扣2分,扣分上限10分	□规范 □不规范	□规范 □不规范
2	底色漆过渡喷涂效果评价 (20分)	没有过度喷涂	过度喷涂超过2mm扣1分,超过4mm扣2分,扣分上限5分	□无过度喷涂 □过度喷涂	□无过度喷涂 □过度喷涂

损伤类型二　项目二　保险杠损伤修补

续上表

序号	施工项目	施工标准	评分标准	评价方式	
				小组评价	教师评价
2	底色漆过渡喷涂效果评价（20分）	底色漆没有缺陷痕迹	填充中涂有可见的打磨痕迹，1个错误扣1分，扣分上限3分；填充中涂有没被充分打磨的橘皮，1个错误扣1分，扣分上限2分	□无缺陷 □有缺陷	□无缺陷 □有缺陷
		底色漆没有条痕和斑点	严重斑点扣2分，扣分上限5分	□无缺陷 □有缺陷	□无缺陷 □有缺陷
		所有区域被遮盖	检查3个边，1个边超过1cm扣1.5分，扣分上限5分	□无漏喷 □有漏喷	□无漏喷 □有漏喷
3	清漆喷涂效果评价（30分）	清漆没有灰尘和尘点	有7~10个扣2分，达到10个扣4分，扣分上限4分	□正确 □不正确	□正确 □不正确
		所有区域被遮盖	检查3个边，1个边超过1cm扣2分，扣分上限6分	□正确 □不正确	□正确 □不正确
		填充中涂区域的形状正确（从后侧检查形状）	根据公差范围扣分，严重全扣，扣分上限10分	□正确 □不正确	□正确 □不正确
		清漆没有流挂或肥边	超过5mm扣2分，超过更多扣3分，扣分上限3分	□正确 □不正确	□正确 □不正确
		整个表面的橘皮不一样（非常严重的橘皮或清漆不足）。用10张卡片系统，卡片1非常干，卡片10非常平滑（使用橘皮标准板进行评估，1号橘皮最严重，10号最光滑）	超过2张卡片不同扣2分，有3~4张卡片扣5分。超过4张卡片的，根据卡片数不同扣所有分数，扣分上限10分	□光滑 □不光滑	□光滑 □不光滑

续上表

序号	施工项目	施工标准	评分标准	评价方式	
				小组评价	教师评价
4	清漆层抛光效果评价（30分）	清漆层的所有尘点被去除	1个尘点部分扣1分，扣分上限6分	□无尘点 □有尘点	□无尘点 □有尘点
		在打磨步骤后所有打磨痕迹被去除（打磨除去尘点）	1个打磨痕迹部分2分，扣分上限6分	□无痕迹 □有痕迹	□无痕迹 □有痕迹
		清漆的橘皮在抛光步骤后均匀	1个橘皮部分扣3分，扣分上限6分	□均匀 □不均匀	□均匀 □不均匀
		清漆在抛光步骤后没有被磨穿	1个磨穿部分扣3分，扣分上限6分	□无磨穿 □有磨穿	□无磨穿 □有磨穿
		在抛光步骤后所有的抛光漩涡被去除（抛光螺旋纹）	1个抛光漩涡部分扣2分，扣分上限4分	□无螺旋纹 □有螺旋纹	□无螺旋纹 □有螺旋纹
		板件所有边缘的抛光残留物被去除	1个部分有扣2分，扣分上限2分	□无残留物 □有残留物	□无残留物 □有残留物
5	5S整理（10分）	设备、工具、材料使用后清洁、归位，摆放整齐，废弃物放进指定垃圾桶	不规范1项扣2分，扣分上限10分	□规范 □不规范	□规范 □不规范
合计		100分	得分		

注：本考核评价表参考了某届世界技能大赛评分标准。

一、塑料件在维修涂装时的注意事项

（1）塑料件在维修时，建议拆卸下来后再进行涂装操作。如果进行局部修补，则可以在保证质量和不会损伤其他部件的前提下直接在汽车上操作。

（2）根据不同的塑料材质选用塑料件专用的清洁剂、底漆、原子灰等修补产品。因为不匹配的产品容易出现缺陷,要避免缺陷、保证涂装质量,除要选用品质好、适用的涂料外,还必须严格按照涂料的技术说明,进行严格规范的施工。

(3)新的塑料件通常在出厂前已经喷过底漆,但是实际测试表明原厂底漆质量差异性很大,可能导致附着力、耐石击性和耐溶剂性缺陷。为了达到原厂漆面质量,新的车身塑料件都需要喷涂一层中涂漆,以获得满意的效果。

(4)塑料件材质越柔软,油漆的柔性应越好,在塑料件上喷涂双组分涂料时,建议加入柔软添加剂,以提高涂膜的韧性。

(5)涂膜厚度应按产品说明进行施工,膜厚尽量控制在厂家推荐的厚度范围内,不宜过厚。特别是原子灰涂层,塑料件上过厚的涂膜容易脱落或开裂。

二、清漆的作用和类型

1. 清漆的作用

清漆是由树脂作为主要成膜物质,与溶剂、助剂混合后的涂料,对车身具有保护功能。下表中的"●"表示清漆具有该作用。

作　　用	是否具有	作　　用	是否具有
防锈蚀		光泽度	●
附着力	●	硬度	
石击防护		抗紫外线	
弹性	●	耐刮擦性	●
耐潮性	●	耐酸性	●
流动性(平滑度)	●	化学稳定性	
颜色		耐溶剂性	●

2. 清漆的类型

目前在维修涂装行业中符合环保要求的清漆有水性清漆、VOC 清漆、亚光清漆等。

1)水性清漆

(1)特性:水性清漆 VOCs 排放低,流平性、抗 UV 光照性好,且施工方便性突出,光泽度高。

(2)注意:喷涂水性清漆时需仔细清洁底材,不能有灰尘、锈迹或油脂,避免产生喷涂缺陷。

2)VOC 清漆

(1)特性:VOC 清漆符合国家环保要求,喷涂安全性好,流动性和流平效果好,具有良好的修补漆外观效果,快干,漆膜硬度高,抛光性能和抗胶带性好。

(2)注意:喷涂 VOC 清漆时,要依照环境温度和喷涂物件的大小选择正确的固化剂和稀释剂,遵循涂料供应商的技术要求。

3. 亚光清漆

1)亚光漆面原理

(1)光泽度定义:光泽度是在观察表面时产生的一种光学印象。

(2)高光:如果入射光大部分被强烈反射,只有一小部分被漫反射,物体就会被认为是有光泽的,如图 2-2-8 所示。

(3)漫反射:当一束平行的入射光线射到粗糙的表面时,表面会把光线向着四面八方反射。

(4)亚光:光束射向具有一定入射角的反射面,其中一部分会被漫反射,如图 2-2-9 所示。

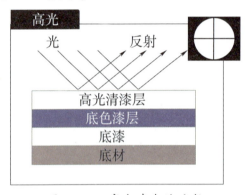
图 2-2-8　高光清漆的反射

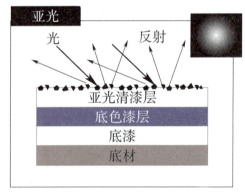
图 2-2-9　亚光清漆的反射

2)亚光清漆施工的注意事项及日常维护

注意事项:

(1)亚光清漆的漆膜厚度 40~50μm 之间。

(2)每层清漆喷涂后,闪干至表面亚光(喷涂第一层后的闪干时间为 10~15min,第二层为 15~20min,具体情况视烤房温度和空气流速而定),每层清漆闪干时间不超过 25min。

(3)亚光清漆不可以做过渡,过渡区域的漆膜厚度差异会引起光泽度的不同。

日常维护:

(1)避免在清漆表面抛光,抛光会引起光泽度的变化。

(2)避免使用会产生划痕的海绵作清洗工具。

(3)禁止自动洗车设备清洗车辆。

(4)避免使用任何强力的化学物质。

三、驳口水的作用与使用要求

驳口水是单工序产品,独立使用,不需要与其他溶剂混合,其常用于点修补中清漆渐变区域,或过渡修补的清漆渐变区域,也可用于单工序纯色漆的修补。驳口水能溶解新旧漆膜接口部位较粗糙的面漆颗粒,使新旧漆膜溶为一体,平滑过渡,完善修补效果。驳口水极易流挂,使用时需要遵循涂料供应商技术手册的要求。

课后作业与讨论

一、课后作业

（一）判断题

1. 漆面抛光不同于喷涂施工,没有太多的有害物质,因此,在施工过程中,可以简化防护用品的使用或者不用。（　　）
2. 车辆所使用的清漆具有保护功能,可以很好地防止汽车产生锈蚀。（　　）
3. 过滤银粉漆和过滤清漆时,所选的纸漏斗是相同的。（　　）

（二）选择题

1. 抛光盘按照材质分为（　　）。
   A. 羊毛　　　　B. 塑料　　　　C. 纤维　　　　D. 海绵
2. 局部修补的工艺流程是（　　）。
   A. 底色漆→接口水→清漆　　　　B. 驳口清漆→底色漆→清漆
   C. 底色漆→清漆→接口水　　　　D. 底色漆→清漆→驳口清漆
3. 点修补的推荐干燥方式有（　　）。
   A. 自然干燥　　B. 短波红外线　　C. 工业太阳灯　　D. 烤房

二、课后讨论

喷涂塑料件与喷涂金属件有何异同？请和大家分享你的实践体会。

拓展学习

请根据你的经验和实际调研分析局部喷涂维修涂装和整板喷涂维修涂装。

损伤类型三
碰撞类损伤

损伤类型描述

碰撞类损伤一般为车辆非结构件严重损伤、面积较大、需要进行相对复杂的维修作业,诸如拆装、整形、切割、接合和板件更换等。如图 3-0-1 所示,碰撞类损伤需要钣金技师进行钣金处理后再由涂装技师进行由底到面的维修涂装作业。

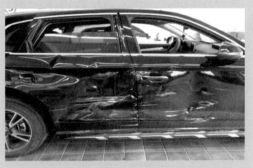

图 3-0-1 碰撞损伤

损伤类型三　项目一　新板件的喷涂

项目一　新板件的喷涂

> 📝 **项目描述**

一辆白色轿车在高速行驶过程中与车辆发生碰撞事故后造成左前车门严重变形无法进行钣金修复(图3-1-1),需要更换新板件,喷涂免磨中涂、底色漆与清漆,完成新板件的喷涂作业。

图3-1-1　左前变形的车门

任务一　新板件喷涂免磨中涂漆

> 📖 **任务描述**

本任务需要对新板件进行检查与清洁,按照作业标准选择喷枪、调配和喷涂免磨中涂漆,达到可以进行面漆喷涂施工的要求。

> 📖 **任务目标**

【学习目标】
(1)能根据作业要求对新板件进行质量检查。
(2)能根据作业标准进行免磨中涂漆调配与喷涂作业。
(3)能根据板件喷涂免磨中涂漆后的质量要求,进行检查处理。

【素质目标】
(1)通过喷涂免磨中涂漆的任务,培养学生建立合理分工、节约时间的观念。
(2)通过对学生安全防护的要求,培养学生规范作业的习惯。

任务工作页

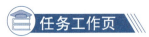

任务名称	新板件喷涂免磨中涂漆

车辆品牌:________ 整车型号:________ 车辆 VIN 码:________

技师姓名:________ 班组成员:________ 维修日期:__________

一、知识链接

1. 观看视频,并完成以下内容

新板件喷涂免磨中涂漆的工艺流程是:

巴斯夫标准维修涂装工艺之电泳涂层新工件免磨中涂涂装

新板件评估 → [　　] → 选择适合的灰度免磨中涂漆 → [　　] → 中涂闪干

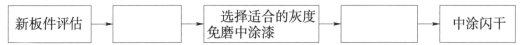

2. 填写施工工具和材料需用情况表

选择免磨中涂漆施工过程中必要的工具和材料。(需要用☺;不需要用☹)

工　艺	工具材料							
	打磨中涂	可调灰度中涂	免磨中涂	可调灰度的免磨中涂	环氧底漆	塑料底漆	**HVLP** 底漆喷枪	**HVLP** 面漆喷枪
免磨中涂漆								

3. 思考讨论任务实施中的问题

(1)喷涂免磨中涂的优势是什么?

(2)喷涂免磨中涂应选择多大口径的喷枪?请简要说明。

二、工作计划

根据任务要求,确定所需要的设备、工具、材料和操作规范,并对班组成员进行合理分工,制订详细的工作计划。

损伤类型三　项目一　新板件的喷涂

1. 班组成员分工

2. 场地设备及材料准备
(1) 物料准备：□充足　　　　□不足　　　　处理意见：_____
(2) 安全防护：□符合要求　　□不符合要求　处理意见：_____
(3) 工具设备：□符合要求　　□不符合要求　处理意见：_____
(4) 场地安全：□符合要求　　□不符合要求　处理意见：_____
3. 工作方案制订

三、实施过程记录

1. 新板件检查的工作步骤与技能要点
步骤1：_____
步骤2：_____
步骤3：_____
步骤4：_____
技能要点：_____

2. 免磨中涂漆调配的工作步骤与技能要点
步骤1：_____
步骤2：_____
步骤3：_____
步骤4：_____
技能要点：_____

3. 免磨中涂漆喷涂的工作步骤与技能要点
步骤1：_____
步骤2：_____
步骤3：_____
步骤4：_____
步骤5：_____
步骤6：_____
技能要点：_____

四、检查与评估

请对自己和小组的工作任务完成情况进行评价,并提出意见和建议。

评估项目	评 估 内 容	评分(分)		备注
		分值	得分	
知识学习	认真学习实训指导书、预习相关知识	20		
实训过程	积极参与并按实训步骤规范操作	20		
工作页	独立自主完成工作页填写,结果正确	20		
学习态度	实训过程和知识学习积极主动	20		
纪律性	遵守操作规范,不迟到不早退,不做与实训无关的事情	20		
合计		100		

教师签名:＿＿＿＿＿＿

我的建议和意见:＿＿＿＿＿＿＿＿＿＿＿＿＿＿＿＿＿＿＿＿＿＿。

我的收获与改进方向:＿＿＿＿＿＿＿＿＿＿＿＿＿＿＿＿＿＿。

任务实施

一、施工准备

安全防护:
防尘口罩、棉纱手套、活性炭口罩、耐溶剂手套、耳塞、防护眼镜、安全鞋、工作服与喷漆服

辅料耗材:
免磨中涂漆以及配套的固化剂和稀释剂、清洁剂、擦拭布、粘尘布、过滤网

设备工具:
喷枪清洗机、干磨设备、喷烤漆房、红外线烤灯、中涂漆喷枪、电子秤、比例尺、清洁剂喷壶

场地设施:
施工场地环境、通风及换气设施、电源、气源、紧急处理设施、安全出入口等

施工准备

二、施工过程

(一) 评估施工前安全防护

施工步骤	施工图示
规范穿戴防护用品,如右图所示: (1) 喷漆工作服。 (2) 安全鞋。 (3) 防护眼镜。 (4) 棉纱手套。 (5) 防尘口罩。 (6) 耳塞	 损伤评估安全防护

(二) 新板件评估

施工步骤	施工图示
(1) 采用目视法对新板件进行评估,确认完好。 (2) 新板件如有轻微划痕损伤,参考损伤类型一维修项目二进行维修	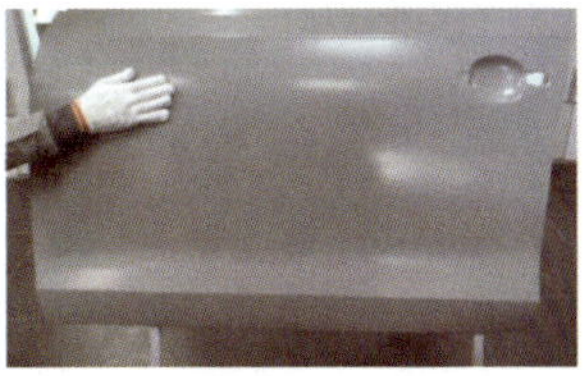 新车门评估

(三) 清洁新板件

施工步骤	施工图示
1. 清洁板件 用擦拭布清洁板件表面,然后用空气枪吹尘,清除板件表面的灰尘颗粒。 2. 板件除油 如右图所示,选用脱脂清洁剂对新板件进行清洁。 🔧 **技能要点** 如果清洁不彻底,将会在喷涂后产生缺陷,如缩孔。 💡 **防护要求** 从本操作步骤开始须将防尘口罩、棉纱手套更换为活性炭口罩和耐溶剂手套	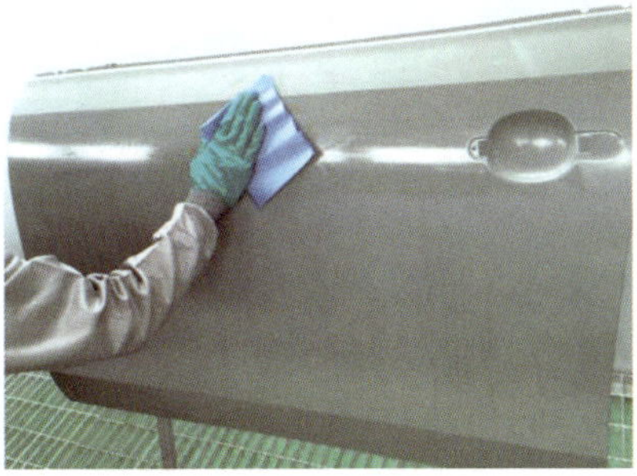 对板件进行清洁除油

(四)选用和调配免磨中涂漆

施 工 步 骤	施 工 图 示
1.选择免磨中涂漆 根据车身颜色选择白色灰度(07)免磨中涂漆。 🔧 **技能要点** (1)根据车身颜色匹配适合灰度的免磨中涂漆。 (2)也可根据车身颜色配方推荐使用的灰度值调配免磨中涂漆。 (3)不同灰度免磨中涂漆可以根据比例进行调配	 免磨中涂漆(白色)
2.调配免磨中涂漆 如右图所示,调配免磨中涂漆按照3∶1∶1的体积比依次添加固化剂和稀释剂,搅拌均匀。 🔧 **技能要点** 请遵循涂料供应商的要求选择配套产品进行免磨中涂漆的调配	 按照调配比例调配免磨中涂漆

(五)选择喷枪并进行调试

施 工 步 骤	施 工 图 示
1.选择喷枪 选择 HVLP 1.3 口径的面漆喷枪。 🔧 **技能要点** 按照涂料公司提供的产品使用手册选择免磨中涂漆喷枪	 选择喷枪
2.过滤免磨中涂漆 如右图所示,将涂料倒入喷枪时,应使用过滤漏斗进行过滤: (1)使用过滤漏斗可以过滤掉涂料中的杂质,防止在喷涂过程中堵塞喷嘴或产生喷涂缺陷。 (2)过滤免磨中涂漆时,应选用 125μm 的纸漏斗进行过滤	 用 125μm 的纸漏斗过滤免磨中涂漆

续上表

施工步骤	施工图示
3. 调试喷枪 （1）调节出漆量。 （2）调节喷幅。 （3）调节气压。 （4）测试喷枪喷涂效果。 **技能要点** 按照涂料公司提供的产品使用手册要求进行喷枪的调节。 **防护要求** 从本操作步骤开始及后续操作中，须将活性炭口罩更换为供气式面罩。 ❓ **体验与感悟** 调试喷枪的步骤是：	 调节喷枪压力

（六）粘尘

施工步骤	施工图示
如右图所示，按照作业规范对新板件进行粘尘操作。 （1）将粘尘布完全打开。 （2）反向轻折成蓬松状态，轻轻擦拭待喷涂表面。 **技能要点** 轻轻擦拭，避免重压导致粘尘布上的树脂粘到板件上产生漆膜缺陷	 粘尘

(七)免磨中涂漆的喷涂与闪干

施工步骤	施工图示或视频展示
1.喷涂免磨中涂漆 　先喷涂边角区域,再整板薄喷一层,无须闪干,连续喷涂一个平滑的湿润涂层。 　具体喷涂方法请参见视频。 **技能要点** 　喷涂距离为 10～15cm,角度垂直,重叠 3/4。 **体验与感悟** 　使用免磨中涂工艺比打磨中涂工艺,能够减少哪些步骤、节省多少时间? 2.闪干免磨中涂漆 　在常温条件下(20℃),需要闪干 10～20min 后再喷涂面漆	 巴斯夫标准维修涂装工艺之 电泳涂层新工件免磨中涂涂装

(八)完成免磨中涂漆喷涂后质量检查

施工步骤	施工图示
检查喷涂表面有无缺陷: (1)喷涂表面是否光滑、平整; (2)喷涂表面有无尘点、流挂、针孔、露底等缺陷	检查喷涂表面有无缺陷

(九)施工现场整理

施工步骤	施工图示
工位、工具、设备清洁整理,如右图所示	 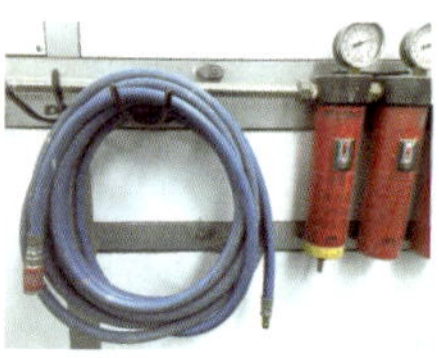  调漆工位、工具清洁整理　　喷涂后工具设备整理

(十)废弃物分类处理

施工步骤	施工图示
(1)将使用后的清洁布放到指定的回收容器内,待专业回收公司回收,进行无害化处理。 (2)洗枪机连接溶剂回收机,将废溶剂回收再利用	 指定的回收桶 　　溶剂回收机

三、施工考核标准与学习评价

序号	施工项目	施工标准	评分标准	评价方式	
				小组评价	教师评价
1	安全与健康 (15分)	工作中正确使用安全防护用品(防尘口罩/活性炭面具/棉纱手套/耐溶剂手套/工作鞋/工作服/防护眼镜)	1项不规范扣3分,扣分上限15分	□规范 □不规范	□规范 □不规范
2	检查新板件 (15分)	用正确的方法对新板件进行评估	方法不正确扣5分	□正确 □不正确	□正确 □不正确
		在新板件表面找出缺陷部位和范围	未正确找出表面缺陷扣10分,范围不正确扣5分	□正确 □不正确	□正确 □不正确
3	清洁 (10分)	用擦拭布除尘或吹尘	1项不正确扣2分,扣分上限5分	□正确 □不正确	□正确 □不正确
		喷洒脱脂清洁剂或者用喷洒脱脂清洁剂的湿布擦湿工件,然后用干的擦拭布擦干	1项不正确扣2分,扣分上限5分	□正确 □不正确	□正确 □不正确

续上表

序号	施工项目	施工标准	评分标准	评价方式 小组评价	评价方式 教师评价
4	整板喷涂免磨中涂漆施工（20分）	正确选择可调灰度免磨中涂漆及配套产品并正确配比	1项不正确扣2分,扣分上限4分	□正确 □不正确	□正确 □不正确
		喷涂前正确地选择喷枪并调校及测试喷枪（HVLP 1.3喷枪）	1项不正确扣2分,扣分上限4分	□正确 □不正确	□正确 □不正确
		喷枪操作正确（距离10~15cm,喷枪角度始终垂直于板件,3/4重叠）	1项操作不正确扣2分,扣分上限4分	□正确 □不正确	□正确 □不正确
		正确地喷涂施工（薄喷1层后连续整板湿喷1层）	1项不正确扣2分,扣分上限4分	□正确 □不正确	□正确 □不正确
		正确的干燥方式（底色漆施工前,整板闪干至亚光）	不正确扣4分	□正确 □不正确	□正确 □不正确
5	效果评价（30分）	表面无流挂	有1处轻微流挂扣3分,严重流挂扣10分	□无流挂 □有流挂	□无流挂 □有流挂
		表面平滑	有1处粗糙扣3分,扣分上限10分	□粗糙 □平滑	□粗糙 □平滑
		遮盖均匀无漏喷	有1处遮盖不均匀扣3分,扣分上限10分	□有漏喷 □无漏喷	□有漏喷 □无漏喷
6	5S整理（10分）	设备、工具、材料使用后清洁、归位,摆放整齐,废弃物放进指定垃圾桶	1项不规范扣3分,扣分上限15分	□规范 □不规范	□规范 □不规范
合计		100分	得分		

注:本考核评价表参考了某评价组织1+X项目考核标准。

任务知识

一、新板件电泳底漆

1. 电泳底漆的原理

电泳原理类似电镀。工件放在电解液中,如图3-1-2所示,与电解液中另一电极分别接在直流电源两端,构成电解电路。电解液为导电的水溶性或水乳化的涂料,涂料溶液中已被离解的阳离子在电场力作用下向阴极移动,阴离子向阳极移动,这些带电的树脂离子,连同被吸附的颜料粒子一起电泳到工件表面并失去电荷形成湿的涂层,这一过程称为电泳。

图3-1-2 电泳涂装

2. 电泳的优点

在各种原厂涂装方法中,电泳涂装生产效率最高,只要将工件浸入涂料中,几分钟之内就可完成电泳涂漆过程,也适于大批量自动化生产。电泳漆层表面均匀,漆膜紧密,与工件附着力好,不会出现流痕、不均匀等缺陷。

3. 电泳工艺

电泳工艺分为阳极电泳和阴极电泳:若涂料粒子带负电,工件为阳极电泳;反之若涂料粒子带正电、工件为阴极电泳。阳极电泳的特点是:原料成本低,设备较简单,投资少,因此,原厂常用阳极工艺进行新板件涂装。

阳极电泳一般工艺流程为:

工件前处理(除油→热水洗→除锈→冷水洗→磷化→热水洗→钝化)→阳极电泳→工件后处理(清水洗→烘干)。

二、免磨中涂漆的功能

现在很多的修理厂在更换新件后,涂装技师进行操作时,通常是打磨后直接喷涂面漆,导致车辆在使用的过程中出现锈蚀。造成锈蚀的原因就是涂层缺少抗石击、防潮湿等性能。

免磨中涂漆是为了让修复后的板件涂层和原厂涂层结构一致,让修复后的涂层具备弹性、抗石击、抗紫外线等性能。传统3C2B(将中涂+色漆+清漆称为3C,中涂及面漆烘干称为2B),在传统工艺的基础上取消了中涂及中涂烘干,在保证涂膜质量的前提下,实现了缩短工艺流程、降低污染排放、节约能耗的目的。

三、免磨中涂漆的工艺

免磨中涂漆适用于带电泳底漆的新板件、汽车改色等,其工艺和标准喷涂工艺的比较如图 3-1-3 所示。湿对湿工艺省去了中涂干燥时间和打磨中涂的时间,很大程度上减少个人的劳动强度及维修时间。在维修质量和工艺上,也更符合原厂要求。

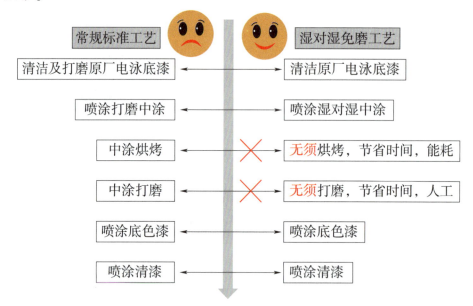

图 3-1-3 中涂漆免磨工艺与标准工艺比较

课后作业与讨论

一、课后作业

(一)判断题

1. 电泳层能使汽车涂层获得耐久性和耐腐蚀性。（   ）
2. 免磨中涂漆的作用和打磨中涂漆的作用是一样的。（   ）
3. 常用的电泳底漆工艺是阴极电泳。（   ）
4. 免磨中涂漆喷涂使用 HVLP 1.3 口径喷枪。（   ）

(二)选择题

1. 新板件常见的缺陷有(   )。
   A. 小凹陷　　　B. 轻微划痕　　　C. 大范围变形　　　D. 流挂
2. 免磨中涂漆工艺适用范围为(   )。

A. 带电泳底漆的新板件　　　　　　B. 新的塑料保险杠
C. 汽车改色　　　　　　　　　　　D. 有腻子或者受损板件

3. 带电泳底漆的新板件清洁时使用的清洁剂是(　　)。
   A. 水性脱脂清洁剂　　　　　　　B. 塑料清洁剂
   C. 脱脂清洁剂　　　　　　　　　D. 金属清洁剂

4. 免磨中涂漆工艺主要就是提供中涂层，让修复后的涂层具备(　　)等性能。
   A. 弹性　　　　B. 抗石击　　　　C. 抗紫外线　　　　D. 填充

二、课后讨论

1. 少数维修企业在对新板件进行维修涂装时不用除油清洁直接喷涂免磨中涂漆，你如何看待这种现象？请根据你的理解简要阐述。

2. 免磨中涂漆灰度对底色漆颜色有什么影响？

拓展学习

了解你所在地域维修站在什么情况下使用免磨中涂漆。

任务二　色漆颜色的调配

任务描述

本任务需要根据维修车辆信息,进行色号查询、颜色检索、计量调色、颜色微调、样板喷涂与匹配颜色(图 3-1-4),完成喷涂前的色漆准备工作。

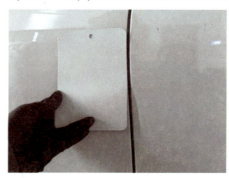

图 3-1-4　颜色对比

任务目标

【学习目标】

(1)能根据车辆信息和维修资料进行颜色代码的查询。

(2)能使用数字化颜色工具进行颜色检索。

(3)能根据作业标准进行计量调色和样板的喷涂。

(4)能根据作业标准正确进行色板比对和颜色微调。

【素质目标】

(1)通过颜色分析培养学生自主探究的学习习惯。

(2)通过颜色微调培养学生精益求精、专心、专注的学习态度。

损伤类型三　项目一　新板件的喷涂

任务名称	色漆颜色的调配

车辆品牌：_____　整车型号：_____　车辆 VIN 码：_____

技师姓名：_____　班组成员：_____　维修日期：_____

一、知识链接

1. 观看视频，并完成以下内容

(1) 颜色检索工艺流程是：

传统颜色检索工艺流程　　数字化颜色检索

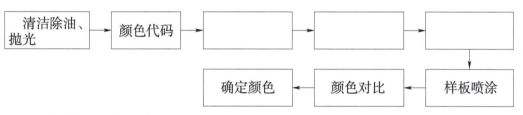

清洁除油、抛光 → 颜色代码 → □ → □ → □ → 样板喷涂 → 颜色对比 → 确定颜色

(2) 测色仪颜色配方查询流程是：

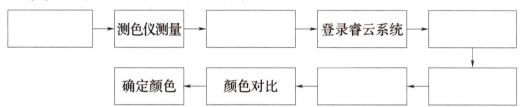

□ → 测色仪测量 → □ → 登录睿云系统 → □ → □ → 颜色对比 → 确定颜色

2. 填写施工工具和材料需用情况表

以下哪些是调色施工必要的工具和材料？（需要用☺；不需要用☹）

工艺	工具材料								
	色板	灯箱	清漆	底色漆	烤灯	烤箱	色母挂图	测色仪	电脑
调色作业									

3. 思考讨论任务实施中的问题

(1) 在颜色检索流程中，板件抛光的作用是什么？

205

（2）喷涂颜色样板应注意哪些方面？

二、工作计划

根据任务要求，确定所需要的设备、工具、材料和操作规范，并对班组成员进行合理分工，制订详细的工作计划。

1. 班组成员分工

2. 场地设备及材料准备

(1) 物料准备：□充足　　　□不足　　　处理意见：_____
(2) 安全防护：□符合要求　□不符合要求　处理意见：_____
(3) 工具设备：□符合要求　□不符合要求　处理意见：_____
(4) 场地安全：□符合要求　□不符合要求　处理意见：_____

3. 工作方案制订

三、实施过程记录

1. 样板颜色对比的工作步骤与技能要点

步骤1：_____
步骤2：_____
步骤3：_____
步骤4：_____
步骤5：_____
步骤6：_____
技能要点：_____

2. 测色仪测量的工作步骤与技能要点

步骤1：_____

步骤2：_____
步骤3：_____
步骤4：_____
步骤5：_____
步骤6：_____
技能要点：_____

3. 使用数字化睿云系统查询配方的工作步骤与技能要点
步骤1：_____
步骤2：_____
步骤3：_____
步骤4：_____
步骤5：_____
步骤6：_____
技能要点：_____

四、检查与评估

请对自己和小组的工作任务完成情况进行评价，并提出意见和建议。

评估项目	评 估 内 容	评分(分)		备注
		分值	得分	
知识学习	认真学习实训指导书、预习相关知识	20		
实训过程	积极参与并按实训步骤规范操作	20		
工作页	独立自主完成工作页填写，结果正确	20		
学习态度	实训过程和知识学习积极主动	20		
纪律性	遵守操作规范，不迟到不早退，不做与实训无关的事情	20		
	合计	100		

教师签名：_____

我的建议和意见：_____。

我的收获与改进方向：_____。

任务实施

一、施工准备

安全防护：	辅料耗材：
防尘口罩、活性炭口罩、耐溶剂手套、耳塞、防护眼镜、安全鞋、工作服与喷漆服	色漆色母以及配套的稀释剂、清洁剂、擦拭布、粘尘布、过滤网、颜色试喷板
设备工具：	场地设施：
喷枪清洗机、喷烤漆房、红外线烤灯、电子秤、比例尺、喷枪、清洁剂喷壶、烤箱、调色灯箱	施工场地环境、通风及换气设施、电源、气源、紧急处理设施、安全出入口等

（中间：施工准备）

二、施工过程

（一）施工前安全防护

施工步骤	施工图示
规范穿戴防护用品，如右图所示： （1）喷漆工作服。 （2）安全鞋。 （3）防护眼镜。 （4）耐溶剂手套。 （5）活性炭口罩。	 调色安全防护

（二）颜色检索

施工步骤	施工图示或视频展示
如右图所示： （1）清洁抛光损伤部位的相邻板件。 （2）使用数字化颜色工具——测色仪直接测色，连接计算机后导入系统，找到最佳配方进行计量调色。	 测色仪校正

续上表

施工步骤	施工图示或视频展示
（3）测色仪测色。 ①测色仪校正：根据测色仪提示，使用白色与金属色标准板进行测色仪校正； ②颜色测量：先设定好测色仪参数（测量3～5次），平稳地放在清洁好的板件上进行测色工作； ③测色仪数据导入：数据线连接计算机导入系统找到最佳颜色配方； ④使用电子秤链接系统，根据系统推荐的配方调配色漆	 设定测色仪测量次数
🔧 **技能要点** （1）测色前板件要清洁干净。 （2）测色仪校正要按照先白板再金属板的顺序进行。 （3）拥有系统账号的用户才可以登录系统。 （4）使用涂料厂家推荐的电子秤，才能链接系统。 （5）建议采用高效率数字化调色系统进行颜色检索，也可以通过以下两种方法进行： ①通过汽车铭牌或车辆信息查找颜色代码，然后查询配方； ②根据现有的颜色色卡与车身颜色比对查找颜色配方	 将数据导入睿云系统  选择系统推荐的配方 数字化颜色检索与计量调色

(三)计量调色

施 工 步 骤	施 工 图 示
(1)系统链接电子秤后,选择推荐的最佳配方,按照系统指示即可进行计量调色,如右图所示。 (2)如果添加的色母量有偏差,系统会自动重新计算配方,以免出现颜色偏差。 (3)添加完配方中最后一个色母后要彻底搅拌均匀。 🔧 **技能要点** (1)使用涂料厂家推荐的电子秤,才能链接到系统。 (2)色母添加前要充分搅拌	 准备调漆  进入调漆界面

(四)样板喷涂及干燥

施 工 步 骤	施 工 图 示 或 视 频 展 示
(1)先清洁颜色样板,放在样板支架上。 (2)选用与调试喷枪。 (3)将按配方调配好的底色漆按比例 2:1 添加水性稀释剂,用 190μm 漏斗过滤后倒入枪壶。 (4)颜色样板喷涂。 ①底层色漆喷涂要求如下。	

喷涂层数	遮盖率	喷枪型号	枪距	喷幅	气压	闪干
第1层	50%~70%	HVLP1.3	10~15cm	全开	0.2MPa (2bar)	亚光
第2层	100%	HVLP1.3	10~15cm	全开	0.2MPa (2bar)	亚光

②珍珠漆喷涂方法如下。

测试喷枪雾化效果

喷涂层数	遮盖率	喷枪型号	枪距	喷幅	气压
第1层	50%~70%	HVLP1.3	10~15cm	全开	0.2MPa (2bar)
第2层	100%	HVLP1.3	10~15cm	全开	0.2MPa (2bar)
第3层	效果层	HVLP1.3	25~30cm	全开	0.2MPa (2bar)

续上表

施工步骤	施工图示或视频展示
（5）喷涂清漆，按标准进行两层喷涂，层间闪干。 （6）喷涂完清漆的颜色样板放在已设定温度的烤箱内进行烘烤干燥。具体操作方法参见视频。 🔧 **技能要点** （1）喷涂样板的喷枪要和喷涂车身的喷枪一致。 （2）喷涂样板面积不小于40cm×40cm。 （3）建议由喷涂车身的涂装技师喷涂颜色样板，保证色板与车身的喷涂方法一致。 （4）色漆调配量不小于配方推荐最小量	颜色样板喷涂

（五）颜色样板比对与颜色微调

施工步骤	施工图示
（1）将完全干燥的颜色样板和待修补区域的相邻板件进行颜色比对，如右图所示。 （2）如果颜色一致，可直接喷涂色漆。 （3）如果需要颜色微调，再次使用测色仪对颜色样板进行测色，将数据导入系统，与车身颜色原始数据进行比对，系统推荐调整配方，再进行调配与样板喷涂和比对，直至最终确定颜色。 🔧 **技能要点** （1）选择两种或两种以上的光线进行颜色比对，避免发生条件等色现象。 （2）颜色比对要从不同的角度进行观察和比较。 ❓ **体验与感悟** 借助数字化调色，请分析配方中调整色母的特性？	 颜色比对

(六) 施工现场整理

施工步骤	施工图示
工位、工具、设备清洁整理如右图所示	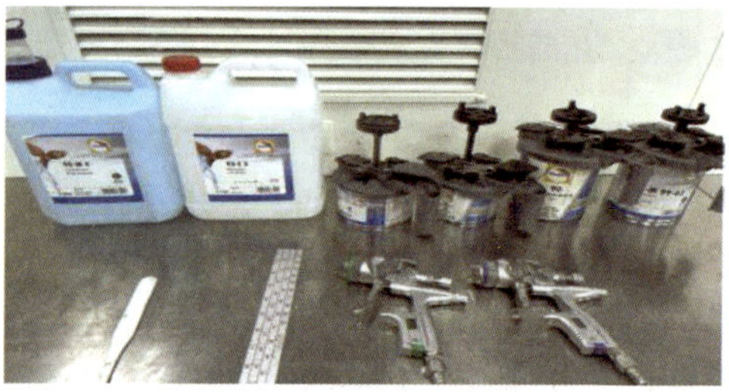 工位、工具、设备清洁整理

(七) 废弃物分类处理

施工步骤	施工图示
(1) 将使用后的清洁布放到指定的回收容器内，待专业回收公司回收，进行无害化处理。 (2) 洗枪机连接溶剂回收机，将废溶剂回收再利用	 指定的回收桶 　　溶剂回收机

三、施工考核标准与学习评价

序号	施工项目	施工标准	评分标准	评价方式	
				小组评价	教师评价
1	安全与健康 (10分)	工作中正确使用安全防护用品(防尘口罩/活性炭面具/棉纱手套/耐溶剂手套/工作鞋/工作服/护目镜)	1项不规范扣3分，扣分上限15分	□规范 □不规范	□规范 □不规范
2	比色分析 (20分)	色板清洁后再进行颜色比较；始终将色板保持在同一平面上进行颜色观察	1项不正确扣1分，扣分上限3分	□正确 □不正确	□正确 □不正确
		在适当的光源条件下观察颜色(多种光源：配色灯箱、自然光)	1项不正确扣1分，扣分上限2分	□正确 □不正确	□正确 □不正确

损伤类型三　项目一　新板件的喷涂

续上表

序号	施工项目	施 工 标 准	评 分 标 准	评价方式	
				小组评价	教师评价
2	比色分析 （20分）	正确观察角度（正面、侧面）	1项不正确扣1分，扣分上限3分	☐正确 ☐不正确	☐正确 ☐不正确
		正确观察颜色差异（色相、明度、彩度、颗粒）	1项不正确扣3分，扣分上限12分	☐正确 ☐不正确	☐正确 ☐不正确
3	配方微调 （20分）	参考色母挂图；★仅使用初始配方所含的色母	1项不正确扣2分，扣分上限5分	☐正确 ☐不正确	☐正确 ☐不正确
		正确的色母调整（颜色调整记录表）	1项不正确扣2分，扣分上限4分	☐正确 ☐不正确	☐正确 ☐不正确
		能正确使用测色仪进行颜色测量	校正错误扣2分，测量错误1次扣2分，扣分上限8分	☐正确 ☐不正确	☐正确 ☐不正确
		彻底搅拌均匀（杯壁无挂色）；水性漆与调整剂正确的调配比例（体积比2∶1）	1项不正确扣1分，扣分上限3分	☐正确 ☐不正确	☐正确 ☐不正确
4	色板喷涂 （15分）	喷涂前正确的选择喷枪并调校及测试喷枪（HVLP 1.3喷枪）	1项不正确扣2分，扣分上限4分	☐正确 ☐不正确	☐正确 ☐不正确
		正确的喷枪操作（距离，喷枪角度始终垂直于板件，3/4重叠）	1项操作不正确扣2分，扣分上限4分	☐正确 ☐不正确	☐正确 ☐不正确
		底色漆和清漆正确的喷涂施工，喷涂区域大过色板，以保证一致的膜厚（大约40×40cm）	1项不正确扣2分，扣分上限4分	☐正确 ☐不正确	☐正确 ☐不正确
		正确的干燥方式（底色漆干燥、清漆干燥）	1项不正确扣2分，扣分上限4分	☐正确 ☐不正确	☐正确 ☐不正确

续上表

序号	施工项目	施工标准	评分标准	评价方式	
				小组评价	教师评价
5	效果评价（20分）	色板颜色完全遮盖	色板周边未完全遮盖2分,整个色板颜色未遮盖扣4分	☐遮盖好 ☐有遗漏	☐遮盖好 ☐有遗漏
		色漆颜色均匀	明显发花扣4分,有发花扣2分	☐均匀 ☐不均匀	☐均匀 ☐不均匀
		色板清漆喷涂的质量（无明显质量缺陷）	有明显缺陷扣4分,有缺陷不明显扣2分	☐无缺陷 ☐有缺陷	☐无缺陷 ☐有缺陷
		与目标车色颜色接近（分别用目视和测色仪评价:按等次分五级,得0~4分）	最差等级0分,依次为1、2、3、4分共8分	☐有磨穿 ☐无磨穿	☐有磨穿 ☐无磨穿
6	5S整理（15分）	设备、工具、材料使用后清洁、归位,摆放整齐,废弃物放进指定垃圾桶	1项不规范扣3分,扣分上限15分	☐规范 ☐不规范	☐规范 ☐不规范
合计		100分	得分		

注:本考核评价表参考了某评价组织1+X项目考核标准。

任务知识

一、颜色基础知识

1. 人类辨识颜色的过程

颜色基础知识

人类看见物体的颜色结合了物理学和生理学的双重作用,如图3-1-5所示,因此,人能感知颜色必须同时具备三个条件:光源、物体、观察者。

2. 颜色基础

（1）基色、次级色和三级色如图3-1-6~图3-1-8所示。

基色是组成其他新颜色的基本色,无法由其他颜色混合而得;相反地,通过

214

混合基色,可产生出次级色、三级色等颜色。

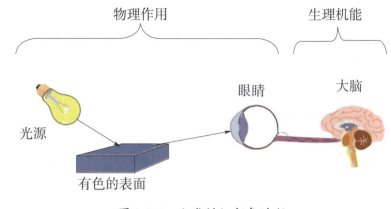

图 3-1-5　人类辨识颜色过程

图 3-1-6　基色　　　图 3-1-7　基色和次级色　　图 3-1-8　基色、次级色、三级色

(2)次级色。由红、黄、蓝相邻两基色混合而形成紫色、绿色、橙色三个次级色,如图 3-1-9 所示。

图 3-1-9　次级色

(3)互补色。色环中对角存在的两种颜色为互补色,如图 3-1-10 所示,互补色的两个颜色混合会将颜色抵消,抵消后显现的颜色如图 3-1-11 所示。

图 3-1-10　补色　　　　图 3-1-11　抵消后显现的颜色

(4)颜色的混合。光或光线的颜色称为"光源色",物体呈现的颜色称为"物体色",显然修补漆中调色的色母指的是物体的颜色,我们在学习过程中一定要

把在"光源色"范畴里的加法混合与物体的减法混合严格区分开。

①减法混合如图 3-1-12 所示。减法混合是颜料的互相混合,是修补漆色母调配颜色的原理基础。

红色 + 黄色 + 蓝色 = 黑色

图 3-1-12　减色混合后的颜色

②加法混色如图 3-1-13 所示。加法混合时,光线的颜色叠加起来,所以光的亮度越来越强,光的三个基本颜色是红、绿、蓝,它和物体颜色的基色是有区别的。

红光 + 绿光 + 蓝光 = 白光

图 3-1-13　加色混合后的颜色

3. 光的影响

(1) 可见光。

光是一种能对眼睛产生刺激作用的物理现象,几乎所有情况下的光皆产自热能,太阳以约 300000km/s 的光速辐射电磁波,其中仅一部分(如白光)为可见光,如图 3-1-14 所示。

从光源发出的白光穿过棱镜时会被棱镜分解成不同颜色的光线,这些光线颜色被称为"光谱色"或"彩虹光谱色",这是因为光线的折射角度不同。光谱色的波长范围为 380~780nm,如图 3-1-15 所示。

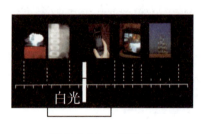

图 3-1-14　可见光

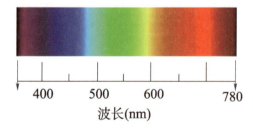

图 3-1-15　可见光范围

(2) 白光和色觉。

白光是复合光,三棱镜可把白光分离出 6 种光谱色,其中包括 3 种主色和 3

种次级色。理想的棱镜光谱由 6 种颜色组成,如图 3-1-16 所示。

(3)光照强度、光线颜色对物体颜色的影响。

不同光源可能产生不同颜色及不同强度的光,对色觉也有极大的影响。D65 国际标准人工日光是调色常用的对色光源,如图 3-1-17 所示。

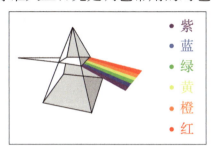

图 3-1-16　可见光分离出的颜色

图 3-1-17　D65 人工合成光源

(4)条件等色如图 3-1-18 所示。

同一物体/同一板件在不同的光照条件下会呈现出不同颜色的现象叫作条件等色现象,调色时,如果使用配方之外的色母,容易产生这种现象。

4.颜色的三个属性

每个颜色都可以用三个基本属性来准确定义:色相、明度和彩度,同时还能以此区分其他颜色。

(1)色相。如图 3-1-19 所示,描述某一颜色时,通常首先描述该颜色的色相,这从根本上说明了人们是以红、橙、绿、蓝等来认知颜色的。

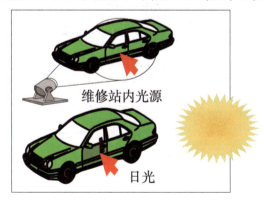

图 3-1-18　条件等色

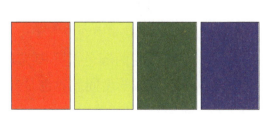

图 3-1-19　色相

(2)明度。如图 3-1-20 所示,明度是表述颜色的另一特征。根据明度可将一种颜色描述为浅(亮)或深(暗)。

(3)彩度。如图 3-1-21 所示,彩度是指一种颜色接近灰色调或纯色调的程度,例如:将西红柿和胡萝卜进行对比,则西红柿的彩度更强,胡萝卜的彩度稍弱。

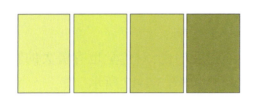
图 3-1-20　明度

图 3-1-21　彩度

5. 颜色系统

为了便于直观理解颜色三属性的内在关系，人们先后设计了不同的空间几何模型来加以表示。三维颜色模型不断促进着仪器比色的发展。

（1）蒙赛尔颜色系统，如图 3-1-22 所示。

蒙赛尔颜色系统是各行业最早使用的颜色体系，在蒙赛尔体系中，所有颜色根据亮度和彩度的不同分处在相对应的坐标轴上。

（2）坐标轴上的数值分别代表颜色的三个属性：色相、明度和彩度，即自下到上的变化为明度，水平距离的变化为彩度，围绕着明度轴的周向变化为色调，如图 3-1-23 所示。

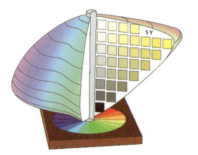
图 3-1-22　蒙赛尔颜色树

图 3-1-23　坐标轴显示的颜色属性

相邻颜色样本间的颜色差异即为现实中人眼可识别的差异。同样，相邻的颜色样本间的明度或彩度间差异也是现实中人眼可识别的差异，因此，这个颜色体系是不对称结构，呈树状。

二、颜色工具

不同的涂料供应商都有自己的颜色系统，虽然有些工具名称基本一样，但因为涂料的不同，工具的使用方法也会有所不同；同一个涂料供应商，针对旗下不同的品牌颜色，工具的使用也不相同，这里以鹦鹉品牌为例来了解颜色的工具。

1. 鹦鹉色母挂图

色母挂图真实形象地展现了鹦鹉 90 系列色母的特性，色母挂图显示了所有

90底色漆系列的色母、色片的不同冲淡比例、色母颜色偏向、调色信息等。

（1）90色母挂图主要由三部分组成，如图3-1-24所示。

（2）色环图，如图3-1-25所示，色环图中包含了色相、明度、彩度颜色属性以及三基色、次级色和互补色等颜色信息。

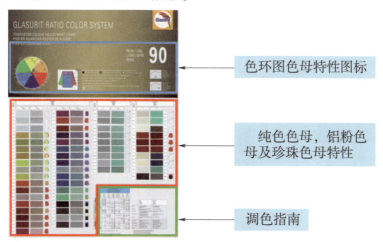

图3-1-24　色母挂图的组成

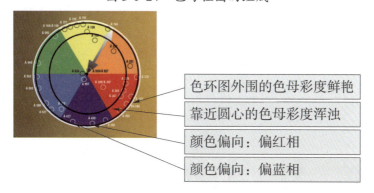

图3-1-25　色环图

（3）色母特性图标，如图3-1-26所示。

图3-1-26　色母特性图标

色母特性图标是对色母特性一个很直观的解释,指导了解色母特性,进行颜色微调,色母特性图标由颜色偏向、颜色组群、侧面颜色偏向、正面颜色偏向、纯净度和颗粒的大小组成。

(4)色母特性。色母挂图中调色色母色片不是原有色母本身,而是分别按80∶20,20∶80与铝粉的调配所得,如图3-1-27所示。而铝粉色母分别以纯铝粉和加入色母A640来展现铝粉的颜色效果图,如图3-1-28所示。

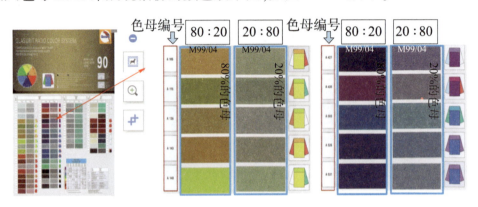

图3-1-27 纯色色母按照比例分别加入20%及80%的M99/04铝粉来展现纯色色母的颜色效果图

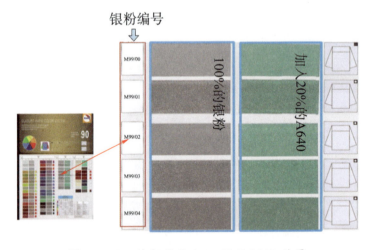

图3-1-28 纯铝粉和加入20%A640效果

(5)调色指南,如图3-1-29所示。调色指南可以在调色过程中,根据所要达到的颜色效果给予建议指导,提高效率,快速调色。

2. CPS全能对色卡

随着汽车工业的发展和汽车数量的增多,同一个颜色可能出现在不同车系、不同车型或不同年份,为能更好地比对、查找到颜色,有些涂料公司推出不区分车型和年份的全能对色卡。CPS 全能对色卡使用涂料公司对应修补漆喷涂而成,是一套组织合理、实用且物有所值的颜色工具系统,内含数千张色片,可以再现全世界所有汽车的颜色。CPS 全能对色卡系统由各个不同颜色的色扇组成,色扇固定在色卡框中,如图 3-1-30、图 3-1-31 所示,所有颜色按颜色色群分类,可通过汽车制造商颜色代码、数字化颜色工具测试仪等找到与车色对应的色片。由于每张色片都是用修补漆喷涂而成,而非印刷而成,这样可以真实地匹配车身颜色,如果车身颜色和某张色片颜色不匹配,可以查看该色片相邻的其他色片的颜色是否与车身匹配。巴斯夫公司较早推出了该套色卡,经过多年应用取得了很好的使用效果,具有配色更快、更准确,能够大量减少微调工作的优势。CPS 全能对色卡均为修补漆喷涂,直接用于比色,减少了小样板的喷涂工作,节省了工作时间,如果结合数字化颜色工具测色仪使用,可以更好地提升微调的准确性,大幅提高工作效率。

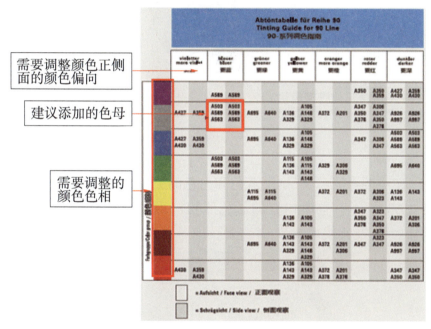

图 3-1-29　调色指南

图 3-1-30　素色色卡　　图 3-1-31　金属色卡

3. 数字化调色工具——测色仪

巴斯夫 SPECTRO Ratio Scan 12/6 测色仪可以更准确、更迅速地找到所测颜色的配方,同时也提供颜色微调功能。它可以连接到全球最大的颜色数据库,共储存着 20 万种不同的配方,支持鹦鹉及 R-M 品牌,让调色变得轻松且快捷。

SPECTRO Ratio Scan 12/6 测色仪从以下几个方面改变了传统的测色仪模式,助力调漆技师快速提高工作效率,其功能如图 3-1-32 所示。

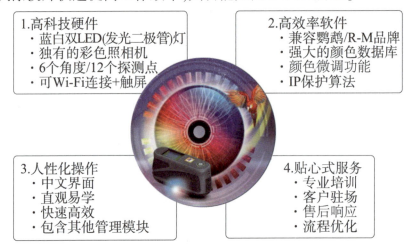

图 3-1-32 测试仪功能

1)测色精确

测色仪使用两个光源,分别是蓝色和白色的 LED 灯,6 角度 12 条光路进行测量,如图 3-1-33 所示。同时内置的彩色照相机可以清晰拍照,读取汽车表面颜色,分析颗粒大小及其纹理细节,并直观读取各角度的颜色 L、A、B 值。

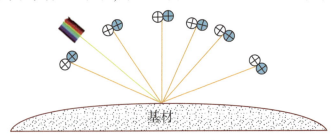

图 3-1-33 6 角度 12 光路成像技术

2)简单高效

基于 3 个压力传感器自动测量,测量的稳定性显著提高。操作界面简单,如图 3-1-34 所示,结合功能菜单的设置特点,3 个实体按键结合触屏操作大大提高了调漆技师的操作便捷性。另外在测试过程中,设备会通过灯光和蜂鸣声提示测色成功与否。

图 3-1-34　测色仪测色

6 个步骤,平均 3.5min 即可调出配方,并且使用过程中对于测色人员的依赖程度低,通过简单的培训就可熟练使用设备。

3)服务到位

有专业的人员提供全天的软硬件全套培训,24h 的售后技术支持确保响应速度,还有终身免费的软件后台更新。

使用全新的测色仪,可以大大缩短测色和调色的时间,物料消耗有效减少,帮助提升站点喷漆技师的工作效率。

三、数字化调色的趋势与优势

目前有的地方已经开始推广使用数字化调色工具,但大部分地方仍然依赖于服务商以及人工调色,这并不是长久之计,数字化调色的推广使用是未来汽车修补漆行业的必然趋势。数字化测色仪调色与人工调色的对比见下表。

指标	调色方式	
	数字化测色仪调色	人工调色
效率	平均 3~5min 完成,对调色人员进行简单培训即可	严重依赖于调色人员水平,个别复杂颜色因为资源问题需等待数天
成本	一次性投入,长远看性价比高	人工成本高,物料消耗多
客户满意度	提高工作效率,颜色匹配更有保证,提升客户满意度	严重依赖不稳定的人工,调色效率低下,经常出现客户投诉颜色不一致的问题

课后作业与讨论

一、课后作业

(一) 判断题

1. 同一物体/同一板件在不同的光照条件下会呈现出不同的颜色叫作条件等色现象。( )
2. 没有光就没有颜色。( )
3. 从光源发出的白光穿过棱镜时会被棱镜分解成不同颜色的光线,这些光线颜色被称为"光谱色",光谱色的波长范围为 320~720nm。( )
4. 加色法是针对物体而言的,而减色法是针对光线而言的。( )

(二) 选择题

1. 颜色有( )三个属性。
 A. 颗粒 B. 明度 C. 饱和度 D. 色相
2. 色母挂图有( )功能说明。
 A. 颜色偏向 B. 颜色组群
 C. 正/侧面颜色偏向 D. 纯净度
3. 物体色的三基色是( )。
 A. 红 B. 绿 C. 黄 D. 蓝
4. 数字化调色有以下哪几个方面的优势?( )
 A. 效率高 B. 成本低
 C. 客户满意度高 D. 准确度高

二、课后讨论

1. 在颜色检索过程中,测色仪对准确调色有哪些帮助?

2. 如何保证喷涂样板与车身颜色尽量一致?

拓展学习

了解你所在地域哪些维修站在调色过程中使用了数字化调色工具。

任务三 喷涂三工序底色漆及清漆

任务描述

本任务针对已经完成白色免磨中涂漆施工的新板件(图 3-1-35),进行三工序白珍珠面漆的喷涂,按照作业标准完成底层色漆、珍珠漆、清漆的调配与喷涂作业。

图 3-1-35　完成免磨中涂的新板件

任务目标

【学习目标】

(1)能根据作业标准,完成三工序底色漆的调配与喷涂作业。

(2)能根据作业标准,进行清漆的调配与喷涂作业。

(3)能根据面漆喷涂后的效果进行质量检验与处理。

【素质目标】

(1)通过湿碰湿免磨中涂漆施工作业,培养自主学习和探索创新的良好习惯。

(2)通过团队协作,培养学生善于沟通以及团队合作能力。

任务工作页

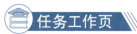

任务名称	喷涂三工序底色漆及清漆

车辆品牌:________ 整车型号:________ 车辆 VIN 码:________

技师姓名:________ 班组成员:________ 维修日期:__________

一、知识链接

1. 观看视频,并完成以下内容

三工序底色漆喷涂的工艺流程是:

三工序水性底色漆喷涂工艺流程

底层色漆调配 → 珍珠漆调配 → [ ] → 底层色漆闪干 → [ ] → 闪干

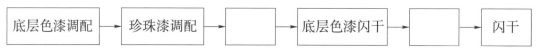

2. 填写正确的喷枪选择与设置

选择面漆整喷时正确的喷枪选择与设置。(正确用☺;不正确用☹)

工　艺	喷枪设置							
	HVLP1.3 口径	RP 1.6 口径	出漆量半开	出漆量全开	喷幅全开	喷幅半开	0.15MPa 气压	0.2MPa 气压
面漆喷涂								

3. 思考讨论任务实施中的问题

(1)三工序底色漆施工的注意事项有哪些?

(2)三工序底色漆由哪几个部分组成?

二、工作计划

根据任务要求,确定所需要的设备、工具、材料和操作规范,并对班组成员进行合理分工,制订详细的工作计划。

损伤类型三　项目一　新板件的喷涂

1. 班组成员分工

2. 场地设备及材料准备
(1) 物料准备：□充足　　　　　□不足　　　　处理意见：_____
(2) 安全防护：□符合要求　　　□不符合要求　处理意见：_____
(3) 工具设备：□符合要求　　　□不符合要求　处理意见：_____
(4) 场地安全：□符合要求　　　□不符合要求　处理意见：_____
3. 工作方案制订

三、实施过程记录

1. 三工序底层色漆喷涂的工作步骤与技能要点
步骤1：_____
步骤2：_____
步骤3：_____
步骤4：_____
步骤5：_____
步骤6：_____
技能要点：_____

2. 三工序珍珠层色漆喷涂的工作步骤与技能要点
步骤1：_____
步骤2：_____
步骤3：_____
步骤4：_____
步骤5：_____
步骤6：_____
技能要点：_____

3. 清漆喷涂的工作步骤与技能要点
步骤1：_____
步骤2：_____
步骤3：_____
步骤4：_____
步骤5：_____

步骤6：_____
技能要点：_____

四、检查与评估

请对自己和小组的工作任务完成情况进行评价，并提出意见和建议。

评估项目	评 估 内 容	评分(分)		备注
		分值	得分	
知识学习	认真学习实训指导书、预习相关知识	20		
实训过程	积极参与并按实训步骤规范操作	20		
工作页	独立自主完成工作页填写，结果正确	20		
学习态度	实训过程和知识学习积极主动	20		
纪律性	遵守操作规范，不迟到不早退，不做与实训无关的事情	20		
合计		100		

教师签名：_____

我的建议和意见：_____。
我的收获与改进方向：_____。

任务实施

一、施工准备

安全防护：
防尘口罩、棉纱手套、活性炭口罩、耐溶剂手套、耳塞、护目镜、安全鞋、工作服与喷漆服

辅料耗材：
底色漆和清漆以及配套的固化剂和稀释剂、清洁剂、擦拭布、粘尘布、过滤网

设备工具：
喷枪清洗机、喷烤漆房、红外线烤灯、底色漆和清漆喷枪、电子秤、比例尺

场地设施：
施工场地环境、通风及换气设施、电源、气源、紧急处理设施、安全出入口等

施工准备

二、施工过程

(一) 施工前安全防护

施 工 步 骤	施 工 图 示
规范穿戴防护用品,如右图所示： (1) 喷漆工作服。 (2) 安全鞋。 (3) 护目镜。 (4) 耐溶剂手套。 (5) 活性炭口罩或供气式面罩。 (6) 耳塞	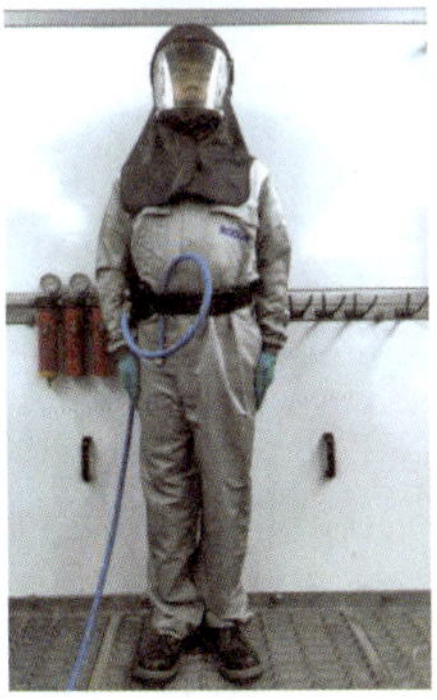 喷漆防护

(二) 调配三工序底色漆和清漆

施 工 步 骤	施工图示或视频展示
1. 底层色漆的调配 根据配方调配底层色漆,按照 2∶1 的体积比添加水性稀释剂,搅拌均匀。 2. 珍珠漆调配 根据配方调配珍珠漆,按照 2∶1 的体积比添加水性稀释剂,搅拌均匀。 🔧 **技能要点** 按照涂料供应商的要求选择配套产品进行调配	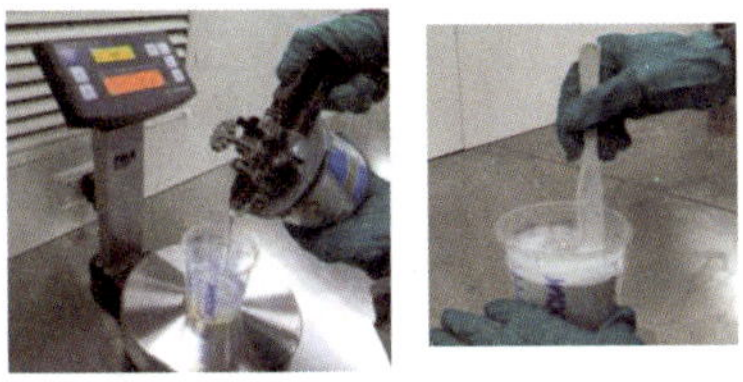 底层色漆调配
3. 调配清漆 调配清漆按照 2∶1∶10% 的体积比依次添加固化剂和稀释剂,搅拌均匀,具体操作方法请参见视频。 🔧 **技能要点** 按照涂料供应商的要求选择配套的固化剂和稀释剂按比例进行清漆	调配清漆

(三)选择喷枪并进行调试

施 工 步 骤	施 工 图 示
1. 选择喷枪 底层色漆和珍珠漆选择 HVLP 1.3~1.4 口径喷枪、清漆选择 RP 1.3~1.4 口径喷枪。 🔧 技能要点 按照涂料公司提供的产品使用手册选择底层色漆和珍珠漆、清漆喷枪	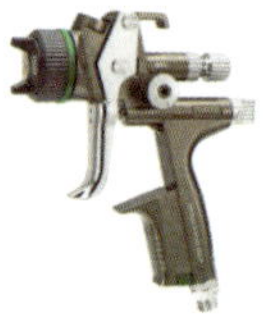 色漆喷枪 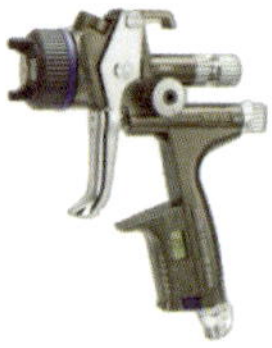　　　清漆喷枪
2. 过滤三工序底色漆与清漆 如右图所示,将涂料倒入喷枪,使用过滤漏斗对涂料进行过滤。 (1)选择 125μm 的纸漏斗过滤纯色底色漆。 (2)选择 190μm 的纸漏斗过滤珍珠漆。 (3)选择 125μm 的纸漏斗过滤清漆。 🔧 技能要点 使用漏斗过滤涂料中的杂质,防止在喷涂过程中堵塞喷嘴或产生喷涂缺陷	 过滤漏斗过滤色漆与清漆
3. 调试喷枪 (1)调节出漆量。 (2)调节喷幅。 (3)调节气压。 (4)测试喷枪的喷涂效果。 🔧 技能要点 按照涂料公司提供的产品使用手册要求进行喷枪的调节。 💡 防护要求 从本操作步骤开始及后续操作中,须将活性炭口罩更换为供气式面罩。 ❓ 体验与感悟 调试喷枪的步骤是:	 调试喷枪  测试喷枪效果

(四)三工序底色漆喷涂与干燥

施工步骤	施工图示或视频展示

1. 底层色漆喷涂

底层色漆喷涂方法如下。

喷涂层数	遮盖率	枪距	喷幅	气压	闪干
第1层	50%~70%	10~15cm	全开	0.2MPa（2bar）	亚光
第2层	100%	10~15cm	全开	0.2MPa（2bar）	亚光

 技能要点

按照作业标准，层间闪干。

2. 珍珠漆喷涂

珍珠漆喷涂方法如下。

喷涂层数	湿润度	枪距	喷幅	气压	闪干
第1层	50%~70%	10~15cm	全开	0.2MPa（2bar）	亚光
第2层	100%	10~15cm	全开	0.2MPa（2bar）	亚光
第3层	效果层	25~30cm	全开	0.2MPa（2bar）	—

底色漆底色涂层喷涂

三工序水性底色漆喷涂工艺流程

三工序水性底色漆施工工艺

技能要点

（1）水性色漆的干燥方式一般使用吹风筒，无论是手持还是使用吹风筒支架，必须使吹出的空气与喷房内空气流动方向一致。吹风筒与被喷涂板件成45°，这样才能幅及更大的喷涂表面，距离不宜太近，根据喷涂表面的湿润度控制在30~80cm之间。

（2）按照作业标准，层间必须闪干，避免出现水泡等缺陷造成返工。

（3）对于白色车身的涂装，建议用烘烤的形式进行闪干，避免过多的空气流动产生黑色尘点，影响施工质量。

(五)清漆的喷涂与干燥

施工步骤	施工图示
1.清漆喷涂 清漆喷涂方法如下。 | 喷涂层数	湿润度	枪距	喷幅	气压	闪干 | |---|---|---|---|---|---| | 第一层 | 30%~50% | 10~15cm | 全开 | 0.2MPa(2bar) | 3~5min | | 第二层 | 100% | 10~15cm | 全开 | 0.2MPa(2bar) | — | **❓体验与感悟** 免磨中涂作业后喷涂面漆和打磨中涂作业后喷涂面漆的操作有何异同?	
2.清漆干燥 为了尽快干燥清漆,建议使用红外线烤灯进行干燥,也可使用烤漆房进行干燥	

(六)完成整板喷涂后的质量检查

施工步骤	施工图示
检查喷涂表面有无缺陷,如右图所示: (1)检查喷涂表面是否光滑、平整。 (2)检查喷涂表面有无尘点、流挂、橘皮、发花、漏喷等缺陷	 检查喷涂表面有无缺陷

(七)施工现场整理

施工步骤	施工图示
工位、工具、设备清洁整理,如右图所示	 调漆工位、工具清洁整理 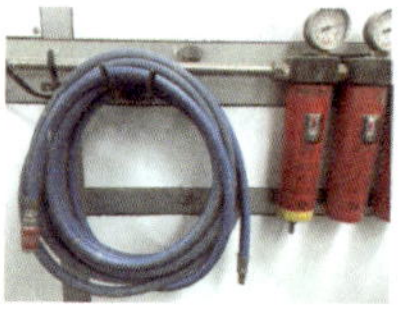　　喷漆工位清洁整理

(八) 废弃物分类处理

施工步骤	施工图示
(1) 将使用后的清洁布放到指定的回收容器内,待专业回收公司回收,进行无害化处理。 (2) 洗枪机连接溶剂回收机,将废溶剂回收再利用	 指定的回收桶 　　溶剂回收机

三、施工考核标准与学习评价

序号	施工项目	施工标准	评分标准	评价方式	
				小组评价	教师评价
1	安全与健康 (10分)	工作中正确使用安全防护用品(供气式面罩/活性炭面罩/耐溶剂手套/工作鞋/喷漆工作服/防护眼镜)	1项不规范扣2分,扣分上限10分	□规范 □不规范	□规范 □不规范
2	清洁与粘尘 (10分)	先用脱脂清洁剂,再用水性清洁剂对板件进行清洁	1项不正确扣2分,扣分上限4分	□正确 □不正确	□正确 □不正确
		采用正确的方法进行清洁	不正确扣2分	□正确 □不正确	□正确 □不正确
		完全打开粘尘布并反向折叠呈蓬松状态,轻轻擦拭待喷涂表面	1项不正确扣2分,扣分上限4分	□正确 □不正确	□正确 □不正确
3	水性金属漆与清漆调配 (15分)	调漆前,色母正确搅拌;色母选择正确	1项不正确扣2分,扣分上限4分	□正确 □不正确	□正确 □不正确
		添加量准确(单色误差小于0.1g);色母浆盖和电子秤使用正确	1项不正确扣1分,扣分上限2分	□正确 □不正确	□正确 □不正确

续上表

序号	施工项目	施工标准	评分标准	评价方式	
				小组评价	教师评价
3	水性金属漆与清漆调配（15分）	正确的水性漆与调整剂配比（体积比2∶1）；均匀搅拌（杯壁无明显挂色）	1项不正确扣1分,扣分上限3分	□正确 □不正确	□正确 □不正确
		清漆、固化剂、稀释剂选择正确；调配比例正确（2∶1∶10%）	1项不正确扣1分,扣分上限2分	□正确 □不正确	□正确 □不正确
		清漆调配总量准确（车门总量200g±3g）；过滤正确（纸漏斗的使用）	1次不正确扣2分,扣分上限4分	□正确 □不正确	□正确 □不正确
4	水性金属色漆施工（20分）	喷枪选择与调整正确（HVLP 1.3mm口径；喷幅全开，出漆量全开，气压0.2MPa/2bar）	1项不正确扣1分,扣分上限2分	□正确 □不正确	□正确 □不正确
		喷枪操作正确（距离10~15cm，喷枪角度始终垂直于板件，重叠3/4）	1项不正确扣2分,扣分上限4分	□正确 □不正确	□正确 □不正确
		水性底色漆喷涂正确（第一层喷涂50%的湿润度，第二层喷涂100%的湿润度）	1项不正确扣2分,扣分上限4分	□正确 □不正确	□正确 □不正确
		珍珠层喷涂枪距正确（10~15cm）； 第一层50%~70%遮盖,闪干至亚光；第二层100%遮盖,闪干至亚光；效果层枪距25~30cm	1项不正确扣2分,上限扣6分	□正确 □不正确	□正确 □不正确
		每道涂层间闪干至亚光,喷涂清漆前,闪干2~3min	1项不正确扣2分,扣分上限4分	□正确 □不正确	□正确 □不正确

续上表

序号	施工项目	施工标准	评分标准	评价方式 小组评价	评价方式 教师评价
5	清漆施工（15分）	喷枪选择与调整正确（HVLP 1.3mm 口径；喷幅全开，出漆量全开，气压 0.2MPa/2bar）	1 项不正确扣 2 分，扣分上限 4 分	□正确 □不正确	□正确 □不正确
		喷枪操作正确（距离 10～15cm，喷枪角度始终垂直于板件，重叠 3/4）；正确的清漆施工（2 层，层间闪干 3～5min）	1 项不正确扣 3 分，扣分上限 7 分	□正确 □不正确	□正确 □不正确
		正确板件烘烤（可立即烘烤干燥烘烤温度 60℃，30min）	不正确扣 4 分	□正确 □不正确	□正确 □不正确
6	效果评价（20分）	底色漆遮盖均匀，无漏喷、明显打磨痕迹、发花等缺陷	有 1 处缺陷扣 2 分，扣分上限 10 分	□有缺陷 □无缺陷	□有缺陷 □无缺陷
		清漆漆膜饱满，光泽良好，无流挂、橘皮、失光、针孔、溶剂泡、漏喷等缺陷	有 1 处缺陷扣 2 分，扣分上限 10 分	□有缺陷 □无缺陷	□有缺陷 □无缺陷
7	5S 整理（10分）	设备、工具、材料使用后清洁、归位，摆放整齐，废弃物放进指定垃圾桶	1 项不规范扣 2 分，扣分上限 10 分	□规范 □不规范	□规范 □不规范
合计		100分	得分		

注：本考核评价表参考了某评价组织 1+X 项目考核标准。

任务知识

一、三工序底色漆的概述

汽车修补漆面漆涂料分类方法较多，按施工工艺通常分为单工序、双工序、三工序。

单工序面漆指喷涂一种色漆涂层即形成完整的面漆涂层的喷涂系统,如图 3-1-36 所示;双工序面漆指喷涂两种不同的涂料才能形成完整面漆涂层的喷涂系统,通常是先喷涂底色漆层,然后再喷涂清漆层,两种结合在一起才能形成有质量保证的完整面漆涂层,如图 3-1-37 所示;三工序面漆则更复杂,三工序珍珠云母色涂料是通过在底色涂层上施涂半透明的云母色涂层,从而使之具有珍珠般亮泽的一种涂料,如图 3-1-38 所示。

图 3-1-36　单工序面漆　　图 3-1-37　双工序面漆　　图 3-1-38　三工序面漆

三工序珍珠云母涂料颜色是由珍珠涂层的云母颜料反射的可见光和底色涂层的着色颜料反射的可见光的合成色。

二、三工序白珍珠面漆整板喷涂工艺

三工序白珍珠面漆整板喷涂工艺如图 3-1-39 所示。

图 3-1-39　三工序白珍珠喷涂工艺

课后作业与讨论

一、课后作业

(一) 判断题

1. 三工序色漆层包括底色涂层和珍珠涂层。　　　　　　　　　　　　(　　)
2. 喷涂三工序珍珠漆时只要颜色调配准确,也可以采用边到边的喷涂方法。

(　　)
3. 珍珠涂层效果层喷涂时,喷涂枪距 10~15cm。　　　　　　　　　(　　)
4. 珍珠涂层喷涂后,可以直接喷涂清漆涂层。　　　　　　　　　　　(　　)

(二) 选择题

1. 珍珠涂层的闪烁效果主要是(　　)起的作用。

　　A. 云母　　　　　B. 金属颗粒　　　C. 底色漆　　　　D. 清漆

2. 清漆喷涂时的要求有(　　)。

　　A. 喷枪 RP 1.3mm　　　　　　　B. 喷涂两层

　　C. 层间闪干　　　　　　　　　　D. 喷涂枪距 10~15cm

损伤类型三　项目一　新板件的喷涂

3. 喷涂三工序白珍珠珍珠层时,喷涂三层比喷涂两层的颜色差异是(　　)。
　　A. 偏浅偏黄　　　　　　　　B. 偏深偏黄
　　C. 偏深偏绿　　　　　　　　D. 偏浅偏绿
4. 要确保三工序面漆的颜色准确,必须确保(　　)与原车一致。
　　A. 清漆厚度　　　　　　　　B. 底色漆颜色
　　C. 珍珠层数　　　　　　　　D. 涂料品牌

二、课后讨论

影响三工序颜色差异的因素有哪些?

拓展学习

了解你所在地域维修站修补三工序白珍珠时都采用了哪些方法。

项目二　全车维修涂装

📝 项目描述

一辆双色小汽车在高速行驶过程中违规变道与前车发生碰撞事故后造成车辆车身多个部位不同程度的损伤,如图 3-2-1 所示。经维修站损伤评估,需进行全车涂装维修。

图 3-2-1　受损的事故车

以左侧车门筋线处损伤为典型维修案例,需要先经过钣金技师修复后才能进行维修涂装作业,涂装技师需要检查钣金修复情况、清除旧漆膜、打磨羽状边、刮涂并整平筋线处的原子灰、进行局部底漆和中涂漆施工,喷涂双色底色漆和清漆,完成损伤板件的修复工作。

任务一　处理筋线损伤与整平原子灰

📖 任务描述

本任务首先对左侧车门钣金修复区域进行检查,如图 3-2-2 所示,然后进行板件的清洁除油,选用合适的打磨工具和材料,针对筋线修补区域,按照作业标准去除旧漆膜、打磨羽状边、刮涂原子灰,然后对原子灰区域进行整平,达到喷涂底漆和中涂漆的要求。

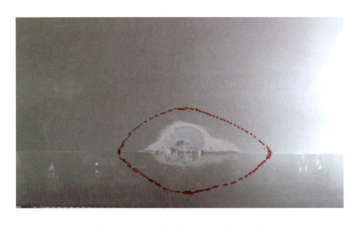

图 3-2-2　检查钣金修复区域

【学习目标】
(1)能根据筋线损伤部位钣金修复的状况进行检查与评估。
(2)能选择正确的工具、设备和材料对筋线损伤部位进行处理。
(3)能用正确的方法去除筋线损伤部位的旧漆膜并打磨羽状边。
(4)能用正确的方法对筋线损伤部位进行原子灰的调配与刮涂作业。
(5)能根据作业标准整平筋线损伤部位的原子灰。
(6)能根据作业标准对整平后的原子灰进行质量检验与处理。

【素质目标】
(1)通过筋线损伤处理作业培养学生安全生产、规范操作的意识。
(2)通过刮涂筋线部位原子灰作业培养学生寻求用不同方法解决问题的能力。

任务名称	处理筋线损伤与整平原子灰

车辆品牌：_____ 整车型号：_____ 车辆 VIN 码：_____

技师姓名：_____ 班组成员：_____ 维修日期：_____

一、知识链接

1. 观看视频，并完成以下内容

（1）筋线处损伤去除旧漆膜、打磨羽状边的工艺流程是：

筋线部位羽状边工艺

筋线部位原子灰工艺

损伤评估 → □ → □ → 打磨羽状边 → □

（2）筋线处损伤原子灰施工的工艺流程是：

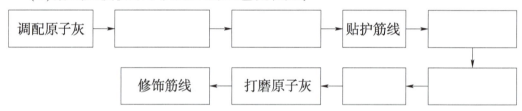

调配原子灰 → □ → □ → 贴护筋线 → □

修饰筋线 ← 打磨原子灰 ← □ ← □

2. 填写施工工具和材料需用情况表

选择筋线损伤处原子灰施工需要的工具和材料。（需要用☺;不需要用☹）

工 艺	工 具 材 料							
	清洁剂	遮蔽胶带	原子灰	刮灰板	5mm打磨机	3mm打磨机	手刨	打磨指示剂	灰色菜瓜布
原子灰施工									

3. 思考讨论任务实施中的问题

（1）在处理筋线损伤部位时，怎样打磨羽状边？

（2）请简要说明整平筋线处原子灰的注意事项。

二、工作计划

根据任务要求，确定所需要的设备、工具、材料和操作规范，并对班组成员进行合理分工，制订详细工作计划。

损伤类型三　项目二　全车维修涂装

1. 班组成员分工

2. 场地设备及材料准备
(1) 物料准备：□充足　　　　□不足　　　　处理意见：_____
(2) 安全防护：□符合要求　　□不符合要求　处理意见：_____
(3) 工具设备：□符合要求　　□不符合要求　处理意见：_____
(4) 场地安全：□符合要求　　□不符合要求　处理意见：_____
3. 工作方案制订

三、实施过程记录

1. 筋线处损伤去除旧漆膜与打磨羽状边的工作步骤与技能要点
步骤1：_____
步骤2：_____
步骤3：_____
步骤4：_____
步骤5：_____
步骤6：_____
技能要点：_____

2. 筋线处损伤原子灰刮涂及干燥作业的工作步骤与技能要点
步骤1：_____
步骤2：_____
步骤3：_____
步骤4：_____
步骤5：_____
步骤6：_____
技能要点：_____

3. 整平筋线处原子灰的工作步骤与技能要点
步骤1：_____
步骤2：_____
步骤3：_____

步骤4：＿＿＿＿＿＿＿＿＿＿＿＿＿＿＿＿＿＿＿＿＿＿＿

步骤5：＿＿＿＿＿＿＿＿＿＿＿＿＿＿＿＿＿＿＿＿＿＿＿

步骤6：＿＿＿＿＿＿＿＿＿＿＿＿＿＿＿＿＿＿＿＿＿＿＿

技能要点：＿＿＿＿＿＿＿＿＿＿＿＿＿＿＿＿＿＿＿＿＿

四、检查与评估

请对自己和小组的工作任务完成情况进行评价，并提出意见和建议。

评估项目	评 估 内 容	评分(分)		备注
		分值	得分	
知识学习	认真学习实训指导书、预习相关知识	20		
实训过程	积极参与并按实训步骤规范操作	20		
工作页	独立自主完成工作页填写，结果正确	20		
学习态度	实训过程和知识学习积极主动	20		
纪律性	遵守操作规范，不迟到不早退，不做与实训无关的事情	20		
合计		100		

教师签名：＿＿＿＿＿

我的意见和建议：＿＿＿＿＿＿＿＿＿＿＿＿＿＿＿＿＿＿＿＿＿＿＿。

我的收获与改进方向：＿＿＿＿＿＿＿＿＿＿＿＿＿＿＿＿＿＿＿＿＿。

任务实施

一、施工准备

安全防护：
防尘口罩、棉纱手套、活性炭口罩、耐溶剂手套、耳塞、护目镜、安全鞋、工作服

辅料耗材：
砂纸、原子灰及配套固化剂、清洁剂、擦拭布、打磨指示剂

设备工具：
干磨设备、电子秤、刮刀、红外线烤灯、手刨

场地设施：
施工场地环境、通风及换气设施、电源、气源、紧急处理设施、安全出入口等

施工准备

二、施工过程

(一) 施工前安全防护

施工步骤	施工图示
规范穿戴安全防护用品,如右图所示: (1) 工作服。 (2) 安全鞋。 (3) 护目镜。 (4) 棉纱手套。 (5) 防尘口罩。 (6) 耳塞 　　我穿戴了哪些防护用品?	 损伤评估安全防护

(二) 评估损伤程度与范围

施工步骤	施工图示
1. 评估筋线损伤钣金修复 如右图所示,采用目测、触摸、直尺测量等几种方法,检查筋线损伤部位钣金修复状况是否达到涂装施工的条件。 2. 确定筋线损伤修复范围 用记号笔将损伤范围标记出来,避免过度修复。 🔧 **技能要点** 为了能直观地检查受损部位修复范围,可以将受损修复区域上、下、左、右的临界点用弧线连接起来,清晰地标记出未受损区域和受损区域之间的界限,为避免后续过度修复奠定基础	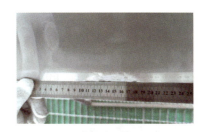 直尺评估  标记损伤范围

(三)损伤板件清洁除油

施工步骤	施工图示
1.清洁板件 如右图所示,用擦拭布清洁板件表面,然后用空气枪吹尘,清除板件表面的灰尘颗粒	 吹尘
2.板件除油 如右图所示,按照规范要求选择正确的清洁剂对板件进行清洁。 防护要求 本操作步骤须将防尘口罩、棉纱手套更换为活性炭口罩和耐溶剂手套	 板件除油

(四)筋线损伤部位清除旧漆膜、打磨羽状边

施工步骤	施工图示
选择5mm打磨机搭配P80砂纸,打磨清除损伤部位旧漆膜至裸金属后,更换P150砂纸,打磨羽状边,再更换P240砂纸打磨过渡区域。 技能要点 (1)损伤区域的旧漆膜必须完全清除,否则,将产生喷涂缺陷。 (2)羽状边平滑无台阶。 防护要求 本操作步骤须将活性炭口罩和耐溶剂手套更换为防尘口罩、棉纱手套	 去除筋线处旧漆膜  打磨羽状边

(五)板件清洁

板件清洁参考步骤(三)。

(六)筋线部位原子灰调配、刮涂与干燥

施 工 步 骤	施 工 图 示
1.调配与混合原子灰 (1)根据损伤面积选取适量的原子灰。 (2)根据施工环境温度按照质量比100∶2～100∶3的比例混合原子灰。 技能要点 (1)取原子灰要适量,避免浪费,取完后及时封盖。 (2)要按正确比例添加固化剂,避免影响施工与产生质量问题。 (3)原子灰需快速混合均匀,无大理石纹	 取用、调配原子灰
2.刮涂原子灰 (1)取适量原子灰薄刮在筋线损伤区域,刮刀保持与板面垂直,用力将受损凹点部位充分填实,如右图所示,然后连续对损伤区域进行填充刮涂。完成刮涂后,对原子灰进行干燥。 (2)使用遮蔽胶带以筋线为基准进行贴护,将损伤区域分开,先对未贴胶带的一侧进行筋线塑形刮涂。 (3)干燥后,揭除遮蔽胶带并进行筋线塑形刮涂。完成刮涂后,对原子灰进行干燥。	 筋线损伤处薄刮  筋线损伤处填充刮涂

续上表

施工步骤	施工图示
技能要点 （1）完全填充损伤区域表面的凹点并初步刮涂平整表面。 （2）原子灰刮涂一次不能刮涂过厚,需多次填充刮涂,防止有气泡产生。 （3）刮涂完毕的原子灰中间略高于周边,边缘与周边完好漆面平滑过渡。 （4）筋线刮涂遵循先平面后曲面、先简单后复杂的原则。 **防护要求** 本操作步骤须穿戴活性炭口罩和耐溶剂手套。 **体验与感悟** 如果筋线部位未塑形成功,你会采取哪些方法解决？	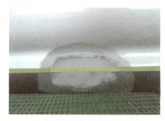 用胶带沿筋线边缘分区 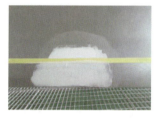 对未贴胶带的一侧进行塑形刮涂  揭除胶带对筋线塑形
3. 干燥原子灰 为提高工作效率,一般采用 IRT 红外线烤灯烘烤。	 IRT 红外线烤灯烘烤

（七）整平筋线处原子灰

施工步骤	施工图示
（1）使用遮蔽胶带以筋线为基准贴护，将损伤区域分开。 （2）施涂打磨指示层，使用P80～P180砂纸对未贴胶带的一侧进行粗整平。 （3）揭除胶带，以筋线为基准在已经粗整平的一侧使用遮蔽胶带贴护。施涂打磨指示层，使用P80～P180砂纸对未贴胶带的一侧进行粗整平。 （4）揭除胶带，使用P240砂纸过细P180砂纸痕，过渡区域打磨平滑。 （5）使用P320砂纸修饰筋线及边角部位，过细P240砂纸痕。 🔧 **技能要点** （1）为了预防打磨不足或过度打磨，打磨时经常用手触摸检查平整度并观察筋线形状。 （2）粗整平打磨区域不超过原子灰刮涂区域。 （3）更换不同型号砂纸必须使用打磨指示层。 （4）使用胶带以筋线为基准，分区域打磨，先打磨简单面后打磨复杂面。 （5）根据需要选择5mm打磨机或手刨进行打磨。 💡 **防护要求** 此时需佩戴活性炭口罩和耐溶剂手套	 用胶带沿筋线分区并施涂碳粉粗整平未贴胶带的一侧  已粗整平未贴胶带一侧 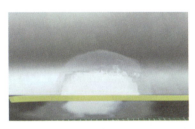 用胶带沿筋线贴护粗整平的一侧  粗整平未贴胶带一侧

（八）板件清洁
板件清洁方法参见步骤（三）。

(九) 筋线处原子灰打磨质量检查

施工步骤	施工图示
对筋线处原子灰施工后的质量进行检查,如右图所示。 (1) 检查打磨后的表面是否光滑、平整,有无砂眼。 (2) 检查筋线粗细、形状是否和原车一致。 **体验与感悟** 请问原子灰表面如果出现砂眼你如何处理?	 检查原子灰打磨质量

(十) 施工现场整理

施工步骤	施工图示
工位、工具、设备清洁整理,如右图所示	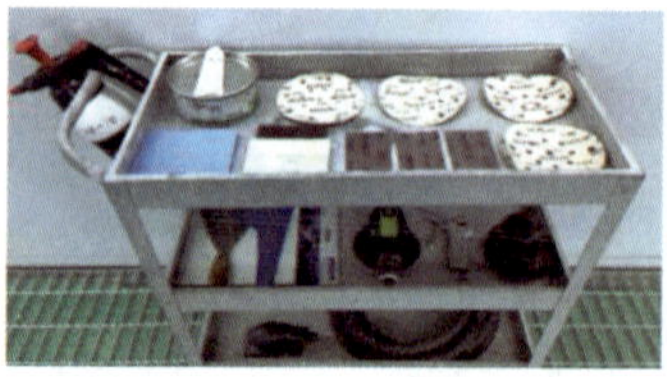 施工现场工位、工具、设备清洁整理

(十一) 废弃物分类处理

施工步骤	施工图示
(1) 将使用过的砂纸按照要求放到指定的回收容器内。 (2) 将使用后的清洁布放到指定的回收容器内,待专业回收公司回收,进行无害化处理	 砂纸回收桶 　　指定的回收桶

三、施工考核标准与学习评价

序号	施工项目	施工标准	评分标准	评价方式	
				小组评价	教师评价
1	安全与健康（10分）	工作中正确使用安全防护用品（防尘口罩/活性炭面具/棉纱手套/耐溶剂手套/工作鞋/工作服/防护眼镜）	1项不规范扣2分，扣分上限10分	□规范 □不规范	□规范 □不规范
2	前处理（20分）	工件正确清洁（使用吹尘枪吹尘，使用除油剂除油）	1项不正确扣2分，扣分上限5分	□正确 □不正确	□正确 □不正确
		选择正确的打磨工具和砂纸型号	1项不正确扣2分，扣分上限5分	□正确 □不正确	□正确 □不正确
		损伤旧漆膜清除、羽状边平滑过渡	1项不正确扣2分，扣分上限8分	□正确 □不正确	□正确 □不正确
		清洁除油（吹尘枪、除油剂）	1项不正确扣1分，扣分上限2分	□正确 □不正确	□正确 □不正确
3	原子灰施工（30分）	原子灰及固化剂使用前进行充分搅拌	未搅拌均匀0分，扣分上限2分	□均匀 □不均匀	□均匀 □不均匀
		按照100∶2~100∶3的重量比调配原子灰（与标准样板比较）	不正确扣2分	□正确 □不正确	□正确 □不正确
		原子灰使用完后封盖	未及时封盖1次扣1分，扣分上限2分	□规范 □不规范	□规范 □不规范
		彻底混合原子灰和固化剂（颜色均匀，无大理石纹等）	混合不均匀扣2分	□均匀 □不均匀	□均匀 □不均匀
		原子灰填补正确（第一层加力薄刮+填充层），必须刮涂于打磨区内	1项不正确扣2分，扣分上限4分	□正确 □不正确	□正确 □不正确

续上表

序号	施工项目	施工标准	评分标准	评价方式 小组评价	评价方式 教师评价
3	原子灰施工（30分）	原子灰的调配量适当（丢弃的原子灰不超过调配量的1/2）	浪费超过1/2扣2分	□正确 □不正确	□正确 □不正确
		正确使用红外线烤灯干燥原子灰（根据烤灯功率调整烘烤参数）	不正确扣2分	□正确 □不正确	□正确 □不正确
		正确检查原子灰干燥程度（检查边缘）	不正确扣2分	□正确 □不正确	□正确 □不正确
		正确使用打磨指示层（指示层涂抹均匀、在打磨前及砂纸替换时涂抹）	不正确或换砂纸型号未涂抹碳粉1次扣1分,扣分上限2分	□正确 □不正确	□正确 □不正确
		正确的打磨方法（砂纸：P80/P150/P240,跳号不超过100号）	1次不正确扣3分,扣分上限6分	□正确 □不正确	□正确 □不正确
		正确使用研磨机（砂纸孔对正,先将研磨机放上去再启动,研磨机尽可能平放,吸尘挡位正确）	不正确扣2分	□正确 □不正确	□正确 □不正确
		清洁除油（吹尘枪、除油剂）	不正确扣2分	□正确 □不正确	□正确 □不正确
4	效果评价（30分）	原子灰颜色明显偏红或不均匀	不均匀扣2分	□均匀 □不均匀	□均匀 □不均匀
		没有残留指示层	有1处残留扣2分,扣分不得超4分	□有残留 □无残留	□有残留 □无残留
		原子灰平整度（原子灰轻微不平既迎光观察有轻微波浪、筋线略微不直；严重不平,迎光观察有明显波浪、筋线不直、有凹陷或凸起）	1项轻微扣4分、1项严重扣8分,严重无法交车0分,扣分上限12分	□平整 □不平整	□平整 □不平整

续上表

序号	施工项目	施工标准	评分标准	评价方式	
				小组评价	教师评价
4	效果评价（30分）	原子灰砂眼和针孔（明显砂纸痕和针孔，达不到交车标准一票否决）	1项轻微缺陷扣4分，1项严重扣8分，无法交车0分，扣分上限12分	□无缺陷 □有缺陷	□无缺陷 □有缺陷
5	5S整理（10分）	设备、工具、材料使用后清洁、归位，摆放整齐，废弃物放进指定垃圾桶	1项不规范扣2分，扣分不得超10分	□规范 □不规范	□规范 □不规范
合计		100分	得分		

注：本考核评价表参考了国内某大型汽车主机厂施工标准。

一、筋线损伤部位经过钣金修复后的检验方式

在进行汽车维修涂装施工前，需检验经过钣金修复后的筋线损伤部位能否达到涂装前的施工标准。检验方式有以下三种。

1. 目测法

在有光源的条件下，借助光线的折射从不同角度目视筋线损伤修复区，判断筋线是否平顺和连贯，恢复筋线损伤前的形状。

2. 触摸法

用手触摸筋线的两侧是否有高点，以及损伤区域钣金修复后是否平顺且周边是否均匀过渡。

3. 测量法

使用钣金修复量规或直尺对筋线损伤修复区进行测量，主要测量修复区域范围及深度。

原子灰填充厚度控制在1~3mm之间，所以筋线修复后的低点，需达到原子灰所能填充的范围内。如筋线修复后存在高点，需钣金工重新返工。

二、车身筋线的类型

当前，汽车的外形设计越来越具有鲜明的特点和独特的个性，汽车外观的线条是体现当代汽车鲜明特性的因素之一。汽车的筋线一般有直线、弧线以及直线和弧线相结合的几种类型,如图 3-2-3 所示。了解汽车筋线的外形特征对于涂装技师的修补涂装有很大的帮助。

图 3-2-3　车身不同筋线的类型

课后作业与讨论

一、课后作业

(一)判断题

1. 稀释剂可以被用作旧涂膜溶剂测试。（   ）

2. 打磨羽状边采用 3mm 偏心距的打磨机配 P120 砂纸。（   ）

3. 合金原子灰可以直接涂刮于做过前处理的镀锌钢板、铝板、裸铁等金属底材表面。（   ）

4. 整平原子灰时,每次更换打磨砂纸型号时,需施涂打磨指示剂。（   ）

(二)选择题

1. 活性炭防护口罩使用后应该(   )。

　A. 用清水擦拭洁净

　B. 放置在密封的容器内

　C. 用水把碳盒清洗干净再用风枪吹干

　D. 用酒精擦拭清洁

2. 以下哪种表面除油清洁方法是正确的?(   )

　A. 用擦拭布沾清洁剂清洁工件表面

　B. 用一块擦拭布沾清洁剂湿擦工件表面,并用另一块干净的擦拭布再擦一下

　C. 用喷壶将清洁剂均匀喷洒在工件表面,并用另一块干净的擦拭布擦干表面

　D. 用擦拭布沾清洁剂清洁工件表面,立即用风枪吹干

3. 在喷漆房内使用的 10m 的压缩空气软管,较理想的软管内径为(   )。

　A. 9mm　　　　　B. 8mm　　　　　C. 7mm　　　　　D. 6mm

4. 以下关于面漆之前工艺过程的作用中,哪一项不正确?(　　)
   A. 防止生锈
   B. 改善油漆在(基材)表面上的附着力
   C. 对于面漆的遮盖力没有影响
   D. 防止面漆被吸收

二、课后讨论

你在处理筋线损伤整平原子灰实际作业中遇到了哪些问题?你是如何解决的?请根据你的实践体会和大家分享。

拓展学习

目前很多车型外观设计走年轻化路线,车身线条突出,有直线、弧线以及直线和弧线结合的形式,但也给后期的车身维修涂装带来了困难。了解你所在地区维修站筋线损伤的维修方法。

任务二 局部喷涂底漆、中涂漆

任务描述

本任务对已完成筋线原子灰整平部位,露出金属的区域喷涂底漆,对损伤区域喷涂中涂漆,如图3-2-4所示。本任务需要进行底漆、中涂漆的调配、喷涂与干燥,然后打磨中涂漆,达到喷涂面漆的要求。

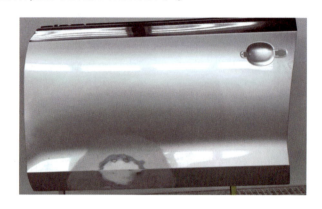

图3-2-4 已完成筋线整平的车门

任务目标

【学习目标】

(1)能根据作业标准选用底漆和中涂漆并进行调配。

(2)能根据作业标准进行底漆和中涂漆的喷涂与干燥作业。

(3)能对喷涂后的底漆和中涂漆进行质量检验与处理。

(4)能选择正确的打磨设备和工具进行中涂漆的打磨。

(5)能根据中涂打磨后的效果进行质量检验并处理。

【素质目标】

(1)通过底漆喷涂工艺培养学生规范操作、安全生产的作业习惯。

(2)通过任务知识的学习培养学生自主思考的学习能力以及创新意识。

损伤类型三 项目二 全车维修涂装

任务工作页

任务名称	局部喷涂底漆、中涂漆

车辆品牌：_____ 整车型号：_____ 车辆VIN码：_____
技师姓名：_____ 班组成员：_____ 维修日期：_____

一、知识链接

1. 观看视频，并完成以下内容

（1）局部喷涂底漆工艺流程：

局部喷涂底漆　　局部喷涂中涂漆

表面前处理 → 遮蔽与清洁 → □ → 调整喷枪 → □

（2）局部喷涂中涂漆工艺流程：

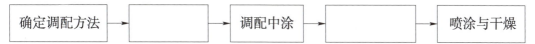

确定调配方法 → □ → 调配中涂 → □ → 喷涂与干燥

2. 填写施工工具和材料需用表

请选择中涂漆打磨施工需要的工具和材料。（需要用😊；不需要用☹）

工　艺	工具和材料						
	3号打磨机	手刨	P320砂纸	P400砂纸	P500砂纸	灰色菜瓜布	打磨指示剂
机器打磨							
手工打磨							

3. 思考讨论任务实施中的问题

（1）在施工时最佳涂膜厚度取决于哪些因素？

（2）干燥后的中涂漆应达到哪些条件才能进行下一步工序的作业？

二、工作计划

根据任务要求，确定所需要的设备、工具、材料和操作规范，并对班组成员进行合理分工，制订详细的工作计划。

1. 班组成员分工

2. 场地设备及材料准备
(1) 物料准备：□充足　　　　　□不足　　　　处理意见：＿＿＿＿＿＿
(2) 安全防护：□符合要求　　　□不符合要求　处理意见：＿＿＿＿＿＿
(3) 工具设备：□符合要求　　　□不符合要求　处理意见：＿＿＿＿＿＿
(4) 场地安全：□符合要求　　　□不符合要求　处理意见：＿＿＿＿＿＿
3. 工作方案制订

三、实施过程记录

1. 底漆与中涂漆调配工作步骤与技能要点
步骤1：＿＿＿＿＿＿＿＿＿＿＿＿＿＿＿＿＿＿＿＿＿＿＿＿＿＿＿＿＿＿＿＿
步骤2：＿＿＿＿＿＿＿＿＿＿＿＿＿＿＿＿＿＿＿＿＿＿＿＿＿＿＿＿＿＿＿＿
步骤3：＿＿＿＿＿＿＿＿＿＿＿＿＿＿＿＿＿＿＿＿＿＿＿＿＿＿＿＿＿＿＿＿
步骤4：＿＿＿＿＿＿＿＿＿＿＿＿＿＿＿＿＿＿＿＿＿＿＿＿＿＿＿＿＿＿＿＿
步骤5：＿＿＿＿＿＿＿＿＿＿＿＿＿＿＿＿＿＿＿＿＿＿＿＿＿＿＿＿＿＿＿＿
步骤6：＿＿＿＿＿＿＿＿＿＿＿＿＿＿＿＿＿＿＿＿＿＿＿＿＿＿＿＿＿＿＿＿
技能要点：＿＿＿＿＿＿＿＿＿＿＿＿＿＿＿＿＿＿＿＿＿＿＿＿＿＿＿＿＿＿

2. 局部喷涂底漆及局部喷涂中涂漆工作步骤与技能要点
步骤1：＿＿＿＿＿＿＿＿＿＿＿＿＿＿＿＿＿＿＿＿＿＿＿＿＿＿＿＿＿＿＿＿
步骤2：＿＿＿＿＿＿＿＿＿＿＿＿＿＿＿＿＿＿＿＿＿＿＿＿＿＿＿＿＿＿＿＿
步骤3：＿＿＿＿＿＿＿＿＿＿＿＿＿＿＿＿＿＿＿＿＿＿＿＿＿＿＿＿＿＿＿＿
步骤4：＿＿＿＿＿＿＿＿＿＿＿＿＿＿＿＿＿＿＿＿＿＿＿＿＿＿＿＿＿＿＿＿
步骤5：＿＿＿＿＿＿＿＿＿＿＿＿＿＿＿＿＿＿＿＿＿＿＿＿＿＿＿＿＿＿＿＿
步骤6：＿＿＿＿＿＿＿＿＿＿＿＿＿＿＿＿＿＿＿＿＿＿＿＿＿＿＿＿＿＿＿＿
技能要点：＿＿＿＿＿＿＿＿＿＿＿＿＿＿＿＿＿＿＿＿＿＿＿＿＿＿＿＿＿＿

3. 局部中涂漆干燥与打磨工作步骤与技能要点
步骤1：＿＿＿＿＿＿＿＿＿＿＿＿＿＿＿＿＿＿＿＿＿＿＿＿＿＿＿＿＿＿＿＿
步骤2：＿＿＿＿＿＿＿＿＿＿＿＿＿＿＿＿＿＿＿＿＿＿＿＿＿＿＿＿＿＿＿＿
步骤3：＿＿＿＿＿＿＿＿＿＿＿＿＿＿＿＿＿＿＿＿＿＿＿＿＿＿＿＿＿＿＿＿
步骤4：＿＿＿＿＿＿＿＿＿＿＿＿＿＿＿＿＿＿＿＿＿＿＿＿＿＿＿＿＿＿＿＿
步骤5：＿＿＿＿＿＿＿＿＿＿＿＿＿＿＿＿＿＿＿＿＿＿＿＿＿＿＿＿＿＿＿＿

步骤6：_____
技能要点：_____

四、检查与评估

请对自己和小组的工作任务完成情况进行评价，并提出意见和建议。

评估项目	评 估 内 容	评分(分)		备注
		分值	得分	
知识学习	认真学习实训指导书、预习相关知识	20		
实训过程	积极参与并按实训步骤规范操作	20		
工作页	独立自主完成工作页填写，结果正确	20		
学习态度	实训过程和知识学习积极主动	20		
纪律性	遵守操作规范，不迟到不早退，不做与实训无关的事情	20		
	合计	100		

教师签名：_____

我的建议和意见：_____。
我的收获与改进方向：_____。

任务实施

一、施工准备

安全防护：
防尘口罩、棉纱手套、活性炭口罩、耐溶剂手套、耳塞、护目镜、安全鞋、工作服与喷漆服

辅料耗材：
底漆、中涂漆以及配套的固化剂及稀释剂、清洁剂、擦拭布、粘尘布、过滤网、打磨砂纸、打磨指示剂

设备工具：
喷枪清洗机、干磨设备、喷烤漆房、红外线烤灯、底漆和中涂漆喷枪、电子秤、比例尺、清洁剂喷壶

场地设施：
施工场地环境、通风及换气设施、电源、气源、紧急处理设施、安全出入口等

施工准备

二、施工过程

详见损伤类型一项目二"任务二　局部喷涂底漆和中涂漆"的施工过程。

三、施工标准与评价

详见损伤类型一项目二"任务二　局部喷涂底漆和中涂漆"的施工标准与评价。

任务知识

膜厚是用于描述一层或多层油漆产品涂膜厚度的测量值,涂膜的厚度以微米(μm)计算,1μm 等于 1mm 的一千分之一(成年人头发的直径约 70μm)。常规中涂漆喷涂后膜厚应达到 50~70μm。

在施工时,最佳涂膜厚度取决于以下几个方面:

(1)喷枪的类型及喷嘴设置。

喷枪的类型有 HVLP、RP 和传统型等,选择正确的喷枪和喷嘴设置是达到标准膜厚的重要因素。

(2)产品调整。

根据不同的环境温度选用配套的固化剂和稀释剂,配套产品和调配比例必须严格遵守涂料供应商的要求。

(3)喷涂层数。

每种产品都应按产品使用说明书要求的喷涂层数施工。

(4)喷涂的方法。

喷枪应遵守指定的喷涂压力;保持与喷涂表面均衡的距离和垂直的角度,喷幅应按要求均匀重叠。

课后作业与讨论

一、课后作业

(一)判断题

1.局部喷涂中涂漆建议进行反向遮蔽,避免产生台阶。　　　　　(　　)

2.喷涂中涂漆层间闪干可以用吹风筒吹干。　　　　　　　　　(　　)

3.喷涂中涂漆时第一层喷涂与第二层喷涂的湿润度基本一致。　　(　　)

(二)选择题

1.关于环氧底漆,以下哪种说法是正确的?(　　)

　A.有良好的附着力

　B.和它配套使用的固化剂不含异氰酸酯

　C.必须放入非金属的容器内进行调和

D. 耐候性优良
2. 下列中涂漆施工效率最高的是(　　)。
   A. 可调灰度中涂漆　　　　　　　B. 着色中涂漆
   C. 免磨中涂漆　　　　　　　　　D. 打磨中涂漆
3. 打磨筋线的正确方法是(　　)。
   A. 先磨筋线后磨平面最后曲面　　B. 先磨平面后磨曲面再磨筋线
   C. 先磨曲面后磨筋线再磨平面　　D. 先磨筋线后曲面再磨平面

二、课后讨论

你在局部喷涂底漆、中涂漆的实际作业中遇到了哪些问题？你是如何解决的？请根据你的实践体会和大家分享。

拓展学习

了解你所在地区维修站免磨中涂漆、可调灰度中涂漆、常规中涂漆的使用比例与原因。

任务三 遮 蔽

任务描述

本任务将完成整车喷涂的遮蔽作业。车辆经过钣金维修后,拆卸了部分覆盖件和附件,如图 3-2-5 所示。本任务需要选用适合的遮蔽材料,运用不同的遮蔽方法对车身不同部位进行遮蔽,然后进行清洁、粘尘处理达到可喷涂底色漆的要求。

图 3-2-5 待喷涂车件

任务目标

【学习目标】

(1)能根据车身的不同部位选择适合的遮蔽工具和遮蔽材料。

(2)能根据需要进行正确的反向遮蔽作业。

(3)能根据不同作业部位,按照规范的施工方法进行遮蔽作业。

【素质目标】

(1)通过学习遮蔽的各种方法,培养学生专心专注的工作态度。

(2)通过遮蔽作业培养学生节约材料的工作意识以及团结协作的精神。

损伤类型三　项目二　全车维修涂装

任务工作页

任务名称	遮蔽

车辆品牌：＿＿＿＿　整车型号：＿＿＿＿　车辆VIN码：＿＿＿＿

技师姓名：＿＿＿＿　班组成员：＿＿＿＿　维修日期：＿＿＿＿

一、知识链接

1. 观看视频，并完成以下内容

(1) 喷涂后翼子板的遮蔽工艺流程是：

喷涂后翼子板的遮蔽工艺　　RODIM遮蔽

车身清洁 → ☐ → ☐ → ☐ → 质量检查

(2) 喷涂发动机舱盖的遮蔽工艺流程是：

表面清洁 → ☐ → ☐ → ☐ → 质量检查

2. 填写施工工具和材料需用情况表

以下哪些是遮蔽施工过程中必要的工具和材料？（需要用😊;不需要用☹）

工　艺	工具和材料						
	遮蔽胶带	遮蔽膜	遮蔽纸	缝隙胶条	窗缘胶带	遮蔽纸架	分色胶带
遮蔽							

3. 思考讨论任务实施中的问题

(1) 遮蔽的工作质量和效率取决于哪些因素？

(2) 遮蔽工作中出现哪些问题会对喷涂质量产生影响？

二、工作计划

根据任务要求，确定所需要的设备、工具、材料和操作规范，并对班组成员进行合理分工，制订详细的工作计划。

1. 班组成员分工

2. 场地设备及材料准备
(1) 物料准备：□充足　　　　　□不足　　　　　处理意见：_____
(2) 安全防护：□符合要求　　　□不符合要求　　处理意见：_____
(3) 工具设备：□符合要求　　　□不符合要求　　处理意见：_____
(4) 场地安全：□符合要求　　　□不符合要求　　处理意见：_____

3. 工作方案制订

三、实施过程记录

1. 整车喷涂前处理的遮蔽工作步骤与技能要点
步骤1：_____
步骤2：_____
步骤3：_____
步骤4：_____
步骤5：_____
步骤6：_____
技能要点：_____

2. 整车喷涂底漆、中涂漆前的遮蔽工作步骤与技能要点
步骤1：_____
步骤2：_____
步骤3：_____
步骤4：_____
步骤5：_____
步骤6：_____
技能要点：_____

3. 整车喷涂面漆前的遮蔽工作步骤与技能要点
步骤1：_____
步骤2：_____
步骤3：_____

步骤4：_____
步骤5：_____
步骤6：_____
技能要点：_____

四、检查与评估

请对自己和小组的工作任务完成情况进行评价，并提出意见和建议。

评估项目	评 估 内 容	评分(分)		备注
		分值	得分	
知识学习	认真学习实训指导书、预习相关知识	20		
实训过程	积极参与并按实训步骤规范操作	20		
工作页	独立自主完成工作页填写，结果正确	20		
学习态度	实训过程和知识学习积极主动	20		
纪律性	遵守操作规范，不迟到不早退，不做与实训无关的事情	20		
	合计	100		

教师签名：_____

我的建议和意见：_____。
我的收获与改进方向：_____。

任务实施

一、施工准备

安全防护：
防尘口罩、棉纱手套、活性炭口罩、耐溶剂手套、耳塞、护目镜、安全鞋、工作服

辅料耗材：
遮蔽纸、遮蔽膜、遮蔽胶带、缝隙胶条、分色胶带、窗缘胶带、清洁剂、擦拭布、粘尘布

设备工具：
遮蔽纸架、遮蔽膜架、吹尘枪、裁膜安全刀、清洁剂喷壶

场地设施：
施工场地环境、通风及换气设施、电源、气源、紧急处理设施、安全出入口等

（施工准备）

二、施工过程

(一)施工前安全防护

施工步骤	施工图示
规范穿戴防护用品,如右图所示: (1)工作服、工作帽。 (2)安全鞋。 (3)防护眼镜。 (4)耐溶剂手套。 (5)活性炭面具。 (6)耳塞 我穿戴了哪些防护用品？	 清洁除油安全防护

(二)清洁车身

施工步骤	施工图示
如右图所示,按照规范要求对车身进行清洁操作。 🔧 **技能要点** 如果清洁不彻底,将影响遮蔽胶带的黏附效果,造成遮蔽不良,导致涂装缺陷。 ❓ **体验与感悟** 请记录你选择的清洁方法和依据:	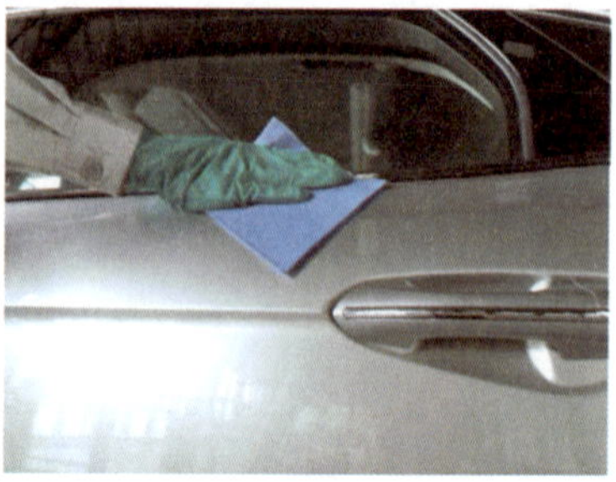 清洁待遮蔽的部位

(三)遮蔽车身

施 工 步 骤	施工图示或视频展示
1. 遮蔽天窗 **技能要点** 使用窗缘胶带遮蔽天窗,用剪刀剪出须遮蔽的橡胶条对应长度,然后插入橡胶条底下遮蔽。用于圆角部位时,根据圆形角度将胶带剪成更短的长度,通常1~2cm。 **防护要求** 从遮蔽作业开始只需穿戴工作服、工作帽、安全鞋、防护眼镜	 遮蔽天窗
2. 遮蔽前风窗玻璃 **技能要点** (1)遮蔽膜的印刷面应朝外,确保漆雾与遮蔽膜有良好的附着力。 (2)遮蔽膜下不能残留水分,否则,将形成钙化物污点,难以去除。 **体验与感悟** 请问如果遮蔽纸表面不平整,会对工作造成哪些影响?	 遮蔽前风窗玻璃
3. 遮蔽后风窗玻璃 **技能要点** (1)边缘使用遮蔽胶带和遮蔽纸,配合使用遮蔽膜。 (2)遮蔽纸应平整遮蔽车身,不应有折皱痕。 (3)遮蔽纸光滑的涂层面朝上,以防止油漆渗透	 遮蔽后风窗玻璃

续上表

施工步骤	施工图示或视频展示
4.遮蔽车门 技能要点 使用较宽的遮蔽胶带和遮蔽膜沿车门框内边缘进行遮蔽,确保漆雾不会飞溅到车内	 遮蔽车门舱
5.遮蔽板件间缝隙 技能要点 使用缝隙胶条和遮蔽胶带进行遮蔽	 喷涂后翼子板的遮蔽工艺
6.遮蔽车轮 技能要点 使用遮蔽胶带和遮蔽纸或遮蔽膜沿轮眉边缘进行遮蔽。 体验与感悟 请问如果未对车轮进行遮蔽,会造成哪些影响?	 遮蔽车轮

(四)遮蔽质量检查

施工步骤	施工图示
目视检查遮蔽部位有无缺陷。 (1)检查胶带粘贴是否牢靠。 (2)检查有无过度遮蔽。 (3)检查有无遮蔽不足。 (4)遮蔽完成的遮蔽膜和遮蔽纸是否平整。 体验与感悟 请问遮蔽部位如果出现缺陷,你如何处理?	 检查遮蔽质量

（五）清洁车身

施 工 步 骤	施 工 图 示
如右图所示，按照规范要求对需要喷涂的车身进行清洁操作。 **技能要点** 如果清洁不彻底，将影响涂装质量，产生涂装缺陷。 **防护要求** 本步骤需要佩戴活性炭口罩和耐溶剂手套。	 车身清洁

（六）遮蔽施工现场整理

施 工 步 骤	施 工 图 示
（1）材料归置，整理工位，如右图所示。 （2）工位工具、设备清洁整理，如右图所示。 **体验与感悟** 请问如果施工现场不进行整理，会对工作造成哪些影响？	  工位、工具、设备材料清洁整理

（七）废弃物分类处理

施 工 步 骤	施 工 图 示
（1）将使用过的遮蔽材料按照要求放到指定的回收容器内。 （2）将使用后的清洁布放到指定的回收容器内，待专业回收公司回收，进行无害化处理。	 遮蔽材料回收桶　指定的回收桶

三、施工考核标准与学习评价

序号	施工项目	施工标准	评分标准	评价方式	
				小组评价	教师评价
1	安全与健康（15分）	工作中正确使用安全防护用品（防尘口罩/活性炭面具/棉纱手套/耐溶剂手套/工作鞋/工作服/防护眼镜）	1项不规范扣3分，扣分不得超15分	□规范 □不规范	□规范 □不规范
2	遮蔽材料的选择和使用（15分）	正确选择和使用遮蔽胶带	1项不正确扣2分，扣分不得超5分	□正确 □不正确	□正确 □不正确
		正确选择和使用遮蔽纸	1项不正确扣2分，扣分不得超5分	□正确 □不正确	□正确 □不正确
		正确选择和使用遮蔽膜	1项不正确扣2分，扣分不得超5分	□正确 □不正确	□正确 □不正确
3	遮蔽工艺流程（20分）	遮蔽顺序合理	1项不正确扣2分，扣分不得超10分	□正确 □不正确	□正确 □不正确
		胶带、遮蔽纸使用量合理，无浪费	1项不正确扣2分，扣分不得超10分	□正确 □不正确	□正确 □不正确
4	遮蔽方法（20分）	遮蔽纸和遮蔽膜搭配合理	1次不正确扣2分，扣分不得超4分	□正确 □不正确	□正确 □不正确
		遮蔽胶带和遮蔽纸的合理搭配	1次不正确扣2分，扣分不得超4分	□正确 □不正确	□正确 □不正确
		胶带使用手法合理（一手持胶带条压实胶带，一手持胶带卷控制角度）	1次不正确扣2分，扣分不得超4分	□正确 □不正确	□正确 □不正确
		正向遮蔽正确	1次不正确扣2分，扣分不得超4分	□正确 □不正确	□正确 □不正确
		反向遮蔽正确	1次不正确扣2分，扣分不得超4分	□正确 □不正确	□正确 □不正确

续上表

序号	施工项目	施工标准	评分标准	评价方式	
				小组评价	教师评价
5	遮蔽质量评价（15分）	遮蔽无遗漏	有遗漏1处扣2分,扣分不得超5分	☐有残留 ☐无残留	☐有残留 ☐无残留
		无遮蔽不良,无胶带脱开情况	1处扣1分,扣分不得超5分	☐正确 ☐不正确	☐正确 ☐不正确
		无过度贴护	1处扣2分,扣分不得超5分	☐正确 ☐不正确	☐正确 ☐不正确
6	5S整理（15分）	设备、工具、材料使用后清洁、归位,摆放整齐,废弃物放进指定垃圾桶	1项不规范扣3分,扣分不得超15分	☐规范 ☐不规范	☐规范 ☐不规范
合计		100分	得分		

注：本考核评价表参考了国内某大型汽车主机厂施工标准。

一、遮蔽的作用和要求

1. 遮蔽的作用

车身涂层进行修补作业时,需对车身其他部位进行保护,使其不被破坏或污染,在从根本上减少作业后清洁工作量的同时也保证了喷涂质量。

2. 遮蔽的要求

（1）遮蔽前应将方便拆装的部件进行拆卸,并将待遮蔽部位清洁干净,确保胶带粘贴效果。

（2）遮蔽时应合理选用遮蔽工具和材料,提高遮蔽工作质量和效率;应将遮蔽部位贴护严密,避免胶带脱落和翘起现象发生。

（3）喷涂后应将遮蔽材料及时清除并妥善处理。

二、遮蔽工具和材料

1. 遮蔽纸架

遮蔽纸架（图3-2-6）可以同时放置不同尺寸的遮蔽纸与遮蔽胶带,自带切纸器,遮蔽纸与遮蔽胶带直接黏附,裁切方便整齐,方便使用,缩短遮蔽时间。

2. 遮蔽纸

遮蔽纸有各种尺寸,经特殊处理后,具有抗溶剂、防尘、耐潮等特性,如图3-2-7所示。

3. 遮蔽膜

遮蔽膜(图3-2-8),遮蔽膜经特殊处理后自带静电,可吸附于车身表面,遮蔽操作简单、高效、经济、耐高温,方便进行整车或局部遮蔽,可节省时间、提高效率。

图3-2-6　遮蔽纸架

图3-2-7　遮蔽纸

图3-2-8　遮蔽膜

4. 遮蔽胶带

遮蔽胶带(图3-2-9)具有耐高温性能,高温下不脱胶、无脱落或翘起,耐溶剂、防水。

5. 窗缘胶带

窗缘胶带(图3-2-10)对玻璃及橡胶黏性好、强度高,可用于各类橡胶密封条边缘部位的遮蔽。能将油漆分界线清晰分出,不阻碍研磨施工,方便漆面与塑料橡胶接缝部位整个工序的修补。

6. 缝隙胶条

缝隙胶条为高性能粘胶及柔软中空的泡沫结构,可用于遮蔽门边、发动机舱盖边缘、油箱盖边缝及其他缝隙部位。其施工方便不易脱落或翘起,耐溶剂,遮蔽部位边缘效果好,省时省力,如图3-2-11所示。

图3-2-9　遮蔽胶带

图3-2-10　窗缘胶带

图3-2-11　缝隙胶条

7. 分色胶带

分色胶带为独特的分线结构,具有耐溶剂性,涂装边界圆滑无锯齿,延展性好,施工便利,简单易用,如图 3-2-12 所示。

图 3-2-12　分色胶带

一、课后作业

(一) 判断题

1. 遮蔽膜和遮蔽纸在使用时没有正反面的要求。　　　　　　(　)
2. 遮蔽材料的质量对喷涂质量没有直接影响。　　　　　　　(　)
3. 能遮蔽的零件尽量不进行拆卸。　　　　　　　　　　　　(　)
4. 局部喷涂中涂漆前的遮蔽和喷涂面漆前的遮蔽工作没有任何区别。
　　　　　　　　　　　　　　　　　　　　　　　　　　　(　)

(二) 选择题

1. 遮蔽胶带一般应具有(　　)性能要求。
　　A. 耐高温　　　　B. 防水　　　　C. 耐溶剂　　　　D. 防静电
2. 遮蔽膜可分为(　　)。
　　A. 不沾涂层的静电遮蔽膜　　　　B. 预制胶带遮蔽膜
　　C. 高温遮蔽膜　　　　　　　　　D. 以上全部
3. 遮蔽质量应从(　　)方面进行检查。
　　A. 胶带粘贴牢靠　　　　　　　　B. 无遗漏
　　C. 遮蔽膜和遮蔽纸无破损　　　　D. 无过度贴护
4. 遮蔽纸有各种尺寸,经特殊处理后,具有(　　)特性。
　　A. 抗静电　　　　B. 防尘　　　　C. 防潮　　　　D. 抗溶剂
5. 关于选用遮蔽胶带,哪一项是错误的? (　　)
　　A. 遮蔽胶带有一定的低温黏性
　　B. 遮蔽胶带烘烤后不产生脱胶
　　C. 遮蔽胶带可以不防水
　　D. 遮蔽胶带有较好的延展性
6. 下列关于缝隙胶条使用的说法,错误的是(　　)。
　　A. 遮蔽门边　　　　　　　　　　B. 遮蔽窗缘
　　C. 遮蔽发动机舱盖边缝　　　　　D. 遮蔽油箱盖边

二、课后讨论

1. 少数维修企业在对车辆进行整车维修涂装的原子灰处理过程中未对车辆进行遮蔽,你如何看待这种现象?请根据你的理解简要阐述。

2. 你在局部中涂漆喷涂前的遮蔽和面漆喷涂前的遮蔽作业中分别遇到了哪些实际问题?你是如何解决的?请和大家分享你的实践体会。

拓展学习

了解你所在地区维修站常用的整车遮蔽工艺方法。

任务四 整车喷涂

图 3-2-13 已遮蔽好的整车

任务描述

本任务将对完成遮蔽的整车进行喷涂作业(图 3-2-13)。需要按施工要求完成喷涂前的准备工作,按照施工流程进行双色底色漆及清漆的喷涂与干燥,完成整车施工,并对整车漆面效果进行质量检验和处理,达到交车标准。

任务目标

【学习目标】

(1) 能按作业标准和整车喷涂顺序进行施工。

(2) 能根据作业标准进行双色底色漆的调配与喷涂。

(3) 能根据作业标准进行整车清漆的调配与喷涂。

(4) 能根据整车喷涂后的效果进行质量检验与处理。

【素质目标】

(1) 通过学习整车喷涂的施工流程,培养学生忙而不乱、稳定高效的工作习惯。

(2) 通过整车喷涂后的质量检验,培养学生专心细致对待每一项任务的作业习惯。

损伤类型三　项目二　全车维修涂装

任务工作页

任务名称		整车喷涂	
车辆品牌：_____	整车型号：_____		车辆 VIN 码：_____
技师姓名：_____	班组成员：_____		维修日期：_____

一、知识链接

1. 观看视频，并完成以下内容

(1) 双色底色漆喷涂工艺流程是：

双色喷涂工艺

底色漆调配 → ☐ → 遮蔽 → ☐ → ☐

(2) 清漆喷涂工艺流程是：

调配清漆 → ☐ → ☐ → ☐ → ☐

2. 填写施工工具和材料需用情况表

请选择双色底色漆施工必要的工具和材料。（需要用😊；不需要用☹）

工　艺	工 具 材 料							
	遮蔽纸	遮蔽膜	遮蔽胶带	分色胶带	缝隙胶带	RP喷枪	HVLP喷枪	电子秤
双色底色漆喷涂								

3. 思考讨论任务实施中的问题

(1) 在整车喷涂色漆时，喷涂顺序是什么？要注意哪些要点？

(2) 在喷涂附件双色底色漆时，要注意哪些要点？

二、工作计划

根据任务要求，确定所需要的设备、工具、材料和操作规范，并对班组成员进行合理分工,制订详细的工作计划。

1. 班组成员分工

2. 场地设备及材料准备

(1) 物料准备:□充足　　　　□不足　　　　处理意见:＿＿＿＿＿

(2) 安全防护:□符合要求　　□不符合要求　处理意见:＿＿＿＿＿

(3) 工具设备:□符合要求　　□不符合要求　处理意见:＿＿＿＿＿

(4) 场地安全:□符合要求　　□不符合要求　处理意见:＿＿＿＿＿

3. 工作方案制订

三、实施过程记录

1. 底色漆、清漆调配的工作步骤与技能要点

步骤1:＿＿＿＿＿＿＿＿＿＿＿＿＿＿＿＿＿＿＿＿＿＿＿＿＿＿＿＿

步骤2:＿＿＿＿＿＿＿＿＿＿＿＿＿＿＿＿＿＿＿＿＿＿＿＿＿＿＿＿

步骤3:＿＿＿＿＿＿＿＿＿＿＿＿＿＿＿＿＿＿＿＿＿＿＿＿＿＿＿＿

步骤4:＿＿＿＿＿＿＿＿＿＿＿＿＿＿＿＿＿＿＿＿＿＿＿＿＿＿＿＿

步骤5:＿＿＿＿＿＿＿＿＿＿＿＿＿＿＿＿＿＿＿＿＿＿＿＿＿＿＿＿

步骤6:＿＿＿＿＿＿＿＿＿＿＿＿＿＿＿＿＿＿＿＿＿＿＿＿＿＿＿＿

技能要点:＿＿＿＿＿＿＿＿＿＿＿＿＿＿＿＿＿＿＿＿＿＿＿＿＿＿

2. 双色底色漆喷涂的工作步骤与技能要点

步骤1:＿＿＿＿＿＿＿＿＿＿＿＿＿＿＿＿＿＿＿＿＿＿＿＿＿＿＿＿

步骤2:＿＿＿＿＿＿＿＿＿＿＿＿＿＿＿＿＿＿＿＿＿＿＿＿＿＿＿＿

步骤3:＿＿＿＿＿＿＿＿＿＿＿＿＿＿＿＿＿＿＿＿＿＿＿＿＿＿＿＿

步骤4:＿＿＿＿＿＿＿＿＿＿＿＿＿＿＿＿＿＿＿＿＿＿＿＿＿＿＿＿

步骤5:＿＿＿＿＿＿＿＿＿＿＿＿＿＿＿＿＿＿＿＿＿＿＿＿＿＿＿＿

步骤6:＿＿＿＿＿＿＿＿＿＿＿＿＿＿＿＿＿＿＿＿＿＿＿＿＿＿＿＿

技能要点:＿＿＿＿＿＿＿＿＿＿＿＿＿＿＿＿＿＿＿＿＿＿＿＿＿＿

3. 整车清漆喷涂的工作步骤与喷涂顺序

步骤1:＿＿＿＿＿＿＿＿＿＿＿＿＿＿＿＿＿＿＿＿＿＿＿＿＿＿＿＿

步骤2:＿＿＿＿＿＿＿＿＿＿＿＿＿＿＿＿＿＿＿＿＿＿＿＿＿＿＿＿

步骤3:＿＿＿＿＿＿＿＿＿＿＿＿＿＿＿＿＿＿＿＿＿＿＿＿＿＿＿＿

步骤4:＿＿＿＿＿＿＿＿＿＿＿＿＿＿＿＿＿＿＿＿＿＿＿＿＿＿＿＿

步骤5：_____
步骤6：_____
喷涂顺序：_____

四、检查与评估

请对自己和小组的工作任务完成情况进行评价,并提出意见和建议。

评估项目	评 估 内 容	评分(分)		备注
		分值	得分	
知识学习	认真学习实训指导书、预习相关知识	20		
实训过程	积极参与并按实训步骤规范操作	20		
工作页	独立自主完成工作页填写,结果正确	20		
学习态度	实训过程和知识学习积极主动	20		
纪律性	遵守操作规范,不迟到不早退,不做与实训无关的事情	20		
	合计	100		

教师签名：_____

我的建议和意见：_____。
我的收获与改进方向：_____。

任务实施

一、施工准备

安全防护：
防尘口罩、棉纱手套、活性炭口罩、耐溶剂手套、耳塞、护目镜、安全鞋、工作服

辅料耗材：
砂纸、原子灰及配套固化剂、清洁剂、擦拭布、打磨指示剂

设备工具：
干磨设备、电子秤、刮刀、红外线烤灯、手刨

场地设施：
施工场地环境、通风、换气设施、电源、气源、紧急处理设施、安全出入口

（施工准备）

二、施工过程

(一) 施工前安全防护

施工步骤	施工图示
规范穿戴安全防护用品,如右图所示: (1) 喷漆工作服。 (2) 安全鞋。 (3) 护目镜。 (4) 耐溶剂手套。 (5) 活性炭口罩。 (6) 耳塞 我穿戴了哪些防护用品?	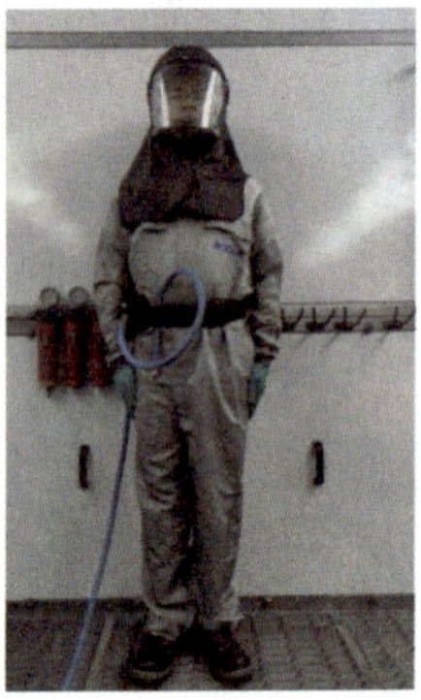 喷漆安全防护

(二) 遮蔽

施工步骤	施工图示
遮蔽无须喷涂的部位,如右图所示	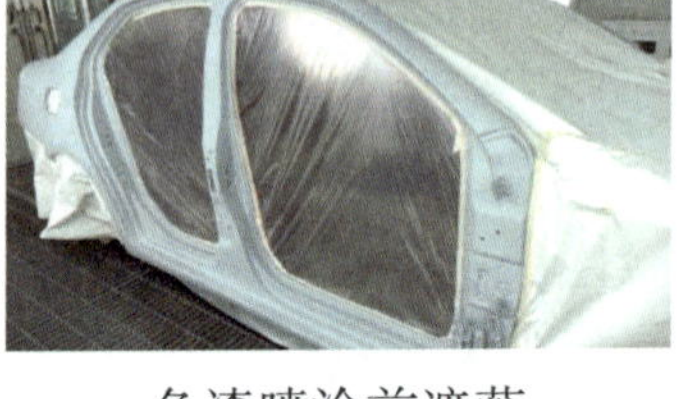 色漆喷涂前遮蔽

（三）整车底色漆施工

施 工 步 骤	施工图示或视频展示
1. 调配底色漆 根据配方分别调配两种颜色底色漆，选择慢干水性稀释剂，按照体积比 2∶1 的比例进行调配并搅拌均匀。 🔧 **技能要点** （1）整车色漆调配需选用慢干调和树脂，配合慢干水性稀释剂使用，避免色漆干燥过快产生喷涂缺陷。 （2）按照涂料供应商的产品使用手册进行操作。 ❓ **体验与感悟** 请记录你的选择结果和依据： _____	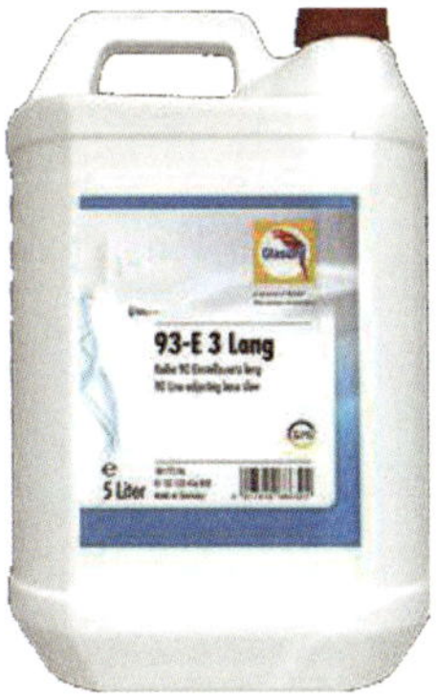 慢干水性漆稀释剂
2. 选择色漆喷枪并进行调试 （1）选择色漆喷枪。 选择 HVLP 1.3mm 口径的面漆喷枪，如右图所示。 🔧 **技能要点** 按照涂料公司提供的产品使用手册选择底色漆喷枪	 底色漆喷漆
（2）过滤底色漆。 如右图所示，将涂料倒入喷枪，使用 190μm 漏斗对底色漆进行过滤	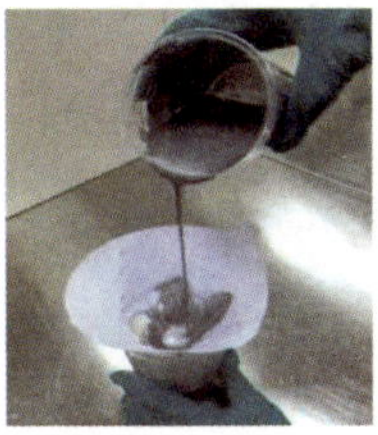 过滤底色漆

续上表

施 工 步 骤	施工图示或视频展示
（3）喷枪调整与测试。 在喷漆前将喷枪出漆量调至最大，喷幅调至最大，气压调至0.2MPa(2bar)，再进行喷涂测试。 技能要点 按照涂料公司提供的产品使用手册进行喷枪的调节	 调试喷枪
3. 整车清洁 （1）清洁除油。 如右图所示，按照规范要求对板件进行清洁除油操作。 技能要点 色漆喷涂前先用脱脂清洁剂再使用水性清洁剂进行清洁，去掉表面残留的油脂和盐分，避免喷涂后产生缺陷。 防护要求 从本步骤开始需更换供气式面罩	 整车清洁
（2）粘尘。 如右图所示，按照作业规范对板件进行粘尘操作。 技能要点 轻轻擦拭，避免重压导致粘尘布上的树脂粘到板件上产生漆膜缺陷	 粘尘

续上表

施工步骤	施工图示或视频展示

4.整车底色漆喷涂与闪干
（1）整车底色漆喷涂。
喷涂方法如下。

喷涂层数	枪距	喷幅	气压	闪干	喷涂要点
第一层	10~15cm	全开	0.2MPa（2bar）	亚光	根据颜色的遮盖力，达到50%~70%遮盖
第二层	10~15cm	全开	0.2MPa（2bar）	亚光	全湿喷涂，达到100%遮盖
第三层	25~30cm	全开	0.2MPa（2bar）	—	一薄层，控制银粉排列，匹配原厂效果

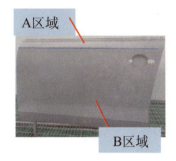

双色区域

 技能要点

①整车喷涂顺序：车顶→左前翼子板→左侧前、后门→左后翼子板→行李舱盖→右后翼子板→右侧后门、前门→右前翼子板。发动机舱盖、保险杠等拆卸喷涂。

②双色喷涂要点：

a.将两种颜色的喷涂区域用A、B进行区分。

b.喷涂A区时，在A、B区域的边界先用分色胶带沿B区分界线进行贴护，然后用遮蔽胶带、遮蔽纸（或遮蔽膜）将B区完全遮蔽。

c.按作业标准喷涂A区颜色。

d.揭除遮蔽材料。小心揭除分色胶带，避免出现漆膜缺陷。

e.彻底闪干A区底色漆并进行分色遮蔽（参考B区的遮蔽方法）

f.清洁B区后进行底色漆喷涂。

g.揭除遮蔽材料，彻底闪干后进行清漆喷涂。

分色胶带贴护分区

B区遮蔽完成

A区底色漆喷涂完成

A区遮蔽完成

续上表

施工步骤	施工图示或视频展示
双色遮蔽与底色漆喷涂具体操作方法请参见视频。 (2)闪干。 可以采用吹风筒闪干或喷烤房进行烘烤闪干	 双色底色漆喷涂完成 双色喷涂工艺
5.底色漆喷涂后的质量检查 目视检查底色漆喷涂质量: (1)底色漆喷涂有无露底、起花、修补圈痕等缺陷。 (2)双色分界区域是否平直、清晰,有无锯齿、漏喷等现象。 **体验与感悟** 请检查整车底色漆喷涂后是否存在喷涂缺陷?	 底色漆喷涂后质量检查

(四)整车清漆施工

施工步骤	施工图示或视频展示
1.调配清漆 调配清漆按照 2∶1∶10% 的体积比依次添加固化剂和稀释剂,搅拌均匀。 **技能要点** (1)选用慢干的固化剂和稀释剂进行调配。 (2)遵循涂料供应商的要求进行清漆的调配	 调配清漆

续上表

施 工 步 骤	施工图示或视频展示
2.选择清漆喷枪并进行调试 (1)选择清漆喷枪。 选择 RP 1.3mm 口径的清漆喷枪,如右图所示。 **技能要点** 按照涂料公司提供的产品使用手册选择清漆喷枪。 (2)过滤清漆。 使用 190μm 的纸漏斗过滤清漆,然后倒入喷枪。 (3)喷枪调整与测试。 在喷清漆前将喷枪出漆量调至最大,喷幅调至最大,气压调至 0.2MPa,再进行喷涂测试。 **技能要点** 按照涂料公司提供的产品使用手册进行喷枪的调节	 清漆喷枪  调节喷枪压力
3.清漆喷涂与干燥 清漆喷涂方法如下,具体操作方法见视频。 	喷涂层数	湿润度	枪距	喷幅	气压	闪干
---	---	---	---	---	---
第一层	50%~70%	10~15cm	全开	0.2MPa(2bar)	按顺序喷涂第二层
第二层	100%	10~15cm	全开	0.2MPa(2bar)	— | **技能要点** (1)整车喷涂顺序:车顶→左前翼子板→左侧前、后门→左后翼子板→行李舱盖→右后翼子板→右侧后门、前门→右前翼子板。发动机舱、保险杠等拆卸喷涂。 (2)清漆喷涂完成后建议烘烤干燥	 整车清漆喷涂与抛光
4.漆面后处理 **技能要点** (1)对双色喷涂边界区域进行研磨抛光处理,使边界区域平顺。 (2)对整车进行抛光处理,达到交车标准	

续上表

施工步骤	施工图示或视频展示
5.完成清漆处理后的质量检查 目测检查整车喷涂质量： (1)表面是否纹理均匀，光泽饱满。 (2)喷涂表面有无漏抛、抛穿、螺旋纹等缺陷。 **体验与感悟** 喷涂表面如果出现喷涂缺陷如何处理？	 清漆喷涂后质量检查

(五)喷漆施工现场整理

施工步骤	施工图示
工位、工具、设备清洁整理，如右图所示	  调漆工位、工具材料清洁　整理喷漆工位清洁整理

(六)废弃物分类处理

施工步骤	施工图示
(1)将使用过的砂纸按照要求放到指定的回收容器内。 (2)将使用后的清洁布放到指定的回收容器内，待专业回收公司回收，进行无害化处理。 (3)洗枪机连接溶剂回收机，将废溶剂回收再利用	 砂纸回收桶 　指定的回收桶  溶剂回收机 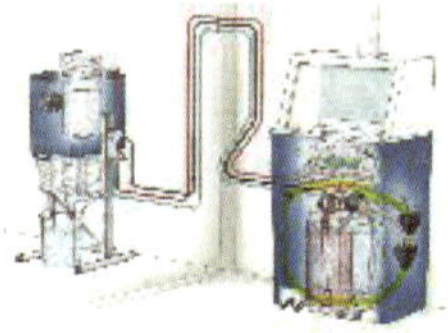　溶剂回收机流程

三、施工考核标准与学习评价

序号	施工项目	施工标准	评分标准	评价方式	
				小组评价	教师评价
1	安全与健康（10分）	工作中正确使用安全防护用品（防尘口罩/活性炭面具/棉纱手套/耐溶剂手套/工作鞋/工作服/防护眼镜）	1项不规范扣2分，扣分不得超10分	□规范 □不规范	□规范 □不规范
2	整车底色漆喷涂（15分）	正确按照配方调配色漆	1项不正确扣2分，扣分上限3分	□正确 □不正确	□正确 □不正确
		正确选择水性漆调整剂并正确调配	1项不正确扣2分，扣分上限4分	□正确 □不正确	□正确 □不正确
		正确调校及测试喷枪（喷涂前）	1项不正确扣1分，扣分上限2分	□正确 □不正确	□正确 □不正确
		正确喷涂色漆（喷涂顺序、层间正确闪干至亚光）	1项不正确扣2分，扣分上限6分	□正确 □不正确	□正确 □不正确
3	附件双色底色漆喷涂（15分）	正确选择遮蔽方法	1项不正确扣2分，扣分上限4分	□正确 □不正确	□正确 □不正确
		正确选择遮蔽工具和材料	1项不正确扣2分，扣分上限4分	□正确 □不正确	□正确 □不正确
		双色喷涂顺序正确	1项不正确扣2分，扣分上限4分	□正确 □不正确	□正确 □不正确
		层间正确闪干至亚光	1项不正确扣1分，扣分上限3分	□正确 □不正确	□正确 □不正确
4	整车清漆喷涂（15分）	正确选择清漆及配套固化剂、稀释剂	1项不正确扣2分，扣分不得超3分	□正确 □不正确	□正确 □不正确
		正确调配清漆	1项不正确扣2分，扣分不得超3分	□正确 □不正确	□正确 □不正确
		正确调校及测试喷枪（喷涂前）	1项不正确扣2分，扣分不得超4分	□正确 □不正确	□正确 □不正确
		正确喷涂色漆（喷涂顺序、工艺、层间正确闪干至亚光）	1项不正确扣2分，扣分不得超10分	□正确 □不正确	□正确 □不正确

续上表

序号	施工项目	施工标准	评分标准	评价方式	
				小组评价	教师评价
5	效果评价 （30分）	整车底色漆无流挂、起花、底色未遮盖、灰尘颗粒等缺陷	有1项扣2分，扣分上限10分	□无缺陷 □有缺陷	□无缺陷 □有缺陷
		附件双色分界区域平直、清晰、无锯齿、漏喷等现象，内外颜色之间没有油漆鼓起	有1项扣2分，扣分上限10分	□无缺陷 □有缺陷	□无缺陷 □有缺陷
		整车清漆喷涂表面应流平好，纹理均匀，光泽饱满；喷涂表面应无漏喷、橘纹、喷涂过薄、流挂缺陷	有1项扣2分，扣分上限10分	□无缺陷 □有缺陷	□无缺陷 □有缺陷
6	5S整理 （15分）	设备、工具、材料使用后清洁、归位，摆放整齐，废弃物放进指定垃圾桶	1项不规范扣3分，扣分不得超15分	□规范 □不规范	□规范 □不规范
合计		100分	得分		

注：本考核评价表参考了国内某大型汽车主机厂施工标准。

任务知识

汽车维修涂装施工中，具有代表性和全面性的应该是对整车进行维修喷涂施工。对整车进行喷涂施工是对涂装技师技术的真正考验，这里包括确定喷涂流程及调整喷涂时的各项参数。在喷漆房里，因为空气是从上往下流动的，为了保证附着在涂膜表面的灰尘最少，使漆面更光滑，在不拆卸车件的情况下，建议按照图3-2-14所示顺序进行喷涂。

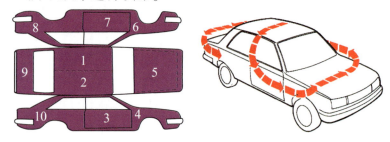

图3-2-14　整车喷涂顺序

汽车发动机舱盖、车顶及行李舱盖属于平面，在阳光下观察很容易显现车身颜色效果，也容易发现喷涂缺陷，所以对喷涂的质量要求很高。

整车喷涂施工流程并不是固定的，有很多施工流程可供参考，只要涂装技师容易实施，最大限度避免污染，最终获得维修后高质量的漆膜品质就可以。

课后作业与讨论

一、课后作业

(一) 判断题

1. 整车喷涂顺序为：从上到下，从里到外，从后到前，交替向前进喷涂。（　　）
2. 使用 HVLP 环保喷枪的优势：有较少的漆雾飞溅，减少压缩气消耗。（　　）
3. 双色喷涂工艺与整车喷涂工艺相同。（　　）

(二) 选择题

1. 双色喷涂时会用到（　　）。
   A. 遮蔽胶带　　B. 分色胶带　　C. 缝隙胶条　　D. 窗缘胶带
2. 水性底色漆涂层间闪干的不正确方式是（　　）。
   A. 自然闪干　　　　　　　　B. 加温喷涂
   C. 水性漆专用风枪　　　　　D. 用喷枪对着湿的漆膜吹气
3. 使用 HVLP 环保喷枪喷涂底色漆效果层时，喷枪喷嘴至被喷涂物表面的最佳距离是（　　）。
   A. 10～20cm　　B. 25～30cm　　C. 15～25cm　　D. 30～40cm

二、课后讨论

你在整车喷涂实际作业中遇到了哪些问题？你是如何解决的？请和大家分享你的实践体会。

拓展学习

目前汽车漆膜改装十分流行，除双色喷涂外，你还了解哪些汽车改色工艺？

能力提升
数字化钣喷维修管理

数字化钣喷维修管理描述

数字化钣喷维修管理是依靠计算机网络技术、通信技术的一种现代化管理方法,是行业发展的趋势。通过数字化钣喷维修管理软件的运用,突破了维修企业传统钣喷维修与管理方面的瓶颈,降本增效,为企业带来质的飞跃。学习数字化维修管理将为钣喷技术人员补充车间管理知识,拓宽学习者职业生涯的提升通道。

能力提升 项目一 数字化钣喷维修软件操作

项目一　数字化钣喷维修软件操作

项目描述

维修企业人员通过使用数字化维修软件进行安排后,预约、开单、派工、接单、维修、交车无缝衔接,高效完成维修作业,保证维修质量与时限,大幅提升工作效率。下面以巴斯夫公司开发的睿捷钣喷管理系统为例进行学习,如图 4-1-1 所示。

图 4-1-1　睿捷钣喷管理系统

任务　数字化钣喷维修软件操作

任务描述

本任务需要学员使用数字化维修管理软件进行预约开单、调度派工、维修技师接单、施工及完工、透明车间管理等流程,从而使钣喷维修操作更高效、更便捷、更透明、更具有时效性。

任务目标

【学习目标】
(1)了解预约管理、在场车辆以及交车看板三个界面的功能。
(2)能正确运用预约管理界面对维修车辆进行新建预约、取消预约、修改预约时间等操作。

(3)能正确运用在场车辆界面进行预约到达、关联创建工单等操作。

【素质目标】

学员通过车辆预约、开单与接单施工等内容的学习,掌握处理数字化信息技术的能力,树立职业自信心。

 任务实施

操作步骤	特点
1. 前台预约开单	
(1)PC端登录网址并输入信息:https://www.vision360-abs.cn/workflowmanager。 (2)预约:点击【预约管理】→【新建预约】→【输入信息并确认】。 (3)开单:点击【在厂车辆】→【今日预约】→【今日预约到达的车辆】→【确定】→【钣金/喷漆项目】→【保存工单信息】。 	前台: (1)快速两步开单。 (2)实时获取车间负荷/维修概况。 (3)实时查阅维修进度,交车管理 前台预约开单流程
2. 调度派工	
(1)点击"调度看板"菜单。 (2)点击"2"处技师拖拽到"3"处,完成派工。 (3)点击【关闭流程】可关闭此工序,开启则点击【开启流程】。 (4)点击"取消派工",可取消派工任务  　　手机端　　　　　PC端	调度: (1)智能派工。 (2)一键拖动派工。 (3)App多功能派工(个人、班组)。 (4)维修负荷智能排序,精确管理。 (5)高效管理车间业务(移动终端) 调度派工最新修改

能力提升 项目一 数字化钣喷维修软件操作

续上表

操作步骤	特点
3. 维修技师接单、施工及完工	
提前下载并登录移动端App(具体操作详见视频)： (1)点击切换为"上班"状态。 (2)查看派工通知。 (3)点击【待施工】→【开始施工】→【施工中】→暂停工序施工点击【暂停】,完成本工序施工点击【完成】  	维修技师： (1)手机一键打卡。 (2)任务短信通知。 (3)一键开关/完工。 (4)个人工作独立管理。 (5)提升效率避免车间人员推诿捡活,贻误怠工 维修技师接单、施工及完工
4. 透明车间管理	
整厂看板	
	维修站管理层： (1)快速了解钣喷车间生产状况。 (2)快速查找车辆信息工序进度。 (3)发现车间瓶颈及时调整重置
调度看板	
	维修站管理层： (1)合理安排钣喷车间生产计划。 (2)合理分配钣喷技师生产任务。

续上表

操作步骤	特点
调度看板	
	（3）快速了解钣喷车间生产效率 透明车间管理
交车看板	
	维修站管理层： （1）实时监控钣喷车间交车进度。 （2）合理安排交车时间准备充分。 （3）快速了解钣喷车间实时负荷

课后作业与讨论

一、课后作业

1.新建预约时,客户姓名、联系方式、预计到店时间、损伤描述是必填项,车牌号与 VIN 码选填一项即可。　　　　　　　　　　　　　　　　　（　　）

2.预约修改的操作步骤为点击预约管理菜单,点击【修改时间】,勾选需要修改时间的预约单,选择预约时间,点击【确定】即可。　　　　　　　　　（　　）

3.预约取消时,无须操作睿捷钣喷管理系统即可自动取消。　　　（　　）

4.调度看板里包含工单调度看板和技师调度看板。　　　　　　　（　　）

5.流程节点设置完成后,无须点击【保存基础流程】即可保存。　　（　　）

能力提升　项目一　数字化钣喷维修软件操作

二、课后讨论

你在操作睿捷钣喷管理系统进行预约开单、预约修改或预约取消时,遇到了哪些问题？你是如何解决的？请和大家分享你的实践体会。

拓展学习

1. 了解你所在地域维修涂装车间使用睿捷钣喷管理系统预约开单与常规预约的区别,并谈谈你的看法。

2. 了解你所在地域维修站涂装技术人员使用手机端睿捷钣喷管理系统工作后,带来了哪些便利？

项目二　数字化钣喷软件管理

项目描述

当前,大部分常规汽车维修企业在传统维修管理模式下,经常出现管理瓶颈,例如部门衔接不畅、加班常态化、库房缺货等问题,严重影响企业发展。针对以上问题,数字化钣喷管理系统的运用可使人员管理科学化、车间管理透明化、库房管理精细化,极大地提升管理效率,打破瓶颈,解决维修企业的燃眉之急。

以巴斯夫公司开发的睿捷数字化钣喷维修管理系统为例,进行学习员工报表、维修报表、数据表、钣喷维修报告操作;以巴斯夫公司开发的睿云数字化系统库房管理为例,学习库房精细化管理。

任务一　报表管理

任务描述

本任务帮助维修企业管理人员通过数字化维修管理软件的报表中心界面一键掌握业务接待绩效、维修技师绩效、车间产能、维修车辆等所有维修服务信息。

任务目标

【学习目标】

(1)能正确使用报表中心界面的"员工报表"菜单,统计SA、维修技师相关指标数据。

(2)能正确使用报表中心界面的"绩效报表"菜单,导出技师的工时、件数等绩效数据。

(3)能正确使用报表中心界面的"数据表""钣喷维修报告"菜单,导出整厂车辆的汇总数据。

【素质目标】

通过报表管理操作,使学生熟练应用数字化工具,培养大数据分析与统计能力,提高数字化管理能力。

能力提升　项目二　数字化钣喷软件管理

任务实施

操作步骤	特点
1. 员工报表	
登录系统,点击【报表中心】→【员工报表】→【SA报表】或【技师报表】 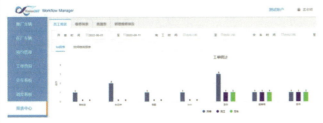 SA 报表  技师绩效报表	（1）SA报表实时显示SA开单、完工、交车的工单数量。 （2）SA报表实时显示预估工时、交车工时、产值、交车面数、平均维修时间、维修时长、非维修时长等数据。 （3）技师绩效报表实时显示打卡时间、工时、返修工时、返修面数、工序准时率及返修率等数据 报表管理
2. 维修报表	
登录系统,点击【报表中心】→【维修报表】→【时效性分析】/【维修部位统计】  时效性分析	（1）通过时效性分析,平均在厂时长分布、维修作业时长分布、交车及时率、维修分类、维修前后时长分布、平均工序节拍等一目了然,时刻掌握店内运营状况。 （2）通过维修部位(钣金/喷漆)统计,可轻松掌握数据统计时间段的车辆进厂维修情况

293

续上表

操作步骤	特点
3. 数据表	
登录系统,点击【报表中心】→【数据表】→【在厂车辆数据表】/【个人维修部位统计】/【钣喷车间数据汇总表】	(1)通过在厂车辆数据表,可动态获取钣金、喷漆、组装、抛光等工序当前的车辆数。 (2)通过在厂车辆数据表,可查看工单总数、颜色信息、保险公司信息、产值信息、烤房信息等。 (3)钣喷车间数据汇总表,直观显示统计时间范围内总的开单数、完工的工单数、交车的工单数、钣喷完工台次及工时、交车超时及返工台次,动态获取当前完工的工序数量。 (4)通过数据分析、绩效统计,清晰展示每道工序、每个员工的绩效数据,分析人员的生产力,为管理者提供有效的改善依据
4. 钣喷维修报告	
登录系统,点击【报表中心】→【钣喷维修报告】	(1)钣喷维修报告涵盖进厂及交车台次、交车产值、返工率、滞留车、准时交车、出工工时、作业工时、利用率、规定时间段交车台次、喷漆面数等数据的详细报告。 (2)自动生成可视化、智能化的钣喷维修报表,从报表上了解钣喷生产情况、效益情况,有效促进企业管理层进行智能化管理。通过可视化报表统计分析,为用户店端节省大量统计时间

能力提升 项目二 数字化钣喷软件管理

讨论

你在使用睿捷钣喷管理系统进行业务接待、作业时效报表、绩效报表、整厂报表等操作时,遇到了哪些问题?问题是如何解决的?请与大家分享你的实践体会。

拓展学习

了解你所在地域维修站涂装技术人员使用员工报表、维修报表、绩效报表、数据表的情况,分析数字化钣喷管理系统对企业喷涂车间运营管理带来了哪些影响。

任务二 库存管理

任务描述

本任务通过学习数字化库存管理系统(图4-2-1),帮助维修企业管理人员实时了解库存信息,通过系统先进先出与云订货等智能操作,使库存始终处于安全稳定状态,为维修车辆按时交付提供保证。

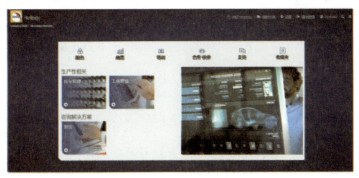

图4-2-1 数字化库存管理系统

任务目标

【学习目标】
(1)能正确登录库存管理系统进行库存明细管理。
(2)能正确进行实时库存操作。
【素质目标】
帮助学员熟练应用库存管理系统,培养大数据分析、统计能力,提高数字化管理能力。

任务实施

操作步骤	特点
1. 库 存 管 理	
登录 Refinity 平台系统,点击【商务】→【库存】→【库存管理】  库存报表管理(实时库存和库存明细)	(1)直观了解所有涂料最大库存、最小库存及现有情况,一目了然。 (2)库存不足时,可直接选中放入购物车,推送给供应商进行订货。 (3)实时掌握涂料产品成本信息、价格变化等情况。 (4)连接电子秤,可实时记录涂料使用情况,实现涂料管理精准化,库存管理透明和易于维护。 (5)"称重"功能有助于获得精准的开罐产品重量。帮助用户看到准确的开罐产品重量
2. 库存报表管理——实时库存	
登录 Refinity 平台系统,点击【商务】→【报告】→【库存】→【实时库存】 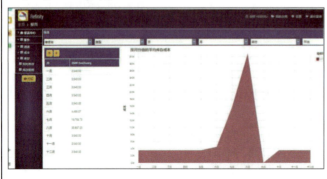	(1)通过筛选功能,可对某时间段实时库存情况进行智能化统计分析,核算平均库存成本。为维修企业库存管理提供直接、快捷的实时库存管理数据。 (2)库存报表让管理人员对库存一目了然:实时掌握库存信息、库存细节,甚至当账户连接多个地址时,依然可以看到总的概况

能力提升　项目二　数字化钣喷软件管理

续上表

操作步骤	特点
3.库存报表管理——库存明细	
登录 Refinity 平台系统,点击【商务】→【报告】→【库存】→【库存明细】 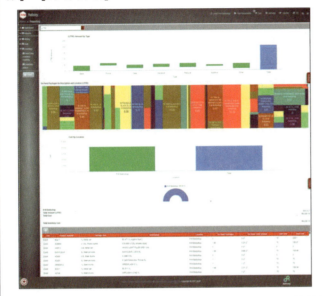	可直观显示产品类型库存量、现有产品库存明细、各维修分店(如设有分店)涂料成本及库存总成本信息 库存管理

讨论

你在使用睿捷钣喷管理系统进行报表管理操作时,遇到了哪些问题？问题是如何解决的？请根据你的实践体会和大家分享。

拓展学习

了解你所在地域维修站涂装技术人员使用数字化库存管理系统的情况,以及本系统对企业喷涂车间运营管理带来了哪些提升。

297